ENSINAR MATEMÁTICA

NA EDUCAÇÃO INFANTIL E NAS SÉRIES INICIAIS

P192e   Panizza, Mabel
          Ensinar matemática na educação infantil e nas séries iniciais : análise e
propostas / Mabel Panizza ; tradução Antonio Feltrin. - Porto Alegre : Artmed,
2006.
          192 p. ; 25 cm.

          ISBN 978-85-363-0592-9

          1. Matemática - Ensino - Educação infantil. 2. Matemática - Ensino -
Séries iniciais. I. Título.

          CDU 374:51

Catalogação na publicação: Júlia Angst Coelho - CRB 10/1712

ENSINAR MATEMÁTICA

NA EDUCAÇÃO INFANTIL E NAS SÉRIES INICIAIS

Análise e propostas

Mabel Panizza
e colaboradores

Tradução:
Antonio Feltrin

Consultoria, supervisão e revisão técnica desta edição:
Cláudia Georgia Sabba
Pós-graduanda na FEUSP.
Mestre em Ensino de Ciências e Matemática pela FEUSP.
Coordenadora pedagógica e administrativa do
Curso de Formação Intercultural Superior Indígena na FEUSP.
Professora de Pós-graduação do SENAI.

Reimpressão 2011

artmed

2006

Obra originalmente publicada sob o título
Enseñar matemática en el Nivel Inicial y el primer ciclo de la EGB
Análisis y propuestas

© Editorial Paidós S.A., Buenos Aires, República Argentina (2003)

Capa
Gustavo Macri

Preparação do original
Karine Quadros da Silva

Leitura final:
Rafael Padilha Ferreira

Supervisão editorial
Mônica Ballejo Canto

Editoração eletrônica
Formato Artes Gráficas

Reservados todos os direitos de publicação, em língua portuguesa, à
ARTMED® EDITORA S.A.
Av. Jerônimo de Ornelas, 670 - Santana
90040-340 Porto Alegre RS
Fone (51) 3027-7000 Fax (51) 3027-7070

SÃO PAULO
Av. Embaixador Macedo Soares, 10.735 - Pavilhão 5 - Cond. Espace Center
Vila Anastácio 05095-035 São Paulo SP
Fone (11) 3665-1100 Fax (11) 3667-1333

SAC 0800 703-3444

IMPRESSO NO BRASIL
PRINTED IN BRAZIL
Impresso sob demanda na Meta Brasil a pedido de Grupo A Educação.

Autores

Mabel Panizza (org.) – Licenciada em Ciências Matemáticas (UBA). Professora de Didática da Matemática na Licenciatura em nível inicial da Universidade de Luján. Professora adida da área Matemática no Ciclo Básico Comum da Universidade de Buenos Aires. Diretora da equipe de pesquisa do Projeto UBACyT "Didática do raciocínio matemático". Integrante da equipe de pesquisa franco-argentina CESAME, com sede em Niza. Integrante da equipe de especialistas do Programa de Gestão Curricular da Direção de Transformação e Credenciamento dos Institutos Superiores de Formação Docente da Província de Buenos Aires, Área Matemática (2001).

Beatriz Ressia de Moreno – Licenciada em Psicopedagogia (CAECE). Assessora na área de Matemática da Direção de Capacitação Docente, na Direção de Educação Inicial, Direção Geral da Cultura e Educação da Província de Buenos Aires. Capacitadora na área de Matemática na Escola de Capacitação Docente (CePA), Secretaria da Educação do Governo da Cidade de Buenos Aires. Assessora Pedagógica na área de Matemática do Colégio Nuestra Señora de la Unidad, San Isidro, Província de Buenos Aires. Realizou assistência técnica no projeto, implementação e avaliação do projeto "Para uma proposta de alfabetização em Matemática" dependente da ERA, Rede de Apoio Escolar e Educação Complementar.

Claudia Broitman – Licenciada em Ciências da Educação (UBA). Membro da equipe de pesquisa do Projeto UBACyT "O sistema de numeração: ensino, aprendizagem escolar e construção de conhecimentos", dirigido por Delia Lerner e Flavia Terigi. Membro da equipe de Matemática da Direção de Currículos, Secretaria de Educação do Governo da Cidade de Buenos Aires. Membro da Rede Latino-Americana de Alfabetização, Equipe de Matemática. Professora de Ensino da Matemática no Nível Inicial. Professora adjunta de Didática da Matemática, Universidade Nacional de La Plata.

Dilma Fregona – Doutora em Didática da Matemática (Universidade Bordeaux I, França). Docente na Faculdade de Matemática, Astronomia e Física e na Escola de Ciências da Educação (UNC). Integrante, desde 1993, de projetos de pesquisa apresentados na FaMAF, subsidiados pela Secretaria de Pesquisa da UNC e pela Agência Córdoba Ciencia.

Horacio Itzcovich – Professor de Matemática (UBA). Membro da Equipe de Matemática da Direção de Currículos, Secretaria da Educação, Governo da Cidade de Buenos Aires. Professor da Escola de Capacitação Docente (CePA) da Secretaria da Educação, Governo da Cidade de Buenos Aires. Professor de Ensino da Matemática II, Escola Normal Superior, Secretaria da Educação, Governo da Cidade de Buenos Aires. Integrante do Gabinete Pedagógico Curricular, Direção de Educação Geral Básica (EGB), Província de Buenos Aires (1996-2001).

Irma Elena Saiz – Licenciada em Matemática e Mestre em Ciências na especialidade de Matemática Educativa, CINVESTAV do IPN-México, especialista em Didática da Matemática. Professora de Didática da Matemática nas Universidades Nacionais de Missiones e do Nordeste. Integrante da Assessoria Técnico-Pedagógica da Direção de Planejamento do Ministério da Educação de Corrientes. Elaboradora de projetos curriculares nacionais e provinciais.

María Emilia Quaranta – Licenciada em Psicopedagogia (CAECE). Docente de Psicologia e Epistemologia Genética I (UBA). Membro da equipe de pesquisa do projeto UBACyT "O sistema de numeração: ensino, aprendizagem escolar e construção de conhecimentos", dirigido por Delia Lerner e Flavia Terigi, Faculdade de Filosofia e Letras (UBA). Assessora na área de Matemática da Direção de Capacitação Docente, na Direção da Educação Inicial, Direção Geral da Cultura e Educação da Província de Buenos Aires. Capacitadora na área de Matemática na Escola de Capacitação Docente (CePA), Secretaria da Educação do Governo da Cidade de Buenos Aires. Docente responsável pela área de Matemática no marco do Projeto de Capacitação Docente da Coordenação Pedagógica e Institucional da Prefeitura de Hurlingham, Província de Buenos Aires.

Olga Bartolomé – Licenciada em Ciências da Educação (Universidade Nacional de Córdoba). Professora em Educação Pré-escolar (1991). Docente em Formação Geral na disciplina de Ensino (UNC, 2001). Professora adida na disciplina Didática da Educação Infantil e Séries Iniciais do Ensino Fundamental da Escola de Ciências da Educação (UNC).

Paola Vivian Tarasow – Licenciada em Ciências da Educação (UBA). Professora do ensino fundamental, Escola Normal, Cidade de Buenos Aires. Adida à disciplina de Didática do Ensino Fundamental (UBA). Membro da equipe de pesquisa do Projeto UBACyT "O sistema de numeração: ensino, aprendizagem escolar e construção de conhecimentos", dirigido por Delia Lerner e Flavia Terigi, Faculdade de Filosofia e Letras (UBA). Professora de ensino da Matemática nas séries iniciais no professorado de formação docente, Cidade de Buenos Aires. Professora de Perspectiva Pedagógica Didática em Professorados de Formação Docente, dependentes da Direção Geral da Cultura e Educação da Província de Buenos Aires. Docente da área de Educação Especial, Secretaria de Educação da Cidade de Buenos Aires.

Susana Wolman – Licenciada em Ciências da Educação e em Psicologia e Especialista em Didática (UBA). Docente de Psicologia e Epistemologia Genética I (UBA). Membro da equipe de pesquisa do Projeto UBACyT "O sistema de numeração: ensino, aprendizagem escolar e construção de conhecimentos", dirigido por Delia Lerner e Flavia Terigi. Coordenadora de EGB, Direção de Currículos, Governo da Cidade de Buenos Aires.

Sumário

Prólogo

Cecilia Parra

É uma honra abrir este livro escrito por colegas com os quais tive tantas oportunidades de trabalhar, estudar, pensar e discutir ao longo dos anos e que hoje nos oferecem, à comunidade de leitores, um material riquíssimo. É uma alegria para mim porque era uma obra esperada e necessária.

Em que sentido um livro pode ser necessário?

Certamente, não em um sentido matemático nem em um sentido amplamente social. Não é "necessário" aos educadores, que estão preocupados com o ensino da matemática, pelo seu papel nos projetos sociais, pela relação complexa entre teoria e prática, pelo problema da coerência entre grandes opções e o sentido e efeito de cada uma das pequenas intervenções que realizamos nas salas de aula.

Esta obra foi projetada como uma ponte lançada entre a comunidade de pesquisadores e a comunidade de educadores. Como observava Mabel Panizza, a maioria dos autores pertencem a ambas as comunidades. Como leitora, considero que, a partir dessas condições, todos os autores fizeram um esforço considerável, não somente para colocar à disposição da comunidade educativa resultados de pesquisa, mas também para incluir os fenômenos de transmissão de conhecimentos *na* comunidade educativa, submetê-los à revisão, alimentá-los teórica e praticamente e penetrar em assuntos pouco tratados até agora.

Há alguns anos, os esforços pareciam estar centrados em ações de difusão das primeiras proposições didáticas – que, por momentos, tinham uma coloração quase propagandista, com o risco ideologizante que essa coloração supõe; hoje, parece possível, e este livro é um exemplo claro disso, um equilíbrio maior. Atingido um certo nível de difusão, não se trata tanto de "dar a conhecer", mas de promover revisão, precisão, detecção de lacunas, inconsistências, e são essas atitudes e atividades que permitem gerar novas perguntas, tentar respostas às muitas não contestadas, abrir debates.

O duplo movimento de "revisão e abertura", que considero caracterizar os diversos capítulos desta obra, pode ser tomado também como uma ponte lançada entre a comunidade de pesquisadores e a de educadores, tanto porque representa uma prática fecunda para a pesquisa e para a educação como pelo fato de que, em muitos momentos, os autores realizam este movimento interrogando a relação entre os produtos da pesquisa e as concepções difundidas no campo educativo.

No Capítulo 1, "Reflexões gerais sobre o ensino da matemática", Mabel Panizza questiona a noção de sentido que é, sem dúvida, uma marca de identidade de nossas preocupações e buscas no ensino da matemática. Segundo Charnay (1994), "o que é ensinado deve estar carregado de significado, deve ter sentido para o aluno".[1] A autora nota que os artigos desta obra abordam diversas dimensões deste problema e ela trabalha um eixo fundamental: o das relações entre objetos de conhecimento e representações. Apesar da enorme importância que tem esse problema nas matemáticas e na didática das matemáticas, não havia sido suficientemente abordado: seu tratamento nesta obra vem preencher um vazio.

Ser capaz de diferenciar os objetos matemáticos de suas representações, compreender as condições nas quais uma representação funciona como tal, identificar nos procedimentos e representações que os alunos usam maneiras distintas de tratar e de conhecer os objetos e suas representações e dispor de conhecimentos didáticos para gerir um ensino que os faça evoluir são considerados saberes necessários para realizar uma gestão da classe favorável à construção do sentido dos conhecimentos por parte dos alunos. Este artigo é uma contribuição fundamental na direção da raiz das exatidões conceituais que propõe, das perguntas que retoma, dos problemas que apresenta.

No Capítulo 2, Mabel Panizza, com o olhar no conjunto desta obra e com a preocupação de prover os elementos teóricos necessários para uma leitura profunda da mesma, apresenta uma síntese organizada de "Conceitos básicos da Teoria de Situações Didáticas" de Guy Brousseau e analisa questões que mostraram, na evolução da teoria ou na experiência com professores, uma necessidade de serem esclarecidas e aprofundadas. Para isso, inclui exemplos e destaca explicitamente aspectos que foram objetos de mal-entendidos ou de interpretações errôneas. Como observa Panizza, a teoria de situações é complexa. Com a leitura deste capítulo, o leitor terá acesso a um primeiro nível de significação dos termos e conceitos em uma síntese que recupera não somente as primeiras formulações de Brousseau, mas também as que continuaram sendo produzidas pelo mesmo Brousseau e muitos outros pesquisadores por muito experientes.

Referimo-nos antes ao movimento de "revisão e abertura" e o Capítulo 3 "O ensino do número e do sistema de numeração na educação infantil e na 1ª série", de Beatriz Ressia de Moreno, é particularmente representativo do mesmo. A autora faz uma análise comparativa de diversos enfoques que coexistem nas salas de aula e nas instituições e propõe uma discus-

são em torno das diferentes concepções que estão por trás de cada enfoque de ensino vigente e em termos de como é pensada a relação ensino-aprendizagem, que ideia de sujeito se afirma e como se define o que é "saber matemática" em cada caso.

Alheia à neutralidade, Moreno retoma – para aprofundá-lo – o enfoque centrado na resolução de problemas e aborda neste marco o funcionamento de uma sala de aula. Coerentemente com o enfoque que adota, apresenta quais são os conhecimentos sobre número e numeração que as crianças menores constroem, quais são os problemas que lhes podem ser apresentados, como escolhê-los e como podem ser interpretados os resultados dos alunos quando trabalham diante desses problemas. Ao longo do trabalho, inclui exemplos, abordagens teóricas e um conjunto de reflexões surgidas da vontade de conhecer o que acontece nas salas de aula e de constituir-se em acompanhante e apoio de quem decide empreender novos caminhos.

A atividade "Copinhos e pincéis" que Olga Bartolomé e Dilma Fregona apresentam e analisam no Capítulo 4, "A conta em um problema de distribuição: uma origem possível no ensino dos números naturais", é provavelmente uma das atividades que mais se espalhou – sob diversas formas, inclusive em projetos curriculares –, e é um sinal de sua "oficialização". No entanto, o que se conhece dessa situação didática? Onde se enquadra? Poderíamos lançar um desafio de perguntar se essa situação corresponde à função do número como memória da quantidade ou se representa um problema de distribuição, e provavelmente obteríamos como resposta a afirmação do primeiro e a negação do segundo ou, pelo menos, o segundo seria ignorado. Se isso acontecesse, teríamos evidência do problema de etiquetar situações e do empobrecimento do conjunto de relações que devem ser consideradas para falar de um conhecimento didático consistente.

Nesse sentido, o Capítulo de Bartolomé e Fregona recobra todo o seu valor: restitui os marcos necessários para compreender por que as situações didáticas conduzem as crianças a se encontrarem com a conta e com os números naturais.

Em primeiro lugar, as autoras fazem um breve percurso histórico das diferentes tendências no ensino dos números naturais. Em seguida problematizam a ideia de número natural, revisando suas prováveis origens e distinguindo a gênese da noção de número da gênese dos sistemas de escrita. Abordam demoradamente o problema do contar e diferentes aspectos do número e do cálculo no ensino, analisando as relações entre as atividades propostas e os conhecimentos necessários ou não para sua resolução não para mover a linha divisória entre "o que deve e o que não deve ser feito", mas para oferecer os elementos de análise que permitem reconhecer quais aspectos da noção de número são postos em jogo em cada situação de modo que *trate de abranger o conceito oferecendo aos alunos uma gama de experiência a mais ampla possível*".[2]

Com todos esses elementos como marco, apresentam as situações de distribuição em seu caráter de situações fundamentais para o uso dos números naturais e justificam essa afirmação.

Em um outro prólogo[3] de alguns anos atrás, eu dizia:

> Em relação aos materiais que são produzidos, dirigidos aos professores, consideramos que devem incluir:
> - A fundamentação teórica necessária para que o professor conheça o significado de suas opções e se comprometa com elas tanto teórica como praticamente, conheça as dimensões epistemológicas do que está apresentando, assim como a relação dos alunos com o conhecimento e a função desse saber.
> - A análise didática suficiente para que o professor se aproprie da situação e mantenha o controle sobre ela. Devem ser explicitadas as variáveis didáticas que modificam a situação, que são, ao mesmo tempo, aquilo sobre o que o professor pode atuar e o que permite analisar, e eventualmente explicar, o que acontece.
> - Mais conhecimentos das matemáticas, que permitam ao docente precisar sua relação com o saber e interpretar em termos mais específicos o que acontece na sala de aula.

Eram, sem dúvida, exigências muito grandes e é muito elogiável dizer que esta obra as satisfaz. Poderíamos, inclusive, dizer que o sentido de vários capítulos é justamente satisfazer esse conjunto de condições em que eram detectáveis perdas ou ausências.

Em outros casos, trata-se de linhas de pesquisa que continuaram e que estão em condições de apresentar novos desenvolvimentos e de enriquecer as discussões vigentes.

O Capítulo 5, "Abordagens parciais à complexidade do sistema de numeração: progressos de um estudo sobre as interpretações numéricas", de María Emilia Quaranta, Paola Tarasow e Susana Wolman, foi organizado com base nos resultados da pesquisa que são apresentados como argumentos na discussão em torno de três critérios que atravessam o trabalho numérico na educação infantil e nas séries iniciais do ensino fundamental.

Os resultados da pesquisa sobre as relações entre a numeração falada e a numeração escrita que as crianças estabelecem em suas interpretações numéricas são de considerável interesse, mas desejo destacar que me parece particularmente fecundo tê-los ordenado em função do critério (ou concepção) que discutem. Se me é permitida a analogia, funcionam como o contraexemplo próprio da matemática. Seu valor, porém, mais do que de demonstração, reside, no meu modo de ver, na possibilidade de sustentar a "discussão interna" que todo docente tem: os calejados, porque durante muitos anos mantiveram suas práticas nesses critérios que ordenavam suas tarefa; os estudantes e os novatos, porque têm de dialogar com suas próprias experiências na escolarização e com aquelas experiências que observam, analisam e começam a aprender.

Além disso, o valor desse capítulo reside na retomada e na ampliação das pesquisas que Lerner, Sadovsky e Wolman[4] nos fizeram conhecer há alguns anos atrás, de reconhecida fecundidade e complexidade. O presente trabalho nos permite uma nova abordagem e progresso em relação a declarações que, em muitos casos, se tornaram prescritivas ("indagar os conhecimentos anteriores", "o valor do erro construtivo"), mas que não se relacionam efetivamente com as desejadas práticas na sala de aula: ter muita "orelha" e muito "olho" para interpretar os resultados dos alunos e para ser capaz de melhorar a relação entre o produzido por eles e o saber que se busca que adquiram. Todos vivemos a experiência de nossa incapacidade para interpretar certos fenômenos antes de contar com elementos teóricos que o permitam e o assombro do que começa a parecer "evidente" quando temos com que interpretá-lo. Esse capítulo, sem dúvida, colabora amplamente neste sentido.

No Capítulo 6, "Discussões nas aulas de matemática: o que, para que e como se discute", María Emilia Quaranta e Susana Wolman partem de uma constatação: em geral se admite a necessidade de propiciar, em algum momento das aulas, "apresentações", mas, ao mesmo tempo, não fica nada claro por que ou para que são tão relevantes e fica ainda menos claro o modo como devem ser organizadas e conduzidas. Diante desse problema reconhecido e importante, as autoras empreendem uma dupla tarefa: por um lado, propõem uma sólida argumentação teórica sobre o papel dos momentos de discussão na concepção didática de base e das razões psicológicas e didáticas pelas quais tais discussões geram progressos; por outro, fazem uma análise minuciosa de registros de classe das séries iniciais centradas em algumas condições didáticas das discussões na sala de aula, especialmente em relação às intervenções do professor.

A opção feita consistente em responder ao "como?", por meio de uma análise casuística, se fundamenta em que *não é possível definir um modo geral válido para todas as ocasiões de organizar esses espaços...*". Esta última afirmação permite apresentar o seguinte problema reconhecido por formadores e capacitadores: como se ensina a gerir uma partilha de informações? Existe um tipo de experiência ideal para esta aprendizagem? Pode-se pensar que consiste na situação do aprendiz de artesão em uma oficina em que há professores que dominam aquilo que é objeto de ensino. Aprende-se do professor, aprende-se junto com o professor, aprende-se fazendo e revisando o que se fez junto com alguém que promove a reflexão. Ocasionalmente, na formação inicial ou em diversas formas de capacitação e acompanhamento nas escolas se produz esta experiência

ideal. Contudo, outras formas de trabalho sobre essas questões são necessárias pelo duplo motivo de que nem sempre são possíveis e porque, mesmo quando o sejam, são insuficientes se o aprendiz não conta com os elementos teóricos que enriqueçam e possibilitem sua reflexão e com oportunidades de realizar muitas e diversas práticas em direção a adquirir essa capacidade complexa que é provocar e conduzir os momentos de discussão na sala de aula.

O capítulo de María Emilia Quaranta e Susana Wolman nos proporciona um material riquíssimo, pois permite uma abordagem teórica e prática da "*organização sistemática de instâncias de discussão na sala de aula*" que ocupa um lugar insubstituível na aprendizagem matemática dos alunos e um lugar delicado e crucial na formação e acompanhamento de docentes.

Somos muitos os que iniciamos nossas primeiras revisões críticas em torno do trabalho relativo ao espaço na educação infantil e nas séries iniciais analisando e levando adiante a sequência didática "La granja", criada e difundida por Irma Saiz há muito tempo. Esta situação tornou-se arquetípica e, no entanto, não contávamos até agora com sua contribuição escrita. No Capítulo 7, "A direita... de quem? Localização espacial na educação infantil e nas séries iniciais", Irma Saiz aborda o problema da aquisição de conhecimentos espaciais pelos sujeitos, sintetiza os questionamentos mais recentes às perspectivas psicológicas clássicas e apresenta o problema didático do ensino relativo a espaço tanto em termos de delimitação (quais são as aprendizagens que a escola deve favorecer "*que permitam ir mais além do que as atividades cotidianas ou do que os jogos lhes permitem construir?*") como em termos de sua caracterização (quais são as condições que as situações didáticas devem satisfazer?).

A autora propõe e desenvolve duas situações nas quais se trata "*de organizar um processo de elaboração coletiva de conceituações que dizem respeito à organização do espaço (no caso da primeira sequência) e de orientação de objetos (no segundo caso) onde a representação do espaço tenha um caráter funcional, isto é, que se ponha a serviço de uma tarefa de comunicação de posições".*

Em ambos os casos, a autora apresenta a análise *a priori* das sequências e a análise de sua realização nas salas de aula. É, por isso, uma contribuição fundamental para aqueles que desejam conhecer como se realiza a pesquisa na perspectiva da engenharia didática.

Celebramos esta contribuição escrita que enriquece as múltiplas exposições que ouvimos ao longo do tempo de Irma Saiz e que remete às situações o marco necessário para constituir conhecimento didático consistente.

Os diversos autores desta obra, como dissemos, souberam detectar aspectos nodais que exigiam tratamento e nos brindam com muitas contribuições importantes. Mas, entre eles, quero destacar o trabalho de Claudia Broitman e Horacio Itzcovich no Capítulo 8, "Geometria nas série iniciais do ensino fundamental: problemas de seu ensino, problemas para seu ensino", porque, no mesmo, seus autores adentraram em um campo sumamente problemático, infestado de incertezas, no qual a ausência de bibliografia é absolutamente constatável e para cuja abordagem fazia falta uma coragem intelectual que eles souberam ter.

Os autores apresentam algumas características das origens do conhecimento geométrico e sua posterior evolução histórica como disciplina, caracterizam tipos de problemas conforme os conhecimentos envolvidos, os processos de aquisição e as possibilidades de intervenção pedagógica e, a partir desse marco, abordam a discussão sobre a finalidade do ensino da geometria. Assumindo uma posição, definem os objetivos para os quais se poderia apontar o ensino da geometria: *"De um lado, para a construção de conhecimentos cada vez mais próximos de 'porções' de saber geométrico elaborados ao longo da história da humanidade. E, em segundo lugar, e talvez seja o mais importante, para a iniciação em um modo de pensar próprio do saber geométrico. Ambos os objetivos estão intimamente imbricados".*

É conhecido o desafio didático que esta posição supõe diante do conjunto da escola-

ridade. Broitman e Itzcovich propõem e enfrentam esse desafio com relação às série iniciais através da análise didática de alguns problemas que favorecem o progresso dos conhecimentos dos alunos sobre as propriedades dos corpos e figuras nos primeiros anos do ensino fundamental. Os autores notam explicitamente os limites das séries iniciais neste sentido e estão conscientes de terem apresentado um conjunto de afirmações que podem ser controvertidas. Podemos lhes dizer que sua intenção expressa de contribuir para o necessário e pendente debate foi cumprida. Fizeram-nos uma importante contribuição, tanto em termos de análise que fazem e os argumentos que propõem como em termos de proposição didática, o que permite que julguemos o debate considerando em que posição são pensados os sujeitos – sua relação com o conhecimento e o mesmo conhecimento – em cada concepção de educação matemática e em que medida cada ato de ensino torna possível ou não tais posições.

Não é somente este último capítulo que contribui para e promove o debate. Todos eles o fazem. Todos eles contribuem para o caráter de "necessária" por meio do qual me referi a esta obra. É necessária para todos nós que assumimos que trabalhar por uma educação que enfrente as desigualdades sociais e reconheça o direito de todos os sujeitos a construir uma relação autônoma e fecunda com o saber requer um diálogo constante entre as formulações políticas e acadêmicas, teóricas e práticas, gerais e específicas, provisórias e permanentes, que vamos sendo capazes de produzir desde a vontade de conhecer o que é ensinar e aprender matemáticas, mas também – e, talvez, sobretudo – desde a vontade política de atuar nas salas de aula, nas escolas para que aprender matemáticas deixe de ser, como em tantos casos é, uma alienação progressiva e passe a ser, para cada aluno, uma experiência de afirmação de si mesmo como aprendiz da cultura e agente social.

Para concluir, desejo compartilhar uma citação de Bkouche,[5] que nos permite vincular a pergunta sobre o sentido dos conhecimentos matemáticos com a pergunta sobre o sentido de si mesmo que os sujeitos constroem quando aprendem, vínculo muito questionado nesta obra.

A atividade matemática, aquela que os matemáticos desenvolveram durante séculos, aquela na qual queremos introduzir as crianças [...], é a construção de um mundo matemático por um sujeito. É atividade de um sujeito que não é nem receptor de verdades eternas, nem espectador de um mundo pitoresco, mas autor de seu saber. É construção de um universo matemático aberto, mas estruturado: nem atividade justificada por si mesma como o jogo, nem coleta à mercê de encontros curiosos, mas criação-conquista de um mundo por um sujeito [...]. O próprio de um objeto matemático não é ser "curioso" ou "útil", e sim ser correlativo a outros objetos nos conjuntos conceituais criados pelo pensamento humano para responder a perguntas e animar o pensamento a se apresentar novas perguntas. O próprio do pensamento matemático não é nem a submissão rigorosa às regras impostas pelos objetos, nem a liberdade de criação característica do jogo, mas a submissão às regras que ele mesmo criou quando construiu seus objetos, a criação constante de novos objetos implica a construção de regras. [...]
No entanto, o que dá profundamente sentido à atividade matemática não é que é curiosa, útil, divertida, mas que se enraíza na história pessoal e social do sujeito. Toda situação de aprendizagem, mais além de aspectos especificamente didáticos, apresenta duas perguntas irrecusáveis. Qual é o sentido desta situação para aquele que aprende: qual é a imagem de si mesmo, de suas capacidades, de suas oportunidades de sucesso nesta situação? Em termos mais simples: O que faço aqui? Sou capaz? Vale a pena? Esta relação com o saber coloca em jogo os desejos, o inconsciente, as normas sociais, os modelos de referência, as identificações, as expectativas, os pareceres sobre o futuro, os desafios pessoais. O sentido está aí; determina ou não a implicação em um processo de aprendizagem e é muito redutor invocar simplesmente aqui palavras tão vagas como "curiosidade" ou, até, "motivação". O problema não é "suscitar curiosidade", mas propor aos jovens as atividades, as práticas, os itinerários de formação que ganham sentido em uma rede complexa de desejos, de expectativas, de normas interiorizadas e que contribuem para reestruturar essa rede.

Há, acredito, uma motivação mais fundamental do que a utilidade: o desafio que o problema como tal propõe ao aluno. O que é importante para o aluno não é conhecer a solução, é ser capaz de encontrá-la ele mesmo e de construir assim, por meio de sua atividade matemática, uma autoimagem positiva, que o valoriza, diante das matemáticas. A recompensa do problema resolvido não é a solução do problema, é o sucesso daquele que o resolveu com os seus próprios meios, é a imagem que pode ter de si mesmo como alguém capaz de resolver problemas, de fazer matemáticas, de aprender.
A autoimagem diante das matemáticas, e, mais geralmente, diante do saber e da escola, diante do mundo adulto e do futuro é um assunto terrivelmente sério que não pode ser contornado falando de jogo ou de rentabilidade imediata das matemáticas. O assunto é psicológico, muito profundamente, e cultural, porque o que é a cultura senão a capacidade de nos situarmos como autônomos, ativos e criadores no mundo que nos rodeia? Esse assunto é também social e político. Diante das estatísticas, das sondagens, dos índices, da utilização cada vez mais frequente do argumento matemático no discurso social e político, não é alguma coisa sem importância que os alunos concebam as matemáticas como um universo muito particular que não é acessível mais do que para uns poucos ou como uma atividade que engendra seus resultados segundo certas regras verificáveis por todos. Educação cívica por meio das matemáticas? Sem dúvida, dado que a aprendizagem das matemáticas repousa sobre uma epistemologia implícita que define o homem diante do saber, da cultura, da história e dos outros homens.

Bkouche termina fazendo um apelo:

Os professores de matemática estão, e estarão cada vez mais, confrontados com uma dupla questão. Podem eles, mais além das distorções ideológicas sofridas pelo ensino de sua disciplina, reencontrar as raízes epistemológicas e históricas e inscrever seu ensino em um projeto de abertura de espírito, de tomada de consciência do poder criador do pensamento humano? Podem levar pelo menos 80% dos jovens a compartilharem seu gosto pelas matemáticas? A resposta a essas duas perguntas compromete o futuro do ensino da matemática na França.

Na Argentina, poderemos? Poderemos em um país em deterioração progressiva, onde há fome, não há trabalho, onde muitas famílias estão encontrando enormes dificuldades para manter um projeto educativo que prepararam para seus filhos e onde o Estado se exime de muitos modos da sustentação desses projetos e das condições básicas necessárias?

Pessoalmente, não sei o que poderemos, mas sei o que devemos: devemos ser conscientes das urgências, das impostergáveis necessidades das pessoas, mas devemos, por sua vez, humildemente, manter a convicção de que a piora das condições não tem importância nem vai preterir nosso trabalho naquilo que decidimos, juntamente com outros, ocupar-nos: a educação, e mesmo uma parte dela, a educação matemática e, mais recortado ainda, os primeiros contatos das crianças com o ensino matemático (o objeto desta obra), conscientes de que há uma rede infinita de sentidos que se vão construindo e que lutam contra as determinações ou não o fazem.

NOTAS

1 Charnay, R., "Aprender (por meio) da resolução de problemas", in: Cecília Parra e Irma Saiz (comp.), *Didáctica de matemáticas. Aportes y reflexiones*, Buenos Aires, Piados, 1994.
2 As citações em itálico foram tiradas dos capítulos que são comentados em cada caso.
3 Parra e Saiz, op. cit.
4 Lerner, D.; Sadovsky P.; Wolman S. *El sistema de numeración: un problema didáctico*". In: Parra e Saiz, op. cit.
5 Bkouche, B.; Charlot, B.; Rouchen N. *Faire des mathématiques: le plaisir du sens*. Paris: Armand Colin, 1991.

Introdução

Mabel Panizza

O problema de conseguir que os resultados da pesquisa no ensino da matemática tenham impacto no sistema educacional é reconhecido internacionalmente. No entanto, pesquisadores e educadores de diferentes países compartilham a ideia da existência de duas comunidades, uma de pesquisadores e outra de educadores, comunidades distanciadas em mais de um sentido.

É interessante observar que no caso particular dessa área de conhecimento, a distância entre ambas as comunidades não se deve – como poderia ser o caso de outras áreas – a uma falta de relação entre os problemas de pesquisa e os problemas educativos. Pelo contrário, a didática da matemática aborda problemas de interesse direto para o sistema educacional. Contudo, embora o centro de interesse comum possa criar a ilusão de uma comunicação natural entre ambas as comunidades, cada uma tem maneiras específicas de funcionamento; possibilidades particulares de acesso ao conhecimento; códigos, crenças e expectativas próprias, etc. Isso significa que a possibilidade de comunicação entre indivíduos e grupos exige um esforço de acomodação de ambas as partes. Significa também que essa comunicação não se estabelece mediante um simples ato de vontade.

Na Argentina, conhecemos esforços de ambas as partes. Por um lado, existem foros de discussão e projetos de trabalho institucionais e regionais, e os professores buscam ter acesso a espaços de capacitação e de reflexão, a documentos inovadores, artigos de pesquisa, livros de texto, etc. Por outro lado, os pesquisadores participam de projetos de formação e de capacitação, de projetos curriculares, etc. Sem tirar o mérito dessas iniciativas, pensamos que seu sucesso é, na maioria das vezes, local. Felizmente, este caráter local não escapa da consciência dos atores, que de ambas as partes manifestam a necessidade de ter acesso a outras vias de comunicação.

A obra que apresentamos se acha incluída no reconhecimento dessa problemática. Sem pretensão de substituir, por este meio particular, planos e ações que exigem, sem dúvida, outros meios de comunicação e de ação, projetamos este livro como via de comunicação entre ambas as comunidades. A ideia central foi a de produzir um material destinado a professores e pessoas em formação. Particularmente, esperamos que seja um elemento de referência em iniciativas de formação e de capacitação. Pensamos que o perfil dos autores é garantia para a consecução deste objetivo na medida em que, em sua maioria, são tanto educadores como pesquisadores.

Os capítulos contêm análises de situações didáticas, relatórios de pesquisa e análise de registros de sala de aula, sobre aquisições numéricas (número e sistema de numeração) e sobre noções espaciais e conceitos geométricos correspondentes à educação infantil e às séries iniciais do ensino fundamental.

Um ponto importante que levamos em conta foi a necessidade de precisar o sentido dos termos que são usados, situando-os em relação ao marco teórico particular que lhes corresponde. Essa necessidade se torna mais aguda na medida em que, no sistema educacional, os termos se espalham de tal maneira que são utilizados como se tivessem um sentido único e compartilhado, fenômeno que influi diretamente em uma inadequada interpretação de propostas curriculares, de relatórios de pesquisa, etc. Exemplos especialmente eloquentes deste fenômeno são a utilização de expressões como "aquisição de sentido", "problema significativo", "discussão", "atividades", "compartilhar procedimentos". Em relação com a possibilidade de comunicação que comentamos, este aspecto foi considerado cuidadosamente.

Outro objetivo essencial que animou a elaboração desta obra foi o de conseguir que os conceitos teóricos se integrem à prática educativa dos leitores. Para isso, consideramos importante oferecer análises comparativas de propostas didáticas apoiadas em diferentes enfoques de ensino e análise de registros de salas de aula. Dessa maneira, favorecendo a análise crítica de diferentes correntes de ensino em termos de alcances e limitações de modelos teóricos, pensamos que contribuímos tanto para dotar de significação esses modelos como para dispor de elementos que possibilitem escolher de maneira plenamente consciente entre as diferentes propostas, analisar e melhorar a própria prática.

Reflexões gerais sobre o ensino da matemática | 1

Mabel Panizza

INTRODUÇÃO

As pesquisas didáticas e as preocupações atuais dos professores expressam claramente uma problemática central: não é possível tratar o tema da aprendizagem e o ensino da matemática sem se referir seriamente à questão do sentido. Os capítulos deste livro abordam diversas dimensões deste problema complexo: as análises das situações didáticas que se apresentam, das formas de organização da sala de aula, das intervenções docentes, etc., fazendo referência a diversas acepções da noção de sentido, às condições adequadas para sua aquisição e aos seus aspectos constitutivos. Neste capítulo introdutório, apresento uma visão de questões gerais abrangentes dessas dimensões através do desenvolvimento de um eixo fundamental do ensino da matemática: o eixo das relações entre objetos de conhecimento e representações, articulado com o eixo da aquisição do sentido na matemática. Trata-se de dois aspectos importantes para uma didática que leve em conta tanto a especificidade do nível em que se desenvolve o ensino como as aprendizagens que devem ser atingidas a longo prazo por meio dos diferentes níveis de escolaridade.

SOBRE A NOÇÃO DE SENTIDO

Poucos conceitos deram tantos problemas aos filósofos como o conceito de sentido. Apesar de numerosas tentativas para enquadrá-lo dentro de teorias, essa noção parece, afinal, sempre lhes escapar. Isso proviria de que toda teoria propondo-se tratar o sentido em geral se refere, necessariamente, a ela mesma: qualquer definição da noção de "sentido" tem ela mesma um sentido. Consequentemente, poucos filósofos trataram de considerar o sentido em toda sua generalidade; a maioria interessou-se preferentemente no sentido de diferentes coisas e se dedicou a diversos aspectos do sentido.

Sierpinska, 1995.

A palavra "sentido" parece estar cada vez mais presente nas preocupações dos professores sobre o ensino da matemática. "Como conseguir que os alunos encontrem *o sentido* da atividade matemática?", "Os alunos agem mecanicamente sem dar *sentido* ao que fazem", entre outras, são expressões habituais dos professores. A palavra "sentido" parece explicar intenções, conquistas e frustrações. No entanto, questões como qual significado se atribui à palavra, onde se encontra o sentido, se é algo que o docente *dá* ou o aluno *constrói* e em que condições, longe de serem claras e compartilhadas, comportam profundas diferenças e contradições.

Se com a palavra "sentido" se tenta iluminar fenômenos e processos de aprendizagem e de ensino e incorporar o termo coerentemente à linguagem dos educadores, é importante reconhecer a necessidade de ultrapassar o significado comum do termo em castelhano. A questão não é simples. Talvez uma boa forma de começar seja

– à maneira dos filósofos – deixar de considerar o sentido em geral e perguntar-se por seus diferentes aspectos.

Como observa Drouhard (1995) ao analisar as diferentes acepções da palavra "sentido" utilizadas pelos didatas da escola francesa:

> [...] os diversos autores utilizam a palavra ["sentido"] com acepções extremamente diferentes. Para caracterizá-las, deve-se notar que a palavra "sentido" não intervém isoladamente, mas, em geral, acompanhada por outra palavra: "conceito", "atividade", "conhecimento", "saber", "escrita", etc. Devemos, então, fazer-nos cada vez a pergunta: "sentido de *quê*?".

Efetivamente, Brousseau (1983) define o sentido de um conhecimento. Vergnaud (1991), o sentido de um conceito; Duval (1995) define os diferentes componentes do sentido de uma proposição – dentro do arco mais amplo das representações semióticas, discursivas e não discursivas –; Laborde (1991) identifica elementos constitutivos do sentido de um problema; etc. Neste livro, consideraremos algumas dessas definições e as de outros autores,[1] e as iremos introduzindo nos parágrafos seguintes e em outros capítulos, em momentos oportunos relacionados a diversas dimensões da aquisição do sentido na matemática. A intenção deste parágrafo não é a de tratar o problema do sentido em profundidade, mas a de abrir a problemática e convidar a reter duas ideias principais: ao falar do sentido, procuraremos precisar cada vez o "sentido de quê" e identificar seus aspectos constitutivos. É importante que também o leitor centre sua atenção nesses aspectos cada vez que se encontre com a palavra "sentido" nesta obra.

OBJETOS DE CONHECIMENTO E REPRESENTAÇÕES: PRIMEIRA ABORDAGEM

> Diante da pergunta "O número 18/3 é inteiro?", João (17 anos) responde: "Não! É um número racional, porque é um quociente de dois inteiros".

João sabe reconhecer um número racional em sua expressão fracionária. A escrita, no entanto, parece inibir-lhe a capacidade de ver que 18/3 não somente é um número racional, mas que, além disso, é um número inteiro (porque 18/3 é igual a 6). O caso de João – que confunde o número com sua representação (fracionária), que atribui ao número uma propriedade da notação utilizada para descrevê-lo – é representativo do que acontece com a maioria dos alunos que terminam o ensino médio. Em termos mais gerais, trata-se de uma *primazia da forma sobre o conteúdo* que produz uma identificação do *objeto de conhecimento com sua representação*.

Em 1891, Frege dizia:

> A inclinação bastante difundida atualmente de não reconhecer como objeto o que não pode ser perceptível com os sentidos induz a tomar os sinais numéricos pelos números [...] (Frege, 1974).

A ideia expressa com tanta clareza é fecunda em relação à matemática em geral, uma vez que os objetos matemáticos, por sua natureza, não são perceptíveis mediante os sentidos: o numeral "2" não é número 2, mas a representação deste; um desenho de um quadrado é uma das infinitas representações do quadrado como objeto geométrico ideal, etc. Trata-se de um problema sem dúvida importante na hora de ensinar matemática. Deve-se ter presente que, de um lado, estão os conceitos, as propriedades dos *objetos matemáticos*, e, do outro lado, as *representações* que são utilizadas em matemática. Tendo presente esta particularidade, observada por Frege, quais questões deveriam ser apresentadas sobre esses aspectos e suas relações?

Em primeiro lugar, para tratar deste problema de relações entre objetos e representações é preciso questionar a noção mesma de representação. Trata-se de uma noção que costuma estar presente, mas, em geral, de maneira confusa nas reflexões sobre o tema, e, evidentemente, é fundamental. A propósito, Duval (1993) se pergunta em quais condições um numeral ou um desenho, por exemplo, funcionam como representações dos objetos matemáticos correspondentes (número e figura, respectivamente) e afirma:

[...] é necessário que o objeto não seja confundido com suas representações e que seja reconhecido em cada uma delas. É nestas duas condições que uma representação funciona verdadeiramente como representação, isto é, que ela proporciona o acesso ao objeto representado.

A dificuldade de conseguir a primeira das condições estabelecidas por Duval, "que o objeto não seja confundido com suas representações", é aquilo a que Frege já havia feito referência – no domínio numérico – ao falar da tendência de tomar os sinais numéricos pelos números. Trata-se de uma condição especialmente difícil de se verificar quando se trabalha na matemática, em virtude de que, como já observamos, os objetos matemáticos não são perceptíveis através dos sentidos.

A segunda condição – não menos difícil de se verificar – estabelece que o objeto deve ser "reconhecido em cada uma de suas representações". Assim, por exemplo, é necessário que, ao terminar a escolaridade, um aluno possa reconhecer o número 6, não somente no numeral "6", mas também nas expressões "18/3", "4 + 2", "5 + 1" ou "2 x 3". João, por exemplo, não reconhece o número 6 na expressão "18/3", tanto que afirma que "18/3" não é um número inteiro.

O cumprimento dessas duas condições por parte dos alunos é uma das primeiras questões a serem propostas como objetivo a longo prazo, e requer atividades específicas de ensino. Para trabalhar nessa perspectiva, é fundamental, em primeiro lugar, que o professor se aprofunde em sua própria capacidade de diferenciar os objetos matemáticos de suas representações e que compreenda as condições sob as quais uma representação funciona como tal. Assim mesmo, é importante que identifique nos procedimentos e representações que os alunos utilizam diversas maneiras de tratamento e de conhecimento dos objetos e suas representações.

Objetos matemáticos de representações usadas pelos alunos

Em primeiro lugar, é importante reconhecer que muitos procedimentos das crian-

ças indicam que elas – implicitamente – são capazes de reconhecer muito cedo os objetos matemáticos em algumas de suas diversas representações. Para isso, nos basearemos em uma primeira acepção da palavra "sentido", que devemos a Frege (sentido de uma expressão), a qual serve para interpretar os procedimentos dos alunos.

Frege, em 1892, para perceber que diversas expressões (em nosso exemplo: "18/3", "4 + 2", "5 + 1" ou 2 x 3") correspondem a diversas interpretações e perspectivas do mesmo objeto (6), introduz uma diferença fundamental ao postular que as expressões têm uma *referência* (em alemão: *Bedeutung*, traduzido também por "significado", ou "denotação") e, além disso, um *sentido* (em alemão: *sinn*) (Frege, 1974).

A "referência" (ou significado, ou denotação) de uma expressão é o objeto que a expressão designa, enquanto o "sentido" leva em conta a *maneira* pela qual a expressão designa o objeto. De acordo com esta distinção, "18/3", "4 + 2", "5 + 1" ou 2 x 3" significam (ou *denotam*, ou *designam*) o mesmo número, o 6, mas têm *sentidos diferentes,* uma vez que são maneiras diferentes de obter esse número.

Da mesma maneira, "3 + 42", "42 + 3", "10 + 10 + 10 + 3 + 2" significam (ou denotam, ou designam) o mesmo número, o 45, mas têm *sentidos diferentes*.

Por que dizemos que esta distinção entre "sentido" e "significado" permite interpretar trabalhos dos alunos que os professores observam em sua prática diária? Vejamos um primeiro exemplo. Todos sabemos do procedimento das crianças, quando, para calcular "3 + 42" dizem: "43, 44, 45". Elas – nesse caso –, fazem um cálculo, "deixando o 42 na cabeça". Esse procedimento leva implícitas duas questões fundamentais:

- O reconhecimento de que "3 + 42" e "42 + 3" são duas *formas diferentes* de reconhecer o resultado; segundo Frege, "3 + 42" e "42 + 3" designam o mesmo número (o 45);
- A *escolha* de uma das duas formas para efetuar a operação (mudança de "sentido", segundo Frege).

Naturalmente, para algumas crianças, as que dominam os algoritmos convencionais ou outros intermediários, os cálculos "3 + 42" e "42 + 3" têm a mesma complexidade. Mas, para o caso que analisamos, na capacidade para "escolher mudar de sentido" (isto é, a maneira de calcular) reside a *possibilidade* de realizar a operação. De fato, "pôr o 3 na cabeça" e efetuar cálculo, sabemos que é muito difícil ou até impraticável para os menores.

Vemos, então, que, embora a expressão "3 + 42" sugira um "sentido", uma maneira de calcular a soma, essas crianças escolhem mudar de expressão até chegar a alguma coisa cujo "sentido" (segundo Frege) lhes sugere uma maneira fácil (ou possível) de realizar a operação. Essa mudança de expressão é significativa, enquanto lhes permite resolver o problema com os recursos dos quais podem dispor.

Notemos também que essa inversão se baseia em uma *propriedade das operações* (a comutatividade da soma) e *não depende do sistema de numeração* utilizado (sistema decimal, romano ou outro). Quer dizer que esta primeira forma que analisamos de calcular a soma utiliza uma propriedade do objeto de conhecimento e independente de sua representação.

Vejamos outro exemplo. Quando, para calcular esta mesma soma "3 + 42", as crianças fazem:

$$3 + 42 =$$
$$3 + 40 + 2 =$$
$$40 + 5 = 45$$

também estão utilizando diferentes maneiras de designar o número 45. Desta vez, o procedimento utilizado – seja ou não por escrito – baseia-se em propriedades dos números e das operações e também na decomposição aditiva, propriedade do sistema de numeração decimal. Quer dizer que essa segunda forma de calcular a soma utiliza propriedades do objeto de conhecimento e propriedades específicas de sua representação.

Quando comparamos ambos os procedimentos, vemos que, embora o modo de produção do cálculo seja diferente, conforme o tratamento dos símbolos se realiza por escrito ou internamente ("mentalmente"), ambos os mecanismos se baseiam em uma "escolha": mudar de "sentido" (segundo Frege) para poder fazer a operação. O que é importante ver nesses procedimentos é que, de maneira implícita ou explícita, sem suporte exterior ou com suporte nos dedos ou por escrito, desde as primeiras aprendizagens as crianças utilizam *diversas representações de um mesmo objeto* para fazer operações numéricas e "o reconhecem (pelo menos implicitamente) em cada uma delas". Por que razão, mais adiante, perdem essa capacidade e – como João – identificam o *objeto* com a *representação*, o *conteúdo* com a *forma*?

A resposta para essa pergunta necessariamente contém considerações sobre múltiplos aspectos do ensino e da aprendizagem, algumas das quais abordaremos neste capítulo. Um desses aspectos, que desenvolveremos a seguir, consiste em compreender que esses trabalhos que analisamos são manifestações de uma *maneira de conhecer* dos alunos e, consequentemente, compete à responsabilidade didática fazê-las evoluir.

Interpretação dos trabalhos dos alunos em termos de conhecimentos

A tradição escolar não reconhece as representações utilizadas pelos alunos desde o início da escolaridade como indicativas de uma *maneira* de conhecer os objetos e as representações formais (em relação com o exemplo que vimos desenvolvendo, maneira de conhecer os números [objeto] e o sistema de numeração [representação]). Consequentemente, as propostas didáticas – embora reconhecendo a importância de "partir daquilo que as crianças já sabem" – não acertam orientar uma evolução desses conhecimentos.

Acontece que este princípio geral de enunciado fácil ("partir do que as crianças já sabem") exige, naturalmente, ter conhecimento sobre o que elas sabem, e isso não é tão fácil como parece.

Ao analisar, por exemplo, os procedimentos dos alunos apresentados no item anterior, o leitor poderia se perguntar: "Mas, então, as crianças já *sabem* as propriedades associativa e comutativa da soma?". E, naturalmente, se responderia que não é possível pensar que as crianças dessas idades conhecem as propriedades de modo a poder enunciá-las, nem que isso seja objeto de ensino nesses primeiros níveis de escolaridade. No entanto, como vimos, essas propriedades dos números *funcionam de maneira implícita* nos procedimentos analisados, o que se manifesta pelo uso de *expressões diferentes* do *mesmo número*. Isto significa um *conhecimento* por parte dos alunos?

Para responder a esta pergunta, é especialmente útil a noção de "teorema em ato" de Vergnaud (1996), que percebe alguns conhecimentos matemáticos implícitos que os alunos utilizam na ação:

Um teorema em ato é uma proposição que é considerada como verdadeira por um sujeito individual para uma certa categoria de situações variáveis.

De acordo com essa definição, os procedimentos analisados anteriormente são indicativos de que os alunos *conhecem "em ato"* as propriedades comutativa e associativa da soma para as quantidades utilizadas. Em outras palavras, para esses alunos, o cálculo da soma com as quantidades consideradas está dentro da "categoria de situações variáveis" em que essas propriedades são concebidas como verdadeiras por eles. Quando o professor pode reconhecer esses conhecimentos em ato nos alunos, ele começa a visualizar o papel fundamental que possuem no processo de aprendizagem dos conceitos, dos algoritmos e das representações convencionais. Consequentemente, começa também a estar em condições de "partir desses conhecimentos" e de planejar intencionalmente oportunidades para que os alunos mostrem representações e procedimentos não convencionais, estabeleçam a validade dos mesmos, analisem os que são pertinentes, abandonem uns, escolham outros.

Isso nos leva a retomar o problema do sentido em relação com o lugar que ocupam esses processos na aprendizagem de conceitos e representações formais em uma perspectiva construtivista da aprendizagem. É o momento oportuno para reconhecer, no valor que damos a este tipo de processos, o marco orientador que devemos a Brousseau (1983), para quem o *sentido de um conhecimento* se define

[...] não somente pelo conjunto de situações em que este conhecimento é realizado como teoria matemática, não somente pelo conjunto de situações em que o sujeito o encontrou como meio de solução, mas também pelo conjunto de concepções que rejeita, de erros que evita, de economias que procura fazer, de formulações que retoma, etc. (citado por Charnay, 1994a).

Os processos antes mencionados são – de acordo com essa definição – *parte constitutiva do sentido dos conhecimentos*. Um ensino da matemática que se situe em uma perspectiva construtivista deve favorecer espaços para esses processos. Uma condição necessária, embora não suficiente, para uma tal perspectiva didática é a possibilidade de reconhecer nos alunos diversas maneiras de conhecer (implícitas, conscientes, explícitas) relacionadas com um saber matemático, e considerá-las constitutivas do sentido dos conhecimentos que constroem.

Primeiras conclusões para o ensino da matemática

A análise feita até aqui contém elementos de três aspectos que a pesquisa cognitiva e didática identificou de maneira quase simultânea e em paralelo, fundamentais para abordar o problema da aquisição do sentido na matemática: a existência de diversas maneiras de conhecer (implícitas, conscientes, explícitas), o reconhecimento – em termos de hipótese – sobre o que e como os alunos conhecem a partir dos procedimentos e representações que utilizam, a identificação do uso de procedimentos e representações não convencionais e de sua evolução na construção do conhecimento.[2] Na escola, os resultados dessas pesquisas começaram a se manifestar, mas com graus diferentes de importância.

Nos últimos anos, por exemplo, a escola está reconhecendo a importância de permitir que os alunos apresentem procedimentos não convencionais em contraposição com a postura mais tradicional, que pretendia ensinar diretamente os procedimentos formais. Ao considerá-los como constitutivos do saber formal, promovem-se práticas para que aqueles procedimentos aconteçam na sala de aula, para que apareçam, sejam analisados, etc., antes de ensinar os algoritmos convencionais, os que contêm – sem dúvida – todo o saber, mas que não o "mostram" a quem está construindo essas noções. Mesmo assim, não se considera esta exibição de procedimentos não convencionais somente por seu caráter de anterioridade em relação aos procedimentos formais, mas pela coexistência de ambos os tipos de procedimentos suscitar interesse, por exemplo, pelo valor que possuem os primeiros como meios de controle dos segundos.

Não acontece a mesma coisa com o lugar atribuído às representações não convencionais. Efetivamente, embora os procedimentos dos alunos comportem naturalmente representações (particularmente, não se deve esquecer de que a expressão verbal é uma forma de representação), e embora seja bem reconhecida a importância da representação na matemática, a tradição escolar veio retardando a reflexão sobre este ponto. Assim como se veio reconsiderando o lugar dos procedimentos não convencionais em relação com os formais, deve-se rever a postura tradicional que ignora o valor do uso de representações não convencionais na aquisição do conhecimento matemático. Para isso, é necessário começar a identificar os *aspectos específicos da aprendizagem e do ensino* que um olhar sobre as representações pode ajudar a iluminar. Até aqui, tocamos em três questões fundamentais sobre este ponto que sintetizamos em termos de saberes necessários por parte do professor:

- distinguir conceitualmente os objetos de conhecimento e suas representações;
- compreender as condições sob as quais uma representação funciona como tal;
- reconhecer as diversas representações que os alunos utilizam como uma maneira de conhecer, constitutiva dos conhecimentos que constroem.

Analisaremos, nos itens a seguir, outros quatro aspectos relevantes: as diversas funções que as representações desempenham para os alunos, a existência de conhecimentos matemáticos que não estão implicados nas operações sobre os símbolos, a complexidade cognitiva que supõe a interpretação de representações e a necessidade de rever as concepções de aprendizagem e de ensino que estão por trás das práticas atuais com relação aos sistemas simbólicos. Embora a análise desses aspectos não esgote o tratamento do tema, é, ao menos, um bom começo que permitirá agregar novas conclusões às tiradas até o momento. O capítulo é concluído com um conjunto de saberes necessários para o professor que deve conduzir um ensino que se proponha à construção do sentido dos conhecimentos por parte dos alunos.

DIVERSAS FUNÇÕES DAS REPRESENTAÇÕES PARA OS ALUNOS

Aníbal, 7 anos (depois de resolver um problema): "Mamãe, os problemas de divisão precisam de 'planejamento'?"[3]

O famoso "planejamento" foi sempre considerado necessário para resolver os problemas; mais ainda, o planejamento escrito no caderno funciona como indicador de que o aluno pensou e raciocinou, e sua falta, como indicador do contrário. O exemplo de Aníbal mostra que nenhuma dessas coisas funciona necessariamente assim para os alunos. Por um lado, para ele, o planejamento (convencional) é algo que alguém *deve* colocar, antes ou depois de resolver o problema, embora não tenha sido um instrumento de raciocínio para guiar a resolução (os problemas de divisão precisam de planejamento?). Por outro lado, possivelmente ele utilizou alguma outra organização escrita dos dados (uma espécie de "planejamento pessoal") para resolver o problema, que talvez tenha ficado em uma folha de rascunho, porque a prática escolar não lhe "ensinou" que seria importante comunicá-lo.

Como vimos sobre outras tarefas, as crianças utilizam representações durante *o mesmo processo de resolução* de um problema, representações que as ajudam a pensar, a lembrar, a guardar informação, a calcular, etc. Nesses casos, as representações são um meio para a resolução do problema e desempenham funções diferentes da função de *comunicação para outros* de algo pensado anteriormente.

As diversas funções da linguagem e das representações simbólicas na atividade matemática (para comunicar aos outros ou a si mesmo, como ajuda para o pensamento, como apoio para o cálculo, para o planejamento e para o controle, etc.) foram teorizadas por Vergnaud (1991) e por Duval (1995). Vergnaud (1996), particularmente, incorpora algumas delas explicitamente em sua teoria dos campos conceituais, pelo valor que lhes confere na atividade matemática.

Para Duval (1993, 1995), um ponto crucial para a aprendizagem da matemática diz respeito ao trabalho com diversos sistemas de representação, pois é assim que se consegue que uma representação funcione como tal, de acordo com a condição que o autor estabeleceu e que analisamos anteriormente (que o aluno não confunda o objeto com nenhuma de suas representações e que o reconheça em cada uma delas).[4]

Essas considerações trazem ainda mais argumentos a favor da necessidade de facilitar espaços de emergência das representações não convencionais dos alunos, enquanto sustentam a hipótese de que as representações externas têm um *valor produtivo* na aprendizagem. Sugerem também a necessidade de rever algumas tradições escolares, em virtude das consequências que comportam para a aprendizagem ao estarem ancoradas em visões mais restritas sobre as funções da linguagem e das representações simbólicas.

A primeira revisão deveria ser sobre o critério segundo o qual – especialmente na educação infantil e nas séries iniciais – as atividades dos alunos devem passar necessariamente e de maneira ordenada por etapas de *ação efetiva, representação gráfica e representação simbólica.*[5] Essa sequência deixa lugar a um só aspecto – certamente importantíssimo – das representações externas relacionadas com a atividade matemática: a função de representação como comunicação (para os outros), como maneira de tornar público e deixar expresso o que já se fez anteriormente. Contudo, esta subordinação do simbólico à ação não dá lugar ao uso das representações simbólicas encerradas no mesmo processo de resolução de problemas – que começa com a representação do problema em si mesmo (organização dos dados e da meta, etc.)[6] – e que, como vimos, desempenham diversas funções importantes na atividade matemática.

Rever esta tradição não significa interpretar que estamos sugerindo inverter a ordem, isto é, começar pelo simbólico para continuar com o concreto. Na realidade, trata-se justamente de compreender que não se deve estabelecer um critério único e independente da situação particular de ensino. Por exemplo, ao trabalhar com conjuntos na educação infantil e na 1ª série, em alguns casos, será oportuno começar com conjuntos reais; em outros, com conjuntos desenhadas. O professor deve analisar a conveniência de uma ou de outra modalidade em cada caso, devendo, entre outros saberes, ter identificadas as diversas funções que as representações podem desempenhar para os alunos quando trabalham na matemática.

Outra questão que deve ser revista – especialmente em relação com os primeiros anos do ensino fundamental – é a tradição[7] segundo a qual o planejamento é ensinado pelo professor como a maneira de pensar um problema. Embora o planejamento convencional tenha sido criado com a intenção de oferecer um meio para a resolução dos problemas, mediante este tipo de prática os alunos não encontram espaços para usar outras representações que lhes sejam significativas para cada problema e, por conseguinte, importantes para pensar e resolver.

Não estamos, de forma alguma, sugerindo eliminar o planejamento na resolução de problemas. Ao contrário, trata-se de restituir a função para a qual foi criado, favorecendo que os alunos exibam e registrem em seus cadernos seus "planejamentos pessoais", esses que, como no caso de Aníbal que analisamos, são os que efetivamente os ajudam no processo de resolução.

É importante destacar que os processos exibidos mediante o uso das diversas funções das representações constituem tanto o sentido dos conhecimentos que os alunos constroem dos *objetos matemáticos* como o dos conhecimentos que constroem dos *sistemas de representação*.

PROBLEMAS E CONTAS: UMA FALSA DIFERENÇA?

Por que tratar esta questão? Porque, a uma longa tradição escolar que propunha aos alunos grandes quantidades de contas, seguiu-se uma nova corrente baseada na resolução de problemas. Em que sentido essa nova corrente deveria significar uma evolução na didática? Neste item responderemos a essa pergunta em termos dos conhecimentos necessários para se resolver um problema ou uma conta. Particularmente, veremos que há conhecimentos que não são necessários para *efetuar* uma operação, mas são necessários para a *escolha*[8] da operação que permitirá resolver o problema.

Esta análise é fundamental para que uma prática baseada na resolução de problemas signifique uma verdadeira evolução em relação às práticas baseadas em contas: trata-se de identificar os diversos conhecimentos matemáticos que os alunos poderão construir em cada caso. Analisaremos essa questão mediante o seguinte problema de adição:

> Nesta caixa tenho 3 bolinhas e nesta outra, 42. Quantas bolinhas tenho ao todo?

Que conhecimentos são necessários para resolvê-lo? Em primeiro lugar, é necessário ter presente dois aspectos *distintos* comprometidos na resolução. Trata-se de:

1. Encontrar que "3 + 42" é a *operação numérica* adequada para resolver o problema.
2. Calcular a soma.

O fato de que se trata de aspectos distintos é bem expresso por Vergnaud (1991). Efetivamente, conforme expõe, como exemplo, em sua definição de *sentido de um conceito* – que apresentamos em seguida –, *ambos* os aspectos são constitutivos do *sentido* da adição.

> São as situações que dão sentido aos conceitos matemáticos, mas o sentido não está nas situações mesmas. Também não está nas palavras ou nos símbolos matemáticos. Diz-se, no entanto, que uma representação simbólica, que uma palavra ou um enunciado matemático têm sentido, ou vários sentidos, ou não têm sentido para tais ou quais indivíduos; diz-se também que uma situação tem sentido ou não tem sentido. Então, o que é o sentido? O sentido é uma relação do sujeito com as situações e os significantes. Mais precisamente, são os esquemas evocados no sujeito individual por uma relação ou por um significante que constituem o sentido desta situação ou deste significante para este indivíduo. São os esquemas, isto é, os comportamentos e sua organização. *O sentido da adição para um sujeito individual é o conjunto de esquemas que pode ser colocado em prática para tratar as situações que são enfrentadas e que implicam a ideia de adição, é também o conjunto de esquemas que pode ser colocado em prática para operar sobre os símbolos numéricos, algébricos, gráficos e da linguagem que representam a adição.* (O itálico é nosso.)

Quando a professora intervém na escolha da operação adequada, respondendo afirmativamente a pergunta tão conhecida: "O sinal, é de mais?", podemos dizer que as crianças resolvem a conta, mas não o *problema*. Embora para eles o cálculo em si mesmo represente também *um* problema, podemos dizer que, nesse caso, o problema enunciado pela professora não é aquele que resolveram. Algo semelhante acontece quando o enunciado *sugere*[9] que se trata de uma soma. Em ambos os casos, "mataram" o problema, o problema foi reduzido à resolução da conta. Os alunos não precisaram colocar em prática todos os conhecimentos necessários para tratar a situação.

Trata-se, certamente, de coisas distintas. Contudo, quais são os conhecimentos necessários para abordar cada um desses aspectos?

Já nos referimos aos conhecimentos envolvidos em alguns procedimentos dos alunos para efetuar a *operação de soma*. Analisamos os conhecimentos em termos das propriedades das operações (associativa e comutativa da soma) e em termos de propriedades específicas do sistema de numeração (decomposição aditiva) colocadas em prática nos procedimentos. Quanto ao conhecimento envolvido na *escolha da operação*, trata-se do aspecto cardinal do número, em relação com a adição de quantidades. Novamente, Vergnaud (1991) nos ajuda a compreender, do lado do sujeito que resolve o problema, o conhecimento – seguramente implícito – necessário para fazer essa escolha. Vergnaud descreve – em termos do teorema em ato – o conhecimento dos alunos em uma situação na qual poderiam contar o total dos elementos do conjunto (porque se trata de conjuntos disponíveis) e, no entanto, fazem o cálculo:

> [...] entre os 5 e os 7 anos, as crianças descobrem que não é necessário contar o total para encontrar o cardinal de A ∪ B se já se contou o cardinal de A e o de B. alguém pode expressar este conhecimento por um teorema em ato:
>
> card (A ∪ B) = card A + card B (se A e B são distintos).
>
> A ausência de quantificador deixa entender que este teorema não tem uma validade universal para as crianças, mas um alcance local, para pequenos conjuntos, por exemplo.

É importante notar que esse teorema em ato é também pertinente para descrever o conhecimento envolvido na escolha da operação no caso do problema que estamos analisando, em que os conjuntos não estão disponíveis.

Talvez valha a pena reformular o que Vergnaud destaca sobre "a ausência de quantificador universal". Em outras palavras, ele se refere a alguma coisa que é bem conhecida pelo professor: o fato de que, por exemplo, para pequenos conjuntos, as crianças somam os dois cardinais, mas, para grandes conjuntos, precisam reuni-los e contar o total. O alcance do teorema em ato enunciado é, então, para esses pequenos conjuntos para os quais as crianças somam os cardinais.

Em síntese, toda essa discussão pode situar-se novamente dentro da análise que vínhamos fazendo – em termos de objetos e representações. O conhecimento identificado por Vergnaud nos alunos nessas situações expressa uma propriedade do número (objeto) e não depende do sistema de representação (sistema de numeração decimal, romano ou outro) utilizado para efetuar o cálculo.

O cálculo da soma, *por si só*, não põe em prática esse conhecimento (relativo ao aspecto cardinal do número), embora aí intervenham no mesmo – como vimos – outros conhecimentos do objeto (propriedades das operações).

Naturalmente, isto não é alguma coisa que o professor deve *dizer* aos alunos. Trata-se, sim, de algo que ele deve saber para abordar no trabalho didático. É fundamental avaliar a distância entre os aspectos assinalados em relação com o problema – a operação como *recurso* para resolvê-lo, e *fazer a conta* – do ponto de vista do saber matemático e, conseqüentemente, dos conhecimentos que devem ser construídos pelos alunos ao resolver o problema. Somente essa compreensão coloca o professor na possibilidade de escolher, e não somente de abandonar velhas práticas pelo simples fato de que as novas correntes sugerem outra coisa. Aceitar como lei formulações do tipo "Agora não há mais exercícios na sala de aula, deve-se formular situações-problema" que pode levar, sem uma compreensão adequada, a práticas educativas que signifiquem por parte dos alunos a resolução de "exercícios disfarçados de problemas".

USOS (E ABUSOS) DAS REPRESENTAÇÕES SIMBÓLICAS

Abordaremos, agora, um conjunto de fenômenos complementares aos analisados nos itens anteriores, desta vez em relação com a *complexidade cognitiva envolvida* no uso de representações.

Quando o professor apresenta um problema, o modo de interpretar – por parte dos alunos – a representação utilizada na *formu-*

lação deste é parte da tarefa e condiciona a resolução. O professor, seguramente, está consciente disso. No entanto, a apresentação de atividades frequentemente parece subestimar a complexidade de interpretação de um gráfico, um esquema, uma escrita numérica, como se naturalmente o aluno "visse" na representação mesmo que o professor "vê". Esta ilusão de transparência entre aquilo que "se mostra" e o objeto ou relação representados é mais pronunciada quanto mais "perto do concreto" se encontra a representação utilizada.

Um bom exemplo disso é analisado por Moreno (ver Capítulo 3, deste livro), em relação a uma adição de quantidades representada mediante o seguinte esquema:

Moreno discute vários dos problemas que comportam este tipo de representações ao serem interpretadas pelos alunos. É importante acrescentar que os sinais "+" e "=", que são pertinentes para as operações de numerais, não o são neste contexto. A esta falta de pertinência se acrescenta o fato da fraca relação dos alunos – nos primeiros anos de escolaridade – com o sistema simbólico no qual a representação pretende se apoiar. É importante ter presente este tipo de dificuldades na hora de escolher uma forma não convencional de representação na formulação de um problema.

Mesmo assim, convém destacar os problemas de interpretação dos textos verbais. Frequentemente se costuma atribuir a dificuldade dos alunos na interpretação de enunciados a problemas de "leitura compreensiva", como se a compreensão de textos matemáticos fosse uma "aplicação" de uma capacidade geral de leitura. Nesta hipótese, diminui-se a importância de um trabalho específico na aula de matemática destinado à interpretação das relações matemáticas implicadas nos enunciados.

Por outro lado, alguns *sistemas convencionais* de representação – por suas características intrínsecas – favorecem o aprofundamento da ilusão de transparência de que falávamos antes. Duval (2002), por exemplo, destaca uma particularidade das representações geométricas que ilumina especialmente esse fenômeno.

> As figuras geométricas apresentam necessariamente características topológicas, afins e métricas, o que leva a considerá-las como sendo da mesma natureza do que aquilo que elas representam [...].

Quer dizer que as particularidades das representações geométricas[10] aprofundam a dificuldade de conseguir que "o objeto não seja confundido com sua representação", uma das condições estabelecidas por Duval para que a representação funcione como tal.

De qualquer maneira, o problema da representação não é patrimônio da geometria e começa no domínio numérico com a entrada dos "x" na aula de matemática: tanto o numeral "2" como o desenho de um losango são representações e – uma vez que os objetos que representam não são perceptíveis pelos sentidos – existe uma tendência natural a identificar os objetos com suas representações, como já observava Frege, em 1891.

Voltamos assim para o problema apresentado no início deste capítulo sobre a representação na matemática, visto agora na complexidade de *interpretação do funcionamento* de um sistema simbólico. Destacamos, assim, a importância de interpretar as representações utilizadas pelos alunos como uma *maneira de conhecer*, constitutiva dos conhecimentos matemáticos que os alunos constroem. A análise deste item quer mostrar um aspecto complementar no processo de ensino: trata-se da necessidade de escolha de sistemas de representação adequados e de considerar como *objeto de ensino* o funcionamento dos sistemas simbólicos. Contudo, insistimos na necessidade de distinguir conceitualmente o objeto matemático de sua representação a fim de conduzir um ensino satisfatório, o que não significa que alguém deva considerar separadamente o ensino dos objetos matemáticos e o ensino dos sistemas simbólicos. Não se trata de ensinar os sistemas simbólicos à margem da atividade matemática, como se se tratasse de um capítulo à parte do ensino da matemática, mas de compreender que, embora um sistema de representação não se confunda com o objeto matemático, constitui um objeto de conhecimento e de ter presente toda a complexidade que isso supõe para o sujeito que tenta se apropriar dele. Esta apropriação está relacionada com a do objeto matemático, mas não se reduz a ela, enquanto o sistema de representação tem uma especificidade.

O trabalho didático necessário é a longo prazo e compromete todos os níveis de escolaridade, devendo começar nos primeiros anos.[11] O critério geral deveria ter presente tanto as questões específicas relativas à apropriação dos diversos sistemas de representação como as relações que devem ser estabelecidas com os objetos que representam, cuidando especialmente de favorecer uma atividade matemática tendente a que as diversas representações funcionem como tais. Particularmente, se deveria proporcionar aos alunos, desde o começo da escolaridade, atividades com diferentes formas de representação (representações verbais, simbólicas, icônicas, etc.) (Duval, 1993, 1995), a fim de que estejam em contato com experiências que lhes permitam conhecer tanto o funcionamento dos sistemas simbólicos como os diversos aspectos dos objetos matemáticos que estes permitem representar.[12] Para isso, o professor precisa identificar as características dos diversos sistemas simbólicos,[13] as relações que têm com os objetos que representam, a complexidade que sua apropriação supõe em cada caso, a diversa pertinência de uns e outros em função dos conhecimentos que se pretende abordar, bem como ter acesso às pesquisas didáticas sobre seu ensino.[14]

ENSINO DOS SISTEMAS SIMBÓLICOS: UM REGRESSO AO EMPIRISMO?

É necessário considerar como objeto de ensino o funcionamento dos sistemas simbólicos? Sim, é claro; naturalmente, não só se deve ensinar conceitos, como se deve ensinar a representar os números, o funcionamento do sistema... Deve-se ensinar a fazer contas! O problema é como. Para aprofundar este aspecto importante da educação matemática, vamos analisar agora uma oposição entre *conceitual* e *mecânico* que acontece com frequência ao expressar frustrações sobre as conquistas dos alunos.

Talvez o leitor tenha escutado ou formulado alguma vez expressões que opõem o "resolver um problema compreensivelmente, raciocinando e utilizando conceitos" e "resolvê-lo mecanicamente, operando sobre os símbolos". Esta oposição é falsa, porque se apresenta em duas dimensões diferentes de análise: a de dispor de um conhecimento e a de sua aprendizagem. Vejamos porquê.

O fato de os mecanismos de cálculo poderem ser utilizados "automaticamente" é, sem dúvida, um objetivo da educação matemática. Todavia também se espera que os conceitos matemáticos – embora não sejam mecanismos – estejam disponíveis, que se possa ter acesso a eles "automaticamente", uma vez adquiridos. É o que acontece quando conceitos e algoritmos são do domínio do sujeito. O professor, por exemplo, automaticamente conta a quantidade de seus alunos quando se propõe ir ao teatro e comprar ingressos para levá-los todos juntos e identifica também imediatamente se um problema é "de mais" ou "é de vezes". Mesmo assim, resolve facilmente uma conta, porque domina os mecanismos de cálculo. Dizemos que, para o professor, nenhuma dessas coisas é um "problema". A possibilidade de ter acesso automaticamente a um conhecimento não depende de sua *natureza* (conceitual ou simbólica), mas do *nível de conhecimento* no qual a pessoa se situa quando enfrenta uma situação.

No entanto, *enquanto se está aprendendo*, nem os mecanismos, nem os conceitos estão disponíveis para a mente dessa maneira. Cabe, então, perguntar-se pelas condições de sua aprendizagem. Nesse sentido, é importante notar que a tradição escolar deu sempre um lugar de importância à aprendizagem de conceitos. As diversas correntes de ensino – com maior ou menor sucesso – sempre consideraram como problema didático conseguir que os alunos tivessem acesso a uma aprendizagem conceitual dos objetos matemáticos.

Em relação aos mecanismos de cálculo, seguiu-se um caminho diferente. Sem dar importância às dificuldades dos alunos para efetuar operações e considerando os algoritmos de cálculo convencionais como conteúdos – e dos difíceis – a serem ensinados, a tradição escolar manteve-se em uma *postura didática* diferente, como se não tivesse nada para ser compreendido, mas somente para ser observado e recordado como se faz para multiplicar, dividir, etc. Talvez isso tenha origem no alto grau de automatização que o adulto – particularmente o professor – apresenta do sistema numérico, em que reside uma força e uma fraqueza: a *força* de poder fazer cálculos "sem pensar" – graças à economia do sistema – e a *fraqueza* de não ter acesso conscientemente à maneira como os algoritmos de cálculo têm incorporadas as propriedades das operações. E isso tem consequências sobre o ensino, porque leva a não perceber que este conhecimento é motivo de *construção*.

Realmente, o risco é considerar que os *conceitos* são motivo de construção, que estão ligados ao sentido, à compreensão, enquanto os *mecanismos* estão desprovidos de sentido e se pode ter acesso a eles pela observação sensorial.

É assim que, em algumas correntes de ensino, coexistem uma *concepção construtivista* do ensino de conceitos matemáticos e uma *concepção empirista* em relação aos sistemas simbólicos. Cabe perguntar-se, então, se essa coexistência está baseada em concepções de aprendizagem que a justifiquem. Em nossa opinião, o fenômeno não parece dever-se a uma decisão consciente baseada em uma concepção empirista da aprendizagem dos sistemas simbólicos, mas ao fato de que as pesquisas sobre o tema dessas aprendizagens penetraram o sistema educacional em menor grau que as pesquisas feitas em relação com a aprendizagem de conceitos matemáticos. Particularmente, falta integrar à sala de aula os resultados de pesquisas que mostram propostas didáticas e que apresentam uma hipótese construtivista em relação com ambos os aspectos da educação matemática, uma vez que identificam processos de aprendizagem mediante os quais ambos os aspectos participam dialeticamente um do outro.

Para trabalhar em uma hipótese construtivista, devemos agregar ao conjunto de saberes necessários identificados anteriormente a capacidade do professor de dispor *explicitamente* dos conhecimentos que devem ser ensinados. Esta afirmação merece uma explicação, embora possa parecer óbvia ao leitor, que sempre – em sua atividade docente – considerou explicitamente os conhecimentos que se dispôs a ensinar. O professor, por exemplo, conhece explicitamente o algoritmo da multiplicação, mas pode ter "esquecido" a maneira como este mecanismo de cálculo incorporou as propriedades das operações que o justificam; consequentemente, as indicações sobre como multiplicar podem ser "mágicas", isto é, sem fundamento. Um bom exemplo dessa "magia" acontece quando, para efetuar a seguinte multiplicação

$$
\begin{array}{r}
2\ 3 \\
\times\quad 3\ 4\ 0 \\
\hline
9\ 2\ 0 \\
6\ 9\quad \\
\hline
7\ 8\ 2\ 0 \\
\end{array}
$$

são feitas observações deste tipo: "Zero vezes toda a quantidade, zero"; e, em seguida: "Não se esqueçam de que, depois de multiplicar por quatro, deve-se deixar os espaços".

O conhecimento do *fundamento* dessas regras é tão importante como o conhecimento das regras em si mesmas. Trata-se de conhecer o funcionamento do sistema de numeração decimal e sua relação com o objeto que representa (o número). Para fazer o aluno compreender um algoritmo de cálculo, uma condição necessária é que o professor tenha acesso conscientemente às propriedades que estão por trás do mesmo. Se para o professor se transformaram em conhecimentos implícitos por automatização, é importante saber que podem tornar-se novamente conscientes quando a situação assim o exija (Duval, 2002), como acontece quando se pretende conduzir um ensino que esteja de acordo com este enfoque.

SÍNTESE EM TERMOS DE SABERES NECESSÁRIOS

Fizemos uma análise em relação ao numérico, com a intenção de apresentar – como anunciamos na introdução – diversas dimensões relevantes para abordar a complexidade da aquisição do "sentido" na matemática. Vimos que existe um sentido dos conceitos, um sentido dos símbolos, um sentido das expressões, um sentido dos conhecimentos, bem como diversos aspectos constitutivos do sentido em cada caso e condições adequadas para sua aquisição. Identificar esses diversos aspectos é a etapa inicial para abordar um ensino da matemática que se proponha seriamente à conquista da aquisição do "sentido" nesta disciplina.

Por outro lado, por meio da análise anterior, identificamos diversos saberes necessários para conduzir um ensino que contemple as diversas dimensões do sentido que apresentamos: saberes relativos ao edifício matemático; saberes relativos à aprendizagem; saberes didáticos. Essa distinção – justificada por razões teóricas – é mantida aqui com finalidade expositiva e não deve ser considerada como uma divisão. Como se verá ao longo dos diversos capítulos do livro, tanto o desenvolvimento da didática da matemática como o trabalho docente realizado dentro deste marco teórico exigem a capacidade de integração desses diversos saberes.

Saberes relativos ao edifício matemático
Encontramos, nas diversas perspectivas de análise, a necessidade de distinguir conceitualmente os aspectos atribuíveis ao objeto e os

atribuíveis à sua representação, bem como a compreensão de suas relações.

Com relação ao numérico, trata-se de compreender os aspectos relativos a ele e às operações numéricas (objeto) e os relativos ao sistema de numeração (representação), bem como suas diferenças e suas relações. Mais detalhadamente, trata-se de compreender:[15]

- As funções dos diferentes tipos de números para quantificar aspectos da realidade (contar, medir, etc.).[16]
- O caráter de necessidade das operações e suas propriedades em relação com as funções dos números.
- A independência das propriedades dos diversos tipos de números e operações das características de notação do sistema de numeração.
- A forma de funcionamento dos diferentes sistemas simbólicos e as possibilidades de representação e de cálculo que oferecem – particularmente, compreender de que maneira os algoritmos convencionais de cálculo incorporam as propriedades das operações.
- O sistema misto de regras utilizado no cálculo: regras próprias do objeto e regras do sistema de representação utilizado, etc.

Saberes relativos à aprendizagem
- Interpretar os procedimentos e representações em termos de conhecimentos que os alunos põem em prática ao executá-los.
- Distinguir nos conhecimentos dos alunos os que são atribuíveis aos objetos de conhecimento daqueles que comprometem fundamentalmente particularidades dos sistemas simbólicos.
- Considerar as diversas maneiras de conhecer (implícitas, conscientes, explícitas) como constitutivas dos conhecimentos.

Saberes didáticos
- Identificar diversas dimensões da construção do "sentido" na aprendizagem da matemática.

- Identificar relações entre as práticas áulicas e os conhecimentos que os alunos constroem (ausência ou presença de "sentido" em seus conhecimentos).
- Reconhecer a importância de permitir os procedimentos e representações espontâneos dos alunos na evolução do conhecimento.
- Reconhecer a complexidade do funcionamento dos sistemas simbólicos utilizados no ensino da matemática.
- Reconhecer, nas diversas concepções de ensino, as concepções didáticas subjacentes.

As pesquisas cognitivas e didáticas oferecem elementos para orientar uma gestão da aprendizagem e do ensino em uma perspectiva que leve em conta tanto a especificidade do nível no qual se desenvolve o ensino como as aprendizagens que devem ser realizadas a longo prazo por meio da escolaridade. Assim mesmo, abordam problemas gerais da construção do sentido na matemática, assim como problemas particulares de domínios específicos (aritmética, geometria, etc.). Este livro contém análises e situações didáticas que explicam pesquisas internacionais e nacionais, particularmente dos próprios autores. Esses trabalhos, junto com os saberes necessários que acabamos de sintetizar e a sustentação teórica proposta pela teoria de situações didáticas, são recursos para escolher as situações adequadas ao saber matemático para o qual se aponte em um dado momento do ensino e para fazer uma gestão de classe que facilite a construção do sentido dos conhecimentos por parte dos alunos.

NOTAS

1 Tentamos, na medida do possível, fazer referência a artigos publicados em castelhano. No caso de bibliografia em outro idioma, a tradução esteve a cargo dos autores de cada capítulo.
2 Conforme, por exemplo, Parra (1994) e Saiz (1994).
3 Na Argentina, o planejamento (*planteo*) é uma forma convencional de organização dos dados que é ensinada aos alunos com a intenção de ajudá-los a raciocinar para resolver um problema.
4 Mais precisamente, Duval destaca a importância de que o ensino assuma como sua responsabilidade o trabalho dos alunos com diferentes maneiras de representar e, com isso, aborde cada uma delas e com as passagens mais ou menos complexas de uma para a outra.
5 Não vamos considerar que essa divisão permite supor que a representação gráfica é não simbólica, mas não podemos deixar de formular o problema, na medida em que estamos falando especificamente da representação.
6 Ver, por exemplo, em Parra (1994), diversos modos de resolução de um problema em função das representações que os alunos podem fazer deste (diferentes decomposições numéricas em função das situações que devem ser resolvidas, etc.).
7 Pode-se ver uma análise crítica desta tradição escolar em Saiz (1994).
8 Não distinguiremos aqui o caráter (implícito ou explícito) da escolha, porque não é significativo neste ponto. Vale a pena lembrar, no entanto, que são possíveis ambas as possibilidades (ver p. 21-23).
9 Charnay (1994b) usa a expressão "indícios desencadeantes", que dá conta significativamente dos efeitos que produz nos alunos o uso de palavras-chave nos enunciados dos problemas.
10 Broitman e Itzcovich (ver Capítulo 8, deste livro) apresentam e analisam problemas didáticos ligados à representação na geometria, baseando-se em resultados de pesquisas nacionais e internacionais.
11 Neste livro, Moreno (Capítulo 3) aborda considerações gerais sobre o ensino do sistema de numeração decimal, e Quaranta, Tarasow e Wolman (Capítulo 5) apresentam resultados de uma pesquisa sobre o mesmo tema.
12 Em Panizza (1997), são analisados alguns erros que podem ser explicados em termos de concepções dos alunos ligadas ao uso prolongado ou exclusivo de representações que privilegiam alguns significados em detrimento de outros.
13 Lerner e Sadovsky (1994) fazem uma análise comparativa de diversos sistemas de numeração, particularmente do decimal e do falado (de fala espanhola). Brissiaud (1993) faz uma análise comparativa de diversos sistemas simbólicos para representar quantidades e para o cálculo, particularmente do ponto de vista dos conhecimentos que são ou não postos em prática através de seu uso em cada caso.

14 Na Argentina, está se desenvolvendo desde 1992 um conjunto de pesquisas sobre a aprendizagem do sistema de numeração. Uma referência detalhada é apresentada no Capítulo 5.

15 Skemp (1980) fez um excelente desenvolvimento desses aspectos do edifício matemático.

16 Os Capítulos 3 e 4 apresentam diversos aspectos e funções do número natural.

REFERÊNCIAS

BRISSIAUD, R. *El aprendizaje del cálculo. Más allá de Piaget y de la teoría de los conjuntos*. Madrid: Visor, 1993.

BROUSSEAU, G. "Les obstacles epistémologiques et les problèmes d'enseignement". In: *Recherches en Didactique des Mathématiques*, 4.2, 1983.

CHARNAY R. "Aprender (por medio de) la resolución de problemas". In: C. Parra e I. Saiz (comps.). *Didáctica de matemáticas. Aportes y reflexiones*. Buenos Aires: Paidós, 1994a.

_____. "Del analisis de los errores en matemática a los dispositivos de remediación: algunas pistas..." In: C. Parra, I. Saiz e P. Sadovsky, *Enseñanza de la matemática. Selección bibliográfica IV*, documento produzido por PTFD, Ministerio de Cultura y Educación de la Nación. República Argentina, 1994b.

DROUHARD, J.-P. "Algèbre, calcul symbolique et didactique". In: R. Noirfalise e M.-J. Perrin-Glorian (comps.), *Actes de la VIIIème École d'Été de Didactique des Mathématiques*, Clermont-Ferrand: IREM de Clermont-Ferrand, 1995. O mesmo texto é encontrado em J.-P. Drouhard, "Signes et sens en calcul symbolique", *Actes du séminaires SFIDA*. Niza: IREM de Niza, 1996.

DUVAL, R. "Registres de représentation sémiotique et fonctionnement cognitif de la pensée", *Annales de Didactique et de Sciences Cognitives*, 5, Estrasburgo, 1993.

_____. *Sémiosis et pensée humaine*. Berna: Peter Lang,1995.

_____. *Cours de psychologie et de didactique pour les professeurs d'école*, Polycopié. Gravelines: IUFM du Nord-Pas-de-Calais, 2001.

_____. "'Voir'" en Mathematiques". In: E. Filloy, F. Hitt, C. Imaz, A. Rivera e U. Ursini (eds.), *Matemática educativa: aspectos de la investigación actual*. México: Fondo de Cultura Económica (no prelo), 2002.

FREGE, G. *Escritos lógico-semánticos*. Madrid: TECNOS, 1974.

LABORDE, C. "Deux usages complémentaires de la dimension sociale dans les situations d'apprentissage en mathématiques". In: C. Garnier, N. Bernardz e I. Ulanovskaya: *Après Vygotski et Piaget. Perspectives sociale et constructiviste. Écoles russe et occidentale,* Bruxelas: De Boeck, 1991.

LERNER, D.; SADOVSKY, P. "El sistema de numeración: un problema didáctico". In: C. Parra e I. Saiz (comps.), *Didáctica de matemáticas. Aportes y reflexiones*. Buenos Aires: Paidós, 1997.

PANIZZA, M. "Aproximación al análisis del error desde una perspectiva constructivista del aprendizaje". In: *Los CBC y la enseñanza de la matemática*. Buenos Aires: A-Z, 1994.

PARRA, C. "Cálculo mental en la escuela primaria". In: C. Parra e I. Saiz (comps.), *Didáctica de matemáticas. Aportes y reflexiones*. Buenos Aires: Paidós, 1994.

SAIZ, I. "Dividir con dificultad o la dificultad de dividir". In: C. Parra e I. Saiz (comps.), *Didáctica de matemáticas. Aportes y reflexiones*, Buenos Aires: Paidós, 1994.

SIERPINSKA, A. *La compréhension en mathématiques*. Quebec: De Boeck Université,1995.

SKEMP, R. *Psicología del aprendizaje de la matemática*. Madrid: Morata, 1980.

VERGNAUD, G. "La théorie des champs conceptuels", *Recherches en Didactique des Mathématiques*, 10/2-3, 1991.

_____. "The theory of conceptual fields". In: L. P. STEFFE, P. NESHER, P. COBB, G. A. GOLDIN e B. GREER (eds.), *Theories of Mathematical Learning*, Mahwah (NJ): Lawrence Erlbaum, 1996.

Conceitos básicos da teoria de situações didáticas | 2

Mabel Panizza

INTRODUÇÃO

Em virtude da presença da teoria de situações didáticas de Guy Brousseau ao longo do livro e para facilitar a sua leitura, considerei conveniente apresentar uma síntese organizada de conceitos e termos básicos dessa teoria.[1] Não pretendo – nem seria possível – abranger toda a complexidade nem em amplitude, nem em profundidade. O critério adotado foi o de apresentar os conceitos e os termos aos quais se faz referência no livro.[2] Mesmo assim, analiso algumas questões que mostraram, na evolução da teoria ou na experiência com professores, uma necessidade de aprofundamento ou de esclarecimento.

Trata-se de uma teoria complexa, que requer – como todo domínio de conhecimento – muitos anos para ser bem compreendida. Com a leitura deste capítulo, o leitor terá acesso a um primeiro nível de significação dos termos e dos conceitos e a um guia de aspectos aos quais deverá estar especialmente atento a fim de evitar interpretações errôneas. As análises e as propostas do livro, assim como as observações provenientes das posturas docentes que o leitor julgue conveniente realizar a partir deles, constituirão, sem dúvida, uma base para sucessivas ressignificações dos conceitos aqui apresentados.

A DIDÁTICA DA MATEMÁTICA DA ESCOLA FRANCESA

A chamada "escola francesa de didática da matemática" nasceu nos anos de 1970 como produto das preocupações de um grupo de pesquisadores – em sua maioria matemáticos franceses – por descobrir e interpretar os fenômenos e os processos ligados à aquisição e à transmissão de conhecimento matemático. Nesta escola, se destacam duas convicções epistemológicas. Por um lado, a convicção de que a identificação e a interpretação de fenômenos e processos – objeto de interesse – supõem o desenvolvimento de um corpo teórico, e não pode ser reduzida a observações realizadas a partir de experiências isoladas nem a questões de opinião; por outro lado, a convicção de que esse corpo teórico deve ser específico do saber matemático e não pode provir da simples aplicação de uma teoria já desenvolvida em outros domínios (como a psicologia ou a pedagogia).

A TEORIA DE SITUAÇÕES DIDÁTICAS

Dentro desta disciplina (a didática da matemática da escola francesa), Guy Brousseau desenvolveu a "Teoria de Situações Didáticas". Trata-se de uma teoria do ensino que busca as condições para uma gênese artificial dos conhecimentos matemáticos na hipótese que estes não são construídos espontaneamente.

Guy Brousseau (1999) afirma, e nós concordamos com ele, que:

> A descrição sistemática das situações didáticas é um meio mais direto para discutir com os

professores sobre o que fazem ou poderiam fazer e para considerar como eles poderiam levar em conta os resultados das pesquisas em outros campos. A teoria das situações aparece, então, como um meio privilegiado não somente para compreender o que os professores e os alunos fazem, mas também para produzir problemas ou exercícios adaptados aos saberes e aos alunos e para produzir, finalmente, um meio de comunicação entre os pesquisadores e os professores.

A teoria de situações está apoiada em uma concepção construtivista – no sentido piagetiano – da aprendizagem, que Brousseau (1986) caracteriza desta maneira:

> O aluno aprende adaptando-se a um meio que é fator de contradições, de dificuldades, de desequilíbrios, um pouco como o faz a sociedade humana. Este saber, fruto da adaptação do aluno, manifesta-se por respostas novas que são a prova da aprendizagem.

Situações didáticas. Situações adidáticas. Devolução

O papel fundamental que esta teoria atribui à "situação" na construção do conhecimento se vê refletido na seguinte descrição de Brousseau (1999):

> Chamamos "situação" a um modelo de interação de um sujeito com certo meio que determina um conhecimento dado como o recurso do qual o sujeito dispõe para conseguir ou para conservar neste meio um estado favorável. Algumas dessas "situações" exigem a aquisição "anterior" de todos os conhecimentos e esquemas necessários, mas há outras que oferecem uma possibilidade ao sujeito para construir por si mesmo um conhecimento novo em um processo "genético".

A *situação didática* é uma situação construída com a intenção de levar os alunos a adquirirem um saber determinado. Brousseau, em 1982 (citado por Galvez, 1994),[3] definia assim:

> Um conjunto de relações estabelecidas explicita e/ou implicitamente entre um aluno ou um grupo de alunos, um certo meio (que compreende eventualmente instrumentos ou obje-

tos) e um sistema educacional (representado pelo professor) com a finalidade de conseguir que esses alunos se apropriem de um saber constituído ou em vias de constituição.

A perspectiva de planejar situações que oferecessem ao aluno a possibilidade de construir o conhecimento deu lugar à necessidade de conferir um papel central – dentro da organização do ensino – à existência de momentos de aprendizagem, concebidos como momentos nos quais o aluno se encontra sozinho diante da resolução de um problema, sem que o professor intervenha em questões relativas ao saber em jogo. O reconhecimento da necessidade desses momentos de aprendizagem deu lugar à noção de *situação adidática* ou fase adidática dentro de uma situação didática (Brousseau, 1986). Nas palavras de Berthelot e Salin (1992):

> O termo situação adidática designa toda situação que, por um lado, não pode ser dominada convenientemente sem colocar em prática os conhecimentos ou o saber que se pretende, e que, por outro lado, sanciona as decisões que o aluno toma (boas ou más) sem intervenção do professor no que concerne ao saber que se põe em prática.

Johsua e Dupin (1993, Cap. V) sintetizam assim a maneira como essas hipóteses e conceitos se articulam na teoria:

> O que caracteriza a perspectiva construtivista é a vontade de colocar o aluno em situação de produzir um conhecimento (em geral, reformulando – e lutando contra – conhecimentos anteriores) que se refere, em primeiro lugar, ao problema, e não à intenção do ensino. É a presença e a funcionalidade na situação didática de uma etapa de *situação adidática* a marca principal da diferença das situações estritamente formais.

É conveniente analisar algumas questões relacionadas com os termos que acabamos de introduzir.

Em primeiro lugar, é frequente, no começo da descoberta desse domínio, confundir-se na interpretação dos termos "didática" e "adidática". A situação didática é aquela que contém intrinsecamente a intenção de que alguém aprenda alguma coisa. Essa intenção não desaparece na situação ou fase adidática:

a não intencionalidade contida neste conceito se refere a que o aluno deve relacionar-se com o problema a partir de seus conhecimentos, motivado pelo problema, e não para satisfazer um desejo do professor, e sem que o professor intervenha diretamente para ajudá-lo a encontrar uma solução.

Por outro lado, a definição de situação a-didática contém diversos aspectos que convém analisar separadamente.

1. O caráter de *necessidade* dos conhecimentos.

A "situação" é organizada de maneira que o conhecimento para o qual se aponta seja necessário para a resolução, no sentido de que a situação "não pode ser dominada convenientemente sem colocar em prática os conhecimentos ou o saber que se pretende". A compreensão dessa ideia é fundamental para a análise didática de uma situação e, particularmente, para identificar em uma sequência de ensino os diversos aspectos para os quais se aponta em cada etapa. O problema é que, com frequência, se confunde o que é *necessário* com o que é *possível* utilizar como procedimento para resolver um problema e, consequentemente, confundem-se os conhecimentos que *não* são necessários para dominar uma situação. Por exemplo, se, ao reunir sobre uma mesa dois conjuntos de 15 e 17 carrinhos respectivamente, se pergunta pela quantidade total de carrinhos, *não* é certo que seja *necessário* fazer o *cálculo* da soma: a operação "15 + 17" é um dos tantos *procedimentos possíveis* para adicionar quantidades. Como os conjuntos estão disponíveis, os alunos podem reunir os carrinhos e contar o total ou fazer o cálculo. Dizemos, então, que essa situação não aponta para o cálculo (embora os alunos possam, obviamente, calcular). Quando os conjuntos não estão disponíveis, em contrapartida, o cálculo da soma é necessário para "dominar convenientemente" este problema de adição de quantidades. Será possível argumentar que os alunos podem recorrer a representações das duas quantidades – por exemplo, desenhando

palitinhos – e evitar o cálculo, contando o total. Também se pode argumentar que os alunos poderiam evitar o cálculo, usando os dedos. Realmente, em certas condições podem surgir procedimentos que não exijam o cálculo. Contudo, esses procedimentos podem ser bloqueados a partir da situação quando se busca fazer evoluir até ao cálculo os procedimentos dos alunos. Efetivamente, se não se oferecem meios para poder realizar representações ou se as quantidades são muito grandes, os alunos não poderão utilizar os procedimentos de contar ou calcular nem com palitos, nem com seus dedos, e o cálculo será necessário. Essa análise mostra que existem características da situação (neste caso, a disponibilidade de meios para representar o tamanho dos números) que o professor pode variar de maneira tal que sejam modificadas as estratégias possíveis de resolução e, consequentemente, o conhecimento que deve ser construído. Essa ideia será formalizada mais adiante neste capítulo, ao apresentar a noção de *variável didática*, conceito central da teoria.

2. A noção de *sanção*.[4]

Não se deve entender "sanção" como "castigo" por uma "culpa" ou um "engano". A ideia é que a situação deve estar organizada de tal maneira que o aluno interaja com um meio que lhe ofereça informação sobre sua produção. Os dois critérios fundamentais para que o aluno, por si mesmo, estabeleça relações entre suas escolhas e os resultados obtidos são: poder julgar (por si próprio) os resultados de sua ação e ter a possibilidade de tentar novas resoluções.

A descrição seguinte de Rolando García (2000) da base teórica dessas condições quando se busca gerar uma aprendizagem por adaptação é eloquente:

> [...] uma vez que os encontros "fortuitos" com a "realidade" (que inclui o próprio corpo) se tornam deliberados, com a construção dos esquemas, as reiterações conduzem a prever o resultado de uma ação. O grande progresso cognitivo que uma criança realiza, e que a psicologia genética deixou claro, consiste em poder passar do "empurrei e se moveu" ao "se eu empurrar, vai se mover".

Esta análise permite também perceber a importância e o significado do princípio de "não intervenção" do professor nesse processo: a situação adidática é concebida como um momento de aprendizagem (e não de ensino); os alunos devem encontrar por si mesmos relações entre suas opções e os resultados que conseguem.

3. A *não intervenção* do professor em relação com o saber.

Uma vez estabelecidos a importância e o significado da não intervenção do professor na situação adidática, resta ainda compreender que a entrada, em uma fase adidática, é algo que o mesmo professor deve gerir. Isso deu lugar ao conceito de *devolução* desenvolvido por Brousseau (1998, Cap. V):

> A devolução é o ato pelo qual o professor faz o aluno aceitar a responsabilidade de uma situação de aprendizagem (adidática) ou de um problema, e ele mesmo aceita as consequências dessa transferência.

Margolinas (1993, Capítulo I), fazendo uma análise da participação do professor nas fases adidáticas e da devolução, indica uma interpretação falsa da noção de situação a-didática: "não é o silêncio do professor que caracteriza as fases adidáticas, mas o que ele diz". Em seguida, propõe que "na devolução, o professor se despoja da parte de responsabilidade que é *específica do saber que deve ensinar*", e destaca que isso não significa que o professor se retire ou se transforme em um espectador. Finalmente, explica:

> [...] a devolução parece ser um processo que se desenvolve durante toda a situação adidática, e não somente na fase de estabelecimento [...]. O professor é, então, responsável não somente por uma simples disciplina aceitável na aula, mas, menos superficialmente, pelo compromisso persistente do aluno em uma relação adidática com o problema.

No começo da formação didática, pode ser difícil para o professor encontrar intervenções que permitam esta relação do aluno com o problema, sem fazer indicações sobre como resolvê-lo. Se não é o silêncio do professor o que caracteriza essas fases, mas o que ele diz,

o professor se pergunta: o que posso dizer? O que se pode dizer são palavras para encorajar a resolução, como, por exemplo, que há diferentes maneiras de resolvê-lo, anunciar que logo serão discutidas, recordar restrições da ordem (por exemplo, se estão trabalhando sobre as propriedades de um corpo, dizer "lembrem-se de que não vale armá-lo"), etc. As intervenções servirão para instalar e para manter os alunos na tarefa.

Outra noção importante da teoria é a de *variável didática* – da qual já demos anteriormente um par de exemplos, nos quais Bartolomé e Fregona apresentam, assim, esta noção (ver Capítulo 4 deste livro):

> A noção de variável didática, surgida no marco da teoria das situações didáticas, foi definida no início da década de 1980. É redefinida mais tarde por diferentes autores, entre eles o mesmo Brousseau. [...] as situações didáticas são objetos teóricos cuja finalidade é estudar o conjunto de condições e relações próprias de um conhecimento bem determinado. Algumas dessas condições podem variar à vontade do professor e são uma variável didática quando, segundo os valores que assumem, modificam as estratégias de resolução e, consequentemente, o conhecimento necessário para resolver a situação. Como explica Brousseau (1995):
> "[O professor] pode utilizar valores que permitem ao aluno compreender e resolver a situação com seus conhecimentos anterioress e, em seguida, fazê-lo enfrentar a construção de um conhecimento novo fixando um novo valor de uma variável. A modificação dos valores dessas variáveis permite, então, engendrar, a partir de uma situação, tanto um campo de problemas correspondentes a um mesmo conhecimento como um leque de problemas que correspondem a conhecimentos diferentes."

Um problema difícil no começo do trabalho com essa teoria é perceber que nem toda característica de uma situação é uma variável didática. No marco geral da apresentação conceitual dessa noção, esse problema é analisado e exemplificado por Bartolomé e Fregona no Capítulo 4, razão pela qual não o faremos aqui.

Tipologia de situações

A teoria distingue *três tipos de situações didáticas*: as situações de *ação*, as de *formulação* e as de *validação*.

- *Situações de ação*: o aluno deve atuar sobre um meio (material ou simbólico); a situação exige somente que se coloque em prática conhecimentos implícitos.
- *Situações de formulação*: um aluno (ou grupo de alunos) *emissor* deve formular explicitamente uma mensagem destinada a outro aluno (ou grupo de alunos) *receptor*, o qual deve compreender a mensagem e agir (sobre um meio material ou simbólico) de acordo com o conhecimento contido na mensagem.
- Situações de validação: dois alunos (ou grupo de alunos) devem enunciar asserções e pôr-se de acordo sobre a verdade ou falsidade delas. As afirmações propostas por cada grupo são submetidas à consideração do outro grupo, que deve ter a capacidade de "sancionar", isto é, ser capaz de aceitá-las, rejeitá-las, pedir provas, contrapor outras asserções.[5]

Uma questão que deve ser considerada no início da compreensão dessa tipologia é o critério pelo qual se identifica uma situação particular como de um ou outro tipo. Para isso, deve-se ter presente que uma situação é de *ação* quando aquilo que se *exige* dos alunos é que ponham em jogo meios de ação; o que é próprio das situações de *formulação* é o caráter da necessidade que a formulação de uma mensagem possui; as situações de *validação* exigem necessariamente não apenas a formulação, mas também a validação de juízos por parte dos alunos. Naturalmente, durante o desenvolvimento de uma situação de ação, as crianças também falam. Podem, inclusive, chegar a formular o que se deve fazer para resolver o problema. No entanto, não é nas participações espontâneas dos alunos que se deve identificar o tipo de situação da qual se trata. A situação não é de formulação pelo fato de que os alunos a formulam: a situação é uma construção teórica que demanda um tipo particular de funcionamento que a caracteriza. Então, se a situação demanda que os alunos atuem, trata-se de uma situação de ação, embora os alunos troquem informações no momento de resolver o problema.

Essa diferença é definida por Brousseau (1986) quando analisa os diversos tipos de situações adidáticas do ponto de vista das interações com o *meio*:

> Se o intercâmbio de informação não é *necessário* para obter a decisão, se os alunos compartilham as mesmas informações sobre o meio, a componente "ação" é preponderante.

Uma análise semelhante pode ser feita em relação à emissão de juízos por parte dos alunos em situações de ação ou de formulação, uma vez que os juízos não são exigidos por esses tipos de situações, mas *somente* pelas situações de validação. Brousseau (1986) afirma:

> Certamente, a maioria das informações estão implicitamente acompanhadas por uma afirmação de validade. Contudo, na medida em que o emissor não indique explicitamente essa validade, se ele não espera ser contradito ou chamado a verificar sua informação, se o contexto não dá uma certa importância à questão de saber se a informação é verdadeira, como e por que ou se essa validade é suscetível de ser estabelecida sem dificuldade, então a mensagem será classificada como simplesmente informativa.

Outra questão importante a se considerar para evitar um dos mal-entendidos habituais na interpretação da teoria refere-se à *validação*. Com frequência se interpreta que a existência de uma *instância de validação* é específica das situações adidáticas de validação. Isso não é assim: como vimos, a possibilidade de que a situação "sancione" as decisões que o aluno toma não é intrínseca à noção de adidático e está ligada à importância de que o aluno tenha acesso a uma informação que lhe permita julgar por si mesmo a adequação ou inadequação de sua resposta.[6] Nas situações de ação, são validadas ações; nas situações de formulação, são validadas mensagens; nas situações de validação, são validadas afirmações.

Outro mal-entendido fundamental é a crença de que para cada saber para o qual o ensino aponte tem de passar necessariamente primeiro por uma situação de ação, depois por uma situação de formulação e finalmente por uma situação de validação. Embora isso possa ser apropriado em alguns casos,[7] não se trata de uma regra geral. Por um lado, embora uma situação de validação suponha a formulação de uma asserção, e esta supõe uma ação interiorizada, isso não significa que tenha de passar anteriormente por fases adidáticas de ação e de formulação. Por outro lado, haverá conhecimentos que serão oportunos funcionar implicitamente, e cuja formulação explícita será apropriada muito depois, em ocasiões até anos mais tarde (como pode ser o caso das propriedades das operações que são analisadas no Capítulo 1), ou então conhecimentos que sejam oportunos formular, mas cuja validação explícita não seja própria para esses níveis de escolaridade.

Institucionalização

O último conceito que apresentamos aqui é o de *institucionalização*, definido assim por Brousseau (1994):

> A consideração "oficial" do objeto de ensino por parte do aluno e da aprendizagem do aluno por parte do professor é um fenômeno social muito importante e uma fase essencial do processo didático: este duplo reconhecimento constitui o objeto da institucionalização.

A institucionalização é, de alguma maneira, complementar à devolução. Brousseau (1986) reconhece nesses dois processos os papéis principais do professor e afirma:

> Na devolução, o professor põe o aluno em situação adidática ou pseudoadidática. Na institucionalização, define as relações que podem ter os comportamentos ou os trabalhos "livres" do aluno com o saber cultural ou científico e com o projeto didático: faz uma leitura dessas atividades e lhes confere um *status*.

Essa descrição traz luz a um dos aspectos teóricos e práticos mais delicados da articulação entre os processos de devolução e institucionalização: os comportamentos ou os trabalhos "livres" do aluno durante as fases adidáticas da aprendizagem são constitutivos do sentido dos conhecimentos[8] que os alunos constroem. *Definir as relações* entre esses comportamentos ou trabalhos e o saber cultural ou científico significa que a institucionalização supõe preservar o sentido dos conhecimentos construídos pelos alunos nas fases adidáticas de aprendizagem.

Do ponto de vista teórico, o conceito de institucionalização não parece em si mesmo ser mais complexo do que outros. No entanto, é comum observar no professor que se inicia nesta disciplina maiores dificuldades na gestão da institucionalização do que ao levar à prática outros conceitos da teoria.

Uma explicação desse fenômeno pode ser encontrada na análise de Brousseau (1994):

> Certamente, tudo pode ser reduzido à institucionalização. As situações de ensino tradicionais são situações de institucionalização, mas sem que o professor se ocupe da criação do sentido: diz-se o que se deseja que a criança saiba, explica-se para ela e se verifica que tenha aprendido. No começo, os pesquisadores estavam um pouco obscurecidos pelas situações adidáticas, porque era o que mais faltava ao ensino tradicional.

Deve-se compreender que a institucionalização supõe estabelecer relações entre os trabalhos dos alunos e o saber cultural, e não deve ser reduzida a uma apresentação do saber cultural em si mesmo desvinculado do trabalho anterior na sala de aula. Durante a institucionalização, devem ser tiradas conclusões a partir do que foi produzido pelos alunos, deve-se recapitular, sistematizar, ordenar, vincular o que se produziu em diferentes momentos do desenvolvimento da seqüência didática, etc., a fim de poder estabelecer relações entre os trabalhos dos alunos e o saber cultural.[9]

A possibilidade de confundi-lo na prática com gestões tradicionais de salas de aula afastadas deste marco teórico deve chamar a atenção sobre a necessidade de aprofundar especialmente o significado da institucionalização e as condições adequadas para sua gestão.

NOTAS

1 Outras teorias e pesquisas sobre a aprendizagem e o ensino da matemática foram incluídas como referências específicas em cada capítulo.

2 O leitor interessado pode consultar Brousseau (1986), no qual encontrará a teoria exposta em profundidade.

3 A autora apresenta e analisa diversos conceitos da teoria.

4 O termo "sanção" na evolução da teoria foi logo trocado por "retroação".

5 Podem ser usadas as denominações proponente e oponente respectivamente, entendendo que ambos os grupos podem desempenhar alternadamente um e outro papel durante o desenvolvimento de uma situação.

6 O leitor interessado em aprofundar este aspecto da teoria pode consultar especialmente a análise de Margolinas (1993) sobre o que a autora denomina "o ponto de vista da validação".

7 Conforme, por exemplo, *La course à 20* (A corrida a 20) de Guy Brousseau (1998), capítulo introdutório.

8 Ver a definição do "sentido de um conhecimento" de Guy Brousseau, no Capítulo 1 deste livro.

9 Brousseau (1995) estabelece particularidades de um conhecimento agregado ao repertório comum dos protagonistas mediante a institucionalização: "Agregar este conhecimento ao repertório implica que alguém poderá se referir ao mesmo para uma decisão ou para a construção de um novo conhecimento. Agregar um conhecimento produzido pelos protagonistas ao seu repertório comum supõe (exige) que seja reconhecido (por eles) que esse conhecimento é válido, que o conhecimento servirá em outras ocasiões ainda não conhecidas, que será vantajoso então reconhecê-lo (não é evidente), e que o conhecimento com frequência será aceito como verdadeiro fora do círculo restrito dos protagonistas das situações de origem".

REFERÊNCIAS

BERTHELOT, R.; SALIN, M. H.. *L'enseignement de l'espace et de la géometrie dans la scolarité obligatoire*, tese, Universidade de Bordeaux I, França, 1992.

BROUSSEAU, G. (1986). *Fundamentos y métodos de la didáctica de la matemática*. Universidad Nacional de Córdoba, Faculdade de Matemática, Astronomia e Física, Série B, Trabajos de Matematica, n° 19, 1993.

_____. Los diferentes roles del maestro. In: C. PARRA e I. SAIZ (comps.), *Didáctica de matemáticas. Aportes y reflexiones*. Buenos Aires: Paidós, 1994.

_____. Glossaire de didactique des mathématiques. In: *Thèmes mathématiques pour la préparation du concours CRPE*. Copirelem, IREM d'Aquitaine & LADIST, 1995.

_____. *Théorie des situations didactiques*. Grenoble: La Pensée Sauvage, 1998.

_____. Educación y didáctica de las matemáticas. In: *Educación Matemática*, 12(1): 5-38, México, 1999.

GÁLVEZ, G. La didáctica de las matemáticas. In: C. PARRA e I. SAIZ (comps.), *Didáctica de matemáticas. Aportes y reflexiones*. Buenos Ai-res: Paidós, 1994.

GARCÍA, R. *El conocimiento en construcción*. Barcelona: Gedisa, 2000.

JOHSUA S.; DUPIN, J. J. *Introduction à la didactique des sciences et des mathématiques*. Paris: Presses Universitaires de France, 1993.

MARGOLINAS, C. *De l'importance du vrai et du faux dans la classe de mathématiques*. Grenoble: La Pensée Sauvage, 1993.

O ensino do número e do sistema de numeração na educação infantil e na 1ª série

3

Beatriz Ressia de Moreno

Todo conhecimento deve possuir um frescor e uma novidade perpétuos, uma inocência sempre renascente, sem a qual o contato de nosso espírito com o real deixa de ter sentido. O verdadeiro conhecimento deve descobrir-nos o universo em cada instante, como se nos fizesse assistir ao seu nascimento.

Louis Lavelle, *La conscience de soi*

INTRODUÇÃO

É uma realidade frequente na educação infantil e na 1ª série do ensino fundamental a coexistência de diferentes enfoques no ensino dos conteúdos da matemática. Esse fenômeno não só é observável entre diversas instituições, mas muitas vezes acontece dentro da mesma instituição educacional. A diferença de formação entre os professores, como também a carência de espaços de reflexão sobre essas práticas de ensino, são algumas de suas causas. É minha intenção, por meio deste trabalho, oferecer elementos de análise que permitam promover uma discussão em torno das diferentes concepções que estão por trás de cada enfoque de ensino vigente.

Fazer uma análise comparativa desses enfoques torna-se necessário para poder, em seguida, desenvolver uma proposta de ensino do número e do sistema de numeração. Proponho-me, além disso, a oferecer as contribuições de numerosas pesquisas com o fim de constituir um marco referencial teórico imprescindível

para que os professores possam tornar explícitos e, ao mesmo tempo, consolidar os critérios por meio dos quais tomam decisões didáticas.

SOBRE OS DIFERENTES ENFOQUES DE ENSINO

Toda prática pedagógica está determinada por concepções sobre como se ensina e como se aprende (Baroody, 1988). Cada perspectiva reflete uma crença diferente sobre a natureza do conhecimento, do modo como se adquire o conhecimento e do que significa saber sobre alguma coisa. Essas concepções muitas vezes terminam por constituir teorias implícitas que condicionam e regulam o agir docente, enquanto não medeiam espaços de reflexão que permitiriam torná-las explícitas. Refletir sobre as diversas concepções que cada um dos enfoques vigentes tem obriga a se formular, pelo menos, as seguintes perguntas:

- Que concepção de ensino-aprendizagem postula?
- Que ideia se tem de sujeito?
- O que significa "saber" matemática?

Ensino clássico

Sobre o ensino dos números, um dos enfoques arraigados na prática docente é o do "ensino clássico". Nele se afirma que se deve ensinar os números aos poucos, um a um e na ordem que a série enumérica indica. Não se pode apresentar o 5 enquanto não se haja ensinado o 4; não se pode ir mais além do 9 até que não se tenha ensinado a noção de dezena, etc. A escrita convencional dos números é central e, portanto, escrever linhas inteiras do mesmo número, desenhá-los, cortá-los, pintá-los, etc., são atividades consideradas fundamentais. Uma das ideias principais é que o conhecimento entra pelos olhos, imitando, copiando, observando. Desta maneira, primeiro se ensinam as noções para que depois sejam aplicadas; isto é, considera-se que as crianças somente podem resolver problemas se previamente o professor lhes ensinou os procedimentos canônicos, como a escrita convencional dos números, as contas, etc.

- *A concepção de aprendizagem* postula que, colocando os estímulos necessários, os alunos darão as respostas esperadas; a progressão consiste em ir do simples ao complexo, passo a passo. Entende-se a aprendizagem como algo cumulativo, como a somatória de pequenas porções de saber adquiridas em pequenas doses. Pensa-se que o mais importante é o treinamento: é por meio da repetição e da memorização das noções matemáticas que um sujeito – carente de todo saber – vai aprender.
- *A ideia de sujeito* que se tem, portanto, é a de um sujeito *tábula rasa*, isto é, que não possui nenhum conhecimento anterior relacionado com os conteúdos que devem ser ensinados. Somente assim, se pode compreender que se comece o ensino a partir do número 1.

Parece-me importante poder apresentar alguns paradoxos em relação a esses pressupostos. Em primeiro lugar, supor que um aluno da 1ª série da educação infantil não se tenha inteirado da existência do número 1 é aceitar ao mesmo tempo que não sabe quantos anos tem; que seu irmão tem dois anos a mais que ele porque já tem 7; que em cada pacote de figurinhas vêm 6; que tinha 16 figurinhas, mas, como ganhou 3 em uma aposta, agora tem 19; que na aula são 25 crianças, mas hoje faltaram duas e, portanto, são 23, etc.; saberes que muitas crianças dessa idade já possuem. Por outro lado, na mesma aula acontece, às vezes, a contradição de reconhecer no mesmo aluno saberes anteriores em relação com a língua escrita, como produto de sua relação com um meio cheio de portadores de textos. Será que, nesse meio, não existem também portadores numéricos? Ou será que a criança somente está capacitada para se inteirar, refletir e construir hipóteses sobre a leitura e a escrita e não sobre as quantidades?

- *Quanto à concepção do que significa "saber" matemática*, a ideia principal é que consiste no domínio dos procedimentos formais. Um aluno "sabe" quando escreve convencionalmente os números, quando sabe fazer as contas, para depois aplicar esse conhecimento na resolução de problemas. Nesta perspectiva, os problemas não aparecem como meio de ensino, mas somente como a "desculpa" para praticar o que já se sabe (Panizza e Sadovsky, 1992). É por essa razão que, na educação infantil, se prioriza o ensino dos conteúdos que, supõe-se, vão ser necessários para que na 1ª série os alunos aprendam a fazer as contas, pratiquem-nas até dominá-las e depois as apliquem para resolver problemas. Quais problemas? Por exemplo: "João tinha 2 reais, sua mãe lhe deu *mais* 2. Quantos reais tem agora, no *total*"?

A inclusão de palavras-"índice", que permitem a um aluno "saber" que tem de somar, é coerente com a concepção de matemática que se tem. Se o importante é fazer a conta de soma, porque isso é saber matemática, então o problema tem de mostrar claramente que "é de mais".[1]

As sequências de ensino são organizadas da mesma maneira. Se um aluno há meses faz uma mesma conta, quando aparece um problema, o aluno já "sabe" que o recurso para resolvê-lo é essa mesma conta.

A utilização de títulos como "somar" e "com quanto ficamos?" que encabeçam os problemas são tão eloquentes que me eximem de analisá-los.

A reforma da "matemática moderna"

Outro enfoque que coexiste no ensino é o que deriva da *reforma da matemática moderna*.

Com a intenção de utilizar as construções que a matemática criou para resolver problemas que são internos à mesma disciplina, são transportados para a sala de aula – pela mão dos formadores de professores, pelos livros de texto, pelo currículo, etc. – alguns aspectos da teoria de conjuntos.[2]

Nesse enfoque, ensina-se o número como uma propriedade dos conjuntos como classes de equivalências, razão pela qual uma das atividades mais comuns é apresentar, por exemplo, desenhos de conjuntos com quatro flores, cinco automóveis, quatro borboletas e cinco bexigas cada um, para que os alunos achem por correspondência, termo a termo, os conjuntos que têm a mesma "propriedade numérica". Isso se baseia na suposição de que as crianças aprendem os números por observação de conjuntos de objetos ou de imagens. Se fosse assim, como se poderia compreender o número 3.700.000 se nunca vimos ou contamos 3.700.000 coisas dentro de um conjunto ou fora dele (Kamii, 1984)?

A noção de número a partir desta concepção se entende como a síntese entre as operações de classificação e de seriação. Supõe-se que, com essas atividades lógicas, as crianças possam apropriar-se dos conhecimentos anteriores necessários para aprender o número. A ideia central é que "as crianças não podem utilizar os números no trabalho numérico". Essa afirmação (no mínimo confusa) apresenta, então, a necessidade de uma etapa prévia pré-numérica – classificar, seriar, estabelecer correspondências termo a termo –, por meio da qual os alunos construiriam a noção de número e sem a qual não poderiam utilizá-los.

- *A concepção de ensino-aprendizagem* deste enfoque tem como referencial teórico o

desenvolvimento que Jean Piaget fez sobre a pergunta "como aumentam os conhecimentos?" por meio da psicologia genética. Essa pergunta fundamental teve por objetivo construir uma teoria do conhecimento e desse modo mediar entre o inatismo e o empirismo, as duas correntes epistemológicas de sua época, que explicavam a aquisição de conhecimentos como percebidos do meio por um organismo passivo (empirismo) ou como "pré-programados" desde o nascimento, de tal maneira que o sujeito se apropriaria deles necessariamente quando se verificassem certas condições no meio (inatismo).

As pesquisas que Piaget e seus colaboradores fizeram sobre a psicogênese do número – entre outras – permitiram-lhe postular que o conhecimento era o resultado de uma construção levada a termo por meio das interações de um sujeito com a realidade. No entanto, não há nada em toda a sua obra que se refira a um estudo científico sobre o ensino. Se se dedicou ao estudo das crianças, foi para encontrar um meio que lhe permitisse responder cientificamente às questões epistemológicas.

Como explica Brun (1994): "A psicologia genética estabelece, então, em sua origem, uma relação de exterioridade com a pesquisa sobre o ensino". Em outras palavras, a teoria de Piaget não implica um modo diferente de ensinar matemática; tem objetivos e metas diversas. Piaget ocupou-se em estudar as grandes categorias do conhecimento como o espaço, o tempo, a causalidade, a longitude, etc., para poder compreender e descrever os processos de constituição dos conhecimentos. Apesar disso, a transposição direta da teoria de Piaget para a sala de aula é um fato recorrente.

Em lugar de tomar a psicologia genética como uma teoria criada para compreender os grandes mecanismos do desenvolvimento e, nesse sentido, usá-la como uma teoria de referência, ela é tomada como se fosse uma teoria geral da aprendizagem, e é por essa razão que as noções operatórias e a conservação das quantidades passam a ser conteúdos de ensino e pré-requisito para poder utilizar os números. Diversamente do enfoque clássico, no qual o destaque está posto no treinamento de procedimentos formais, aqui se prioriza a aprendizagem de relações lógicas entre conjuntos de elementos (classificação, seriação, número como síntese de ambos), para o qual se promovem atividades homônimas na sala de aula.

Para Piaget, o conhecimento – incluindo o matemático – é produto da adaptação do sujeito a seu meio. O principal fator que incide sobre o processo de conhecimento é a ação.

A ênfase posta sobre a construção ativa do conhecimento tem há anos implicações importantes sobre o ensino, muitas vezes tergiversando o mesmo sentido da teoria de Piaget. Em primeiro lugar, o conceito de "ação" tem sido vítima de mal-entendidos. Às vezes se supõe que a ação referida por Piaget consiste na manipulação de material concreto por parte dos alunos, isto é, em ações materiais. As ações, no entanto, no sentido piagetiano, são atividades próprias dos sujeitos que não se limitam a ações materiais e que têm sempre como moldura uma finalidade determinada dentro de um processo dialético de pensamento e ação (Charnay, 1994).

Ao supor que as aprendizagens acontecerão pelo único fato de manipular material concreto, promovem-se situações nas quais o professor "dita" para o aluno o procedimento a seguir, dizendo-lhe, por exemplo, diante de um problema de adição, "coloque 4 fichas, depois coloque mais 5 fichas, depois conte todas". Neste caso, não é o aluno que faz uma escolha dentro do reper-

tório de seus conhecimentos em função do problema apresentado e, portanto, não se produz o processo dialético de pensamento e ação.

Em segundo lugar, outro subterfúgio na interpretação da teoria é a crença de que os alunos aprendem porque constroem o conhecimento de maneira "natural", somente por meio das ações que mostram. Se fosse assim, que papel desempenharia o professor? Um meio sem intenções didáticas seria capaz de induzir no aluno todos os conhecimentos culturais que se deseja que ele adquira? Se não se assume uma intencionalidade didática, o perigo pedagógico consequente é o de supor que se deve cruzar os braços e esperar até que o sujeito construa as estruturas operatórias definidas por meio da lógica (lógica de classes e de relações) e, dessa maneira, esvaziar a aula de conteúdos de ensino.

As consequências descritas são o resultado de se ter entendido as pesquisas de Piaget como se se tratasse de uma teoria geral do ensino e da aprendizagem que pode ditar normas para o ensino de conteúdos escolares.

Esta posição "aplicacionista" (Brun, 1994) – na hipótese de que isso é construtivismo – provocou que a escola desconhecesse a principal função de sua existência, isto é, garantir às gerações futuras a transmissão de conhecimentos socialmente relevantes que a humanidade construiu e continua construindo há séculos.

A legitimidade de um conteúdo de ensino não pode depender somente da iniciativa do professor, mas deve aparecer como legítimo aos olhos da sociedade. Nesse sentido, a origem e a conservação das quantidades são conhecimentos socialmente relevantes ou são privativos de um pequeno setor vinculado com a psicopedagogia?

Por outro lado, as pesquisas de Piaget tomadas como referencial são *justamente* as que demonstram que não é necessário um ensino sistemático para conseguir que as crianças tenham acesso à conservação das quantidades.

- *Qual é a ideia de sujeito que está por trás desse enfoque?* Mais acima se viu que os trabalhos de Piaget estavam dirigidos para a compreensão do desenvolvimento cognitivo. Por aqui, *a ideia de sujeito* que está por trás da postura "aplicacionista" é a de um sujeito psicológico sobre o qual interessam fundamentalmente seus processos cognitivos e suas estruturas cognitivas, isto é, se é conservador de quantidades, de pesos, etc.; se conseguiu a estrutura operatória de uma determinada noção; se, a partir dos conflitos que lhe são apresentados, se produzem os desequilíbrios que darão lugar aos reequilíbrios geradores do progresso cognitivo. Tudo isso, independentemente dos conteúdos do ensino. Finalmente, a partir desta postura, o sujeito não se constitui como aluno.

Como se verá depois, para que isso seja possível, é necessário, ainda, ampliar o interesse a todos os demais componentes da situação de aprendizagem: um meio didático no qual participam o sujeito, seus saberes anteriores, as intervenções do professor, as características do saber que deve ser ensinado, as interações com o resto da classe, etc.

- Por último, a partir dessa concepção, *saber matemática* significa poder estabelecer relações lógicas entre conjuntos. Considera-se a linguagem da teoria de conjuntos como a mais adequada para que as crianças compreendam os nú-meros por meio das relações lógicas aplicadas sobre conjuntos de elementos (inclusão de classes e relações assimétricas). O número é entendido como a síntese entre as operações de classificação e seriação. No entanto, podemos perguntar-nos: um aluno estabelece relações numéricas classificando e seriando?

Quando classificamos, por exemplo, vacas, cães e cavalos, que proprieda-des desses objetos devem ser postas em relação para poder "colocar junto o que está junto"? Basicamente, as propriedades qualitativas: as vacas vão com as vacas e não com os cães porque são diferentes na forma, no tamanho, etc. Portanto, as propriedades *quantitativas* não são levadas em conta. De fato, se alguém se centrasse nelas e contasse quantos animais há, provavelmente não poderia classificá-los.

Quanto à seriação, ordenar do menor para o maior uma série de varetas, por exemplo, exige escolher dentre todas elas a menor, depois a menor das restantes e assim sucessivamente. Essa situação não garante que um aluno vá estabelecer uma relação ordinal numérica entre as varetas pensando, à medida que coloca cada uma delas, que é a primeira, a segunda, a terceira, etc., mas somente pensará naquela que é menor, depois naquela que é um pouquinho maior, depois na seguinte, e assim sucessivamente.

Em resumo, classificando, seriando, se estabelecem relações qualitativas, e não quantitativas, sobre os objetos. Portanto, não aparecem como objeto de conhecimento nem o número, nem sua denominação, nem seus diferentes contextos de utilização, nem a regularidade e a organização do sistema de numeração, etc. Isso não significa que já não devam ser apresentadas situações de classificação e seriação na escola. Trata-se, sim, de reconsiderar as virtudes pré-numéricas dessas atividades. O que se questiona é a razão pela qual esse tipo de situações poderia preparar os alunos para as competências numéricas.

De qualquer forma, é praticamente impossível viver sem fazer classificações e ordenações. Quando uma criança guarda um quebra-cabeças na caixa do quebra-cabeças ou os pincéis na caixa dos pincéis, está fazendo uma classificação, embora não esteja consciente disso. Do mesmo modo, quando faz "torres" com cubos de tamanhos diferentes, está fazendo uma seriação que garante a estabilidade da construção (Brissiaud, 1987).

Por outro lado, atualmente há numerosas pesquisas que demonstram que a linguagem da teoria de conjuntos – portadora de uma enorme abstração matemática – é inacessível às crianças e não permite ser vinculada com os saberes que possuem, construídos na interação com um mundo extraescolar no qual ninguém fala nem representa quantidades mediante conjuntos.

Os desvios de sentido que foram produzidos sobre a psicologia genética não implicam que se deva desconhecer as inquestionáveis contribuições que Piaget e seus continuadores oferecem. Os resultados dessas pesquisas trazem conhecimentos que são necessários integrar, tomando-os como referência, a um corpo teórico específico que tem como objeto de estudo o ensino escolar da matemática; este corpo teórico é a *didática da matemática*.

Didática da matemática

O interesse principal da didática é estudar e descrever as condições necessárias para facilitar e otimizar a aprendizagem, por parte dos alunos, dos conteúdos de ensino da matemática. Ocupa-se, então, de estudar os sistemas didáticos: aluno, professor, saber e as inter-relações entre esses componentes dentro de um contexto caracterizado pela intencionalidade de incidir sobre os conhecimentos anteriores dos alunos para fazê-los progredir nos saberes que a escola tenta transmitir.

- *Qual é a concepção de ensino-aprendizagem da didática da matemática?*

Como hipótese sobre a aquisição de conhecimentos, a didática da matemática da escola francesa adota a ideia de Piaget, segundo a qual os conhecimentos não são produzidos somente pela experiência que o sujeito tem sobre os objetos, nem tampouco por uma programação inata preexistente nele, mas por construções sucessivas que acontecem pela interação desse sujeito com o meio. Estes conceitos fundamentais, como já vimos, não são, no entanto, suficientes para explicar o ato complexo do ensino e da aprendizagem da matemática.

Construir uma aprendizagem na aula cujos resultados sejam previsíveis, pelo menos com uma alta probabilidade, e cujas particularidades sejam reproduzíveis, exige uma análise rigorosa da relação entre o ensino e a aprendizagem, da qual a psicologia genética não se ocupa, mas sim a didática da matemática, que a considera um de seus objetos de estudo essenciais. Assim, o objetivo central da didática é poder identificar as condições nas quais os alunos mobilizam saberes na forma de ferramentas que conduzam à construção de novos conhecimentos matemáticos. Nesse sentido, além da transformação dos conhecimentos, a didática se ocupa das transformações que correspondem aos fenômenos de transmissão cultural, isto é, aos saberes socialmente reconhecidos, comunicados através de instituições, particularmente a escola, portadora da intencionalidade de ensinar. Ao enfatizar os conteúdos do ensino, a didática assume, ao mesmo tempo, a complexidade total do ato de aprendizagem, imerso em um meio que compreende os conteúdos, o aluno, seus saberes, o professor, a intencionalidade didática, as situações didáticas, a instituição, etc.

A didática pode dar respostas sobre o ensino porque é seu objeto próprio, incluindo para isso o saber matemático constituído, enquanto "as matemáticas que são discutidas na epistemologia genética dizem respeito [...] ao estudo das grandes categorias do conhecimento no sentido kantiano" (Brun, 1994).

Brousseau (1986) define assim sua concepção de aprendizagem:

> O aluno aprende adaptando-se a um meio que é fator de contradições, de dificuldades, de desequilíbrios, um pouco como o faz a sociedade humana. Este saber, fruto da

adaptação do aluno, manifesta-se pelas respostas novas que são a prova da aprendizagem [...].

Esta concepção toma da teoria de Piaget o fundamento de que o conhecimento se constrói por meio da ação de um aluno diante de situações que lhe provocam desequilíbrios. Esses desequilíbrios acontecem quando existe uma situação que o aluno tenha de resolver, mas, além disso, quando possui alguns conhecimentos básicos que, ao mesmo tempo, se mostrem insuficientes para enfrentar o problema.

Os limites de seu saber diante da situação são os que provocam que o sujeito ponha em dúvida seus conhecimentos e se lance na busca de novas formas de resolução. Que desequilíbrio provocaria em um sujeito a resolução de um problema se, na ordem ou na intervenção do professor, está explícito o que deve fazer? Nesse caso, quem age: o aluno ou o professor?

Todo conhecimento novo é construído apoiando-se sobre os conhecimentos anteriores que, ao mesmo tempo, são modificados. Na interação desenvolvida por um aluno em uma situação de ensino, ele utiliza seus conhecimentos anteriores, submete-os à revisão, modifica-os, rejeita-os ou os completa, redefine-os, descobre novos contextos de utilização e dessa maneira, constrói novas concepções. Esse processo dialético descarta toda ilusão de uma construção linear do conhecimento, no sentido de supor que os favorece estabelecer uma sequência que vá do mais simples ao mais complexo.

Charnay (1994) diz:

Os conhecimentos não são empilhados, não são acumulados, mas passam de estados de equilíbrio a estados de desequilíbrio, no transcurso dos quais os conhecimentos anteriores são questionados. Uma nova fase de equilíbrio corresponde, então, a uma fase de reorganização dos conhecimentos, em que os novos saberes são integrados ao saber antigo, às vezes, modificado. Assim, um novo saber pode questionar as concepções do aluno originadas por um saber anterior: por exemplo, o estudo dos decimais deveria levar o aluno a questionar a ideia de que a multiplicação "amplia" sempre (ideia que ele pôde elaborar estudando os números naturais).

Em suma, considera-se a aprendizagem como uma modificação do conhecimento que o aluno deve produzir por si mesmo e que o professor deve somente provocar (Brousseau, 1986).

- **• *Qual é a ideia de sujeito dentro do marco da didática da matemática?***

A didática da matemática faz entrar em cena o aluno, essa criança que, ao estar "sujeito" à ordem da instituição escolar (Chevallard, 1992), se transforma em sujeito didático: aquele que, diante das situações que o professor apresenta, realiza uma busca dentro de tudo o que sabe para decidir aquilo que é mais pertinente e colocá-lo em jogo.

O trabalho do professor consiste, portanto, em propor ao aluno situações de aprendizagem para que este produza seus conhecimentos partindo da busca pessoal dos procedimentos que lhe permitirão encontar a resposta para o problema apresentado. A solução da situação coloca em jogo as ferramentas que o aluno possui. Aquilo que as faz funcionar ou as modifica não depende do desejo do professor, mas da resistência que esse meio lhe oferece.

Para que um sujeito seja sujeito didático, isto é, esteja implicado na resolução de um problema independentemente do desejo do professor, é necessário que tenha um projeto (implícito) de aprendizagem e aceite sua responsabilidade (Perrin-Glorian, 1993).

Isso não será possível se ele pensar que o trabalho na aula de matemática consiste em fazer o que lhe é pedido tal e como o ensinaram previamente, ou que aquilo que produz é alguma coisa que se faz para depois ser abandonado sem que se possa estabelecer nenhum vínculo com o anterior ou com as aprendizagens futuras, ou que é importante que seu trabalho seja realizado somente para "passar de ano", "para que minha mãe fique contente", etc.

É o professor quem pode conseguir que o aluno aceite a responsabilidade de uma situação de aprendizagem, sempre e quando não estiver disposto a lhe dar indícios que o ajudem a averiguar com menor esforço a resposta que se está esperando dele. Muitas vezes, como produto dessas "ajudas", o aluno consegue uma resposta correta sem ter posto em prática seus conhecimentos. A armadilha disso é supor que o aluno aprendeu. A decepção surge quando, diante de uma nova situação, se evidencia a ausência desse saber.

Ao processo pelo qual o professor tenta tornar a resolução de um problema como responsabilidade do aluno – que é quem deve se ocupar da obtenção de um certo resultado como resposta às exigências do meio, e não ao desejo do professor –, Brousseau denomina *devolução* (Brousseau, 1994).

Dessa forma, a devolução é uma condição necessária quando se assume que o aluno constrói conhecimentos novos ao se adaptar a um meio que lhe cria desequilíbrios. Procura-se que o aluno funcione de maneira científica por meio de suas ações, e não como um simples executor de instruções externas. Para aceitar sua responsabilidade naquilo que produz, o aluno deve poder considerar o que faz como uma escolha entre diferentes possibilidades, para assim poder estabelecer uma relação de causalidade entre as decisões que tomou e seus resultados. A situação deve permitir, na busca anterior à tomada de decisão, uma antecipação dos resultados que essa escolha vai determinar. São as antecipações que o aluno produz que permitem uma resolução baseada em seus próprios saberes, e não em intervenções externas.

> [...] se a resposta se deve exclusivamente às virtudes da situação, nada deve às "virtudes" do aluno. Em outras palavras, deve-se definir a distância que há entre a determinação, por parte da situação, do que o aluno deve fazer e a determinação, por parte do aluno, do que deve acontecer (Brousseau, 1994).

Trata-se, então, de que os alunos aprendam, fazendo funcionar o saber. Isto é, que, para o aluno, o saber apareça como um meio de selecionar, de prever, de realizar e de controlar as estratégias que utiliza para resolver a situação que lhe foi apresentada.

• O que se entende por "saber matemática" no marco da didática da matemática?

A partir deste enfoque, pode-se dizer que um sujeito sabe matemática se este pôde construir o sentido dos conhecimentos que lhe foram ensinados (Charnay, 1994). Construir o sentido de um conhecimento implica dois níveis:

– Um nível sintático (ou interno) que permite compreender o funcionamento de uma determinada noção, por exemplo: como é a organização e a regularidade da série numérica; quais relações devem ser estabelecidas para contar objetos utilizando a série; como funciona um algoritmo (por que "levo" ou por que "empresto ao do lado"); por que esta conta leva ao resultado buscado, etc.

– Um nível semântico (ou externo) que permite ao sujeito reconhecer que tipo de problemas este conhecimento resolve, para quais outros não é adequado, etc.

A questão central no ensino da matemática é, então, como levar os conhecimentos ensinados a terem sentido para os alunos. Charnay (1994) explica assim: "o aluno deve ser capaz não somente de repetir ou de refazer, mas também de ressignificar em situações novas, de adaptar, de transferir seus conhecimentos para resolver novos problemas".

Fazer aparecer cada noção matemática como uma *ferramenta* para resolver problemas é o que permitirá a esses alunos construir o sentido do conhecimento em jogo. O eixo fundamental é a resolução de problemas. Por que ensinar matemática por meio de problemas? Porque é a busca das soluções para os problemas, e as reflexões sobre eles geram conhecimentos.

Em primeiro lugar, a construção do edifício matemático percebe isso. A produção de conhecimento teve e tem o objetivo de resolver problemas para cuja solução os saberes disponíveis não são suficientes. Esses problemas podem ser de várias espécies. A matemática produziu e produz ferramentas para resolver problemas da vida cotidiana, problemas inerentes a outras ciências – como a arquitetura, a física ou a economia – e também problemas internos da mesma matemática.

Em segundo lugar, e em relação com o ensino, se a escola espera que os alunos sejam capazes de identificar o procedimento que resolve um problema para depois fazê-lo, como farão para identificá-lo se nunca antes enfrentaram este tipo de problemas?

É conveniente levar em conta que o ensino tradicional se centra com frequência, basicamente, nos aspectos sintáticos, mas a partir de um enfoque que limita o ensino a uma reprodução de métodos, sem se ocupar da construção do sentido em nenhum dos níveis.[3] Não se leva em conta que um aluno "especialista em métodos", mas que não pode decidir, na hora de resolver um problema, qual de todos esses procedimentos que possui é o mais conveniente, sabe, neste caso, um aspecto da matemática, mas não o suficiente.

Perguntas do tipo "Como faço o sinal?" ou "É de mais, de menos, de vezes?", colocam em evidência a falta de sentido que, para esse aluno, tem aquilo que ele aprendeu.

Formam-se alunos especialistas em fazer contas quando a humanidade inventou as máquinas calculadoras que são, hoje em dia, um bem de uso social. Essas máquinas podem ter as funções mais complexas, mas o que a ciência não inventou ainda é uma máquina que diga a um sujeito qual tecla tem de pressionar. Para que serve a um aluno uma máquina se não pode dar-lhe ordens necessárias a menos que uma espécie de "cérebro anexo" lhe vá dizendo "agora some", "agora diminua"?

De nenhuma forma pretendo que se deduza daqui a implicação pedagógica de que não é importante que os alunos aprendam a fazer as contas. Ao contrário. Contudo, o que me interessa destacar é o paradoxo que a escola às vezes provoca, ao priorizar o ensino de um aspecto da matemática que limita os alunos em seu desempenho tanto escolar como extraescolar.

A RESOLUÇÃO DE PROBLEMAS

O que se entende por problemas dentro da didática da matemática?

A didática da matemática define os problemas como aquelas situações que criam um obstáculo a vencer, que promovem a busca dentro de tudo o que se sabe para decidir em cada caso aquilo que é mais pertinente, forçando, assim, a utilização dos conhecimentos anteriores e mostrando-os ao mesmo tempo insuficientes e muito difíceis. Rejeitar os não pertinentes e empenhar-se na busca de novos modos de resolução é o que produz o progresso nos conhecimentos.

Os problemas destinados à aprendizagem de um novo conhecimento matemático devem permitir que se crie uma interação entre o aluno e a situação. Para organizar sua atividade de resolução, o aluno deverá buscar entre todos os seus conhecimentos matemáticos aqueles que lhe pareçam pertinentes, tomar as decisões que correspondam à escolha destes, prever possíveis resultados, etc.

Qual seria o obstáculo que um aluno pode enfrentar se os problemas que lhe são oferecidos são sempre os mesmos? Por que se empenharia na busca de novos modos de resolução se com o que sabe consegue resolver? Como poderia decidir quais procedimentos utilizar se o professor lhe "dita" o que deve fazer? A aprendizagem termina, nesse caso, transformando-se em um ato de "fé": tem de fazer procedimentos, porque o professor lhe pede, tal e como lhe pede.

Os problemas levados para a sala de aula

Não se aprende matemática somente resolvendo problemas. É necessário, além disso, um processo de reflexão sobre eles e também sobre os diferentes procedimentos de resolução que possam surgir entre os integrantes da turma.

Assim como o conhecimento deve permitir tomar decisões diante de um problema que deve ser resolvido, também deve permitir comunicar os procedimentos escolhidos; defender e validar o que foi feito; confrontar e comparar com o que os outros fizeram[4] e também deve permitir reconhecer a relação que esse conhecimento tem com os saberes culturais que a escola tenta transmitir.

A comunicação de informações entre os alunos, dos resultados que tenham surgido através de um trabalho individual ou em pequenos grupos, é também constitutiva do sentido do conhecimento matemático. Não se trata somente de que o professor introduza situações que permitam aos seus alunos atuarem, mas também que propicie e favoreça a análise, a discussão e a confrontação entre as diferentes concepções e resultados que possam surgir tanto no processo de resolução como no término do mesmo.

Comunicar uma resolução permite tornar explícito o que era implícito e torna possível o reconhecimento desse conhecimento por parte do sujeito. Informar sobre o que foi produzido implica necessariamente a reconstrução da ação realizada.

O fato de ter de explicar as ações traz associado o problema da linguagem. Exige-se a utilização de uma linguagem que permita explicar as ações vinculadas a uma resolução matemática, cuidando de que seja o mais clara possível para poder ser compreendida pelos companheiros. Essa linguagem, por outro lado, deverá se adequar às particularidades que a situação exija. Essa reconstrução da ação promove o contato com os diferentes procedimentos de resolução que possam surgir entre os companheiros, o que permite a um aluno obter certas informações sobre a situação que talvez não tivesse previsto por não dispor dos meios de ação suficientes. Descobrir, por exemplo, outros modos de resolução para a mesma situação – todos eles corretos –, caminhos menos difíceis, erros em suas próprias concepções ou nas de outros, etc.[5]

Essas ações e sua comunicação não se referem exclusivamente à atividade solitária de um aluno. Se a resolução do problema se realiza em pequenos grupos, então se estabelece um trabalho em colaboração, o qual é considerado essencial para a aprendizagem, uma vez que permite a definição comum da situação e do problema (Gilly, Roux e Trognon,

1999). A análise conjunta não é entendida como a somatória dos recursos individuais usados pelos participantes, mas como uma construção conjunta, original e emergente da dinâmica interativa, que se produz por meio das interações verbais que as crianças realizam ao defender a compreensão que cada um teve do problema e a proposta sobre qual caminho seguir. Assim, a solução resulta de uma construção conjunta no curso da qual cada etapa da resolução está determinada pela etapa anterior de intercâmbios verbais. Em outras palavras, o surgimento de uma ideia em um participante estaria possibilitado pelas ideias anteriores tanto próprias como dos outros participantes com os quais interage.

Em suma, a circulação do saber – tanto durante a resolução do problema como depois da resolução – permite a tomada de consciência sobre o que já se sabe e dos limites deste saber. Possibilita a apropriação de estratégias utilizadas por outros que se evidenciam como mais adequadas, explicita os erros acontecidos, etc. Deste modo, favorece a construção do sentido e, portanto, a aprendizagem dos conteúdos do ensino.

Por outro lado, o fato de ter de defender o produzido exige que o aluno elabore argumentações e provas para demonstrar a validade de suas afirmações de uma forma que não seja por meio da ação. Não basta a comprovação empírica de que aquilo que dizem é certo; tem de explicar que necessariamente é assim. Ao dar provas e exemplos daquilo que afirmam, os erros – se houver – são debatidos grupalmente, o que favorece uma maior tomada de consciência dos mesmos.

A validação é central no processo de aprendizagem da matemática, uma vez que é por meio dela que os conhecimentos podem ser reconhecidos como falsos ou insuficientes, e, com isso, será necessário buscar novos procedimentos que, conseqüentemente, se constituirão em conhecimentos adaptados aos requisitos do problema.

A situação desempenha um papel importante na instância da validação. Se o problema que é apresentado ao aluno "garante", *a priori,* que os procedimentos que possui vão ser suficientes, o aluno não precisará modificar seus conhecimentos. Uma situação concebida para produzir uma aprendizagem por adaptação deve demonstrar ao sujeito a não validade ou a insuficiência de seus procedimentos para resolver a situação. Se um aluno afirma que a utilização de "palitinhos" é a melhor estratégia para resolver os problemas de adição e o professor apresenta situações nas quais estão envolvidos cálculos do tipo "4 + 5", por que esse sujeito vai abandonar esse procedimento se com essas quantidades é absolutamente funcional? Em contrapartida, se o professor aumentasse as quantidades em jogo, a situação enfrentaria esse aluno com os limites de seu conhecimento, criando, assim, a necessidade de buscar outros procedimentos menos difíceis, com menor risco de cometer erros, etc.

As produções dos alunos são, dessa forma, uma informação sobre seu "estado de saber" (Charnay, 1994). Nesse sentido, a partir da concepção construtivista da aprendizagem, o erro é fecundo e desempenha um papel construtivo na aquisição de conhecimentos. Particularmente, o erro não é entendido como a ausência de saber, nem tampouco como um fato negativo que não deveria fazer parte da realidade escolar.

Quando um aluno enfrenta um conhecimento novo, ele o fará dentro de suas próprias concepções, a partir de certas maneiras de conhecer que lhe foram úteis em outros contextos, e é sobre esse mesmo conhecimento "velho" que o aluno deverá construir o novo. Como levar adiante essa tarefa quando não pôde confrontar a representação que ele fez do problema com outras diferentes e particularmente tomar conhecimento de seus possíveis erros?

No ensino tradicional, depois da resolução do problema, o aluno tem acesso à correção individual por parte do professor. O aluno resolve e, depois do tempo necessário para que o professor corrija, recebe uma avaliação de seu trabalho com conceitos que podem variar entre "muito bom", "regular", "refazer", etc. No entanto, que informação a correção dá ao aluno em relação à sua resolução? Como faz para distinguir se se enganou no procedimento que escolheu para resolver o proble-

ma ou se o que está errado é o resultado que obteve? A ilusão que está por trás desse tipo de práticas é supor que um aluno, somente pelo fato de observar o produzido, vai poder modificar sua ação.

Em outros casos, se propõe a "autocorreção". O professor mostra a resolução correta na lousa, e os alunos verificam se fizeram igual ou não. Os que coincidiram com o procedimento escolhido pelo professor avaliam seu trabalho como correto, os que utilizaram outro procedimento – embora o resultado seja o mesmo – copiam a resolução "oficial", conferindo-lhe um *status* de maior validade. Por exemplo, se o problema fosse: "Jogando uma partida, Luzia ganhou 4 figurinhas, agora tem 16, quantas figurinhas tinha quando começou a jogar?", poderiam aparecer diversas resoluções. Alguns alunos interpretariam como um problema de soma no qual se desconhece um de seus termos ($x + 4 = 16$) e por meio de tentativas procurariam que número somado a 4 dá 16. Outros o interpretariam como um problema de subtração ($16 - 4 = 12$). Em ambos os casos, os procedimentos são válidos, mas, se o professor escreve na lousa somente a subtração, os alunos que somaram pensarão que sua decisão não foi acertada. Deste modo, afasta-se a possibilidade de entender que, na matemática, um mesmo problema pode ser resolvido com diferentes conhecimentos e que um mesmo conhecimento pode resolver diversos problemas. Finalmente, os que não chegaram ao resultado esperado qualificam seu trabalho como "errado" e copiam o procedimento da lousa. Ao não mediar nenhuma reflexão sobre a não pertinência de seu trabalho, como poderiam transformar o conhecimento? Novamente a aprendizagem se transforma em uma questão de "fé": "assim faz-se porque o professor disse".

Por outro lado, se o professor é o único que se ocupa desta tarefa, o aluno estaria se encarregando das consequências de sua ação? A devolução é entendida como um processo não somente necessário para que o aluno se encarregue autonomamente da resolução do problema, mas que também envolva o juízo do aluno sobre os resultados de sua ação.

Outra prática frequente, em outro enfoque, é a prescrição, isto é, que o professor ponha como condição de trabalho, por exemplo, a proibição do uso de palitinhos; o aluno novamente se vê diante de uma aprendizagem cujo sentido é cumprir com o desejo do professor, e não o de construir novas ferramentas que lhe são necessárias para poder enfrentar os problemas que aparecem.

No conjunto de interações que acontecem entre os alunos e o professor a propósito de um conhecimento, foram descritos momentos nos quais os alunos devem agir para resolver problemas e momentos nos quais devem comunicar, argumentar e validar seus trabalhos. No entanto, esses não são suficientes para consolidar uma situação didática. São indispensáveis, além disso, aqueles momentos nos quais o professor dará um estatuto oficial aos conhecimentos em jogo. Assim, o saber construído pelos alunos, quando agiram, comunicaram e validaram, aparece conotado com uma avaliação de saber cultural socialmente estabelecido. Isso significa conferir a esse conhecimento a categoria de um saber reutilizável, embora em contextos diferentes do que lhe deu origem, constituindo-se desse modo em ferramenta.

Paremos um momento. Quando produzem um conhecimento novo, os matemáticos não explicitam o processo complexo pelo qual esse conhecimento foi criado. Não comunicam nem os problemas particulares que geraram a necessidade dessa ferramenta, nem as perguntas que apareceram, nem as previsões, marchas e contramarchas que realizaram, etc. Comunicam o saber fora de qualquer contexto, buscando a maneira mais geral, despersonalizada e atemporal possível, para que possa ser integrado ao edifício matemático (Brousseau, 1986). Isso se reflete nos currículos e programas escolares, nos quais os conhecimentos aparecem enunciados de maneira isolada, definidos conceitualmente e fora de qualquer contexto.

Na perspectiva de ensino da didática da matemática, o problema se apresenta de maneira oposta. Se o que se quer conseguir é que um aluno construa com sentido o saber que lhe é transmitido, o professor terá de contextualizar esse conhecimento realizando um processo semelhante ao que levaram adiante os produtores originais desse saber (Brousseau, 1986). Terá, então, de permitir aos alunos interagir com os problemas que exigem esta ferramenta: provar, descartar, tentar de novo, modificar, etc.

Uma das razões pelas quais a humanidade inventou os números é um bom exemplo disso. Quando ainda não existiam os sistemas de numeração, as pessoas utilizavam outros recursos para resolver problemas. Os pastores, por exemplo, utilizavam saquinhos de couro e pedras para controlar – estabelecendo uma relação biunívoca – que todas as ovelhas que haviam saído para pastar estivessem de volta no curral. Para isso, cada vez que uma ovelha saía (para eles o conceito "uma" não existia) entrava uma pedra no saquinho, saía outra ovelha e entrava outra pedra, e assim sucessivamente. No fim do dia, faziam a operação inversa: entrava uma ovelha no curral e saía uma pedra, e assim por diante. Se o saquinho ficava vazio, a tarefa, então, estava terminada; se não, tinham de sair buscando tantas ovelhas quantas pedras tinham sobrado. À medida que a quantidade de gado foi aumentando, esse procedimento deixou de ser eficiente para resolver esse e outros problemas. A humanidade, então, inventou os números e com eles, entre outras coisas, a possibilidade de quantificar.

Este recorte da história da criação dos números nos permite ver claramente como as crianças constroem este conhecimento de maneira semelhante, uma vez que uma das estratégias mais utilizadas por eles na pré-escola para comparar conjuntos de objetos é, justamente, a correspondência termo a termo. Se aumentarem as quantidades usadas em situações didáticas pensadas com a intenção de incidir sobre os conhecimentos anteriores, as crianças, tal como fez a humanidade, vão apropriar-se do cálculo.

Chegado a este nível, o aluno não sabe que produziu um conhecimento que poderá utilizar em outras ocasiões. Para transformar suas respostas e conhecimentos em saber, quando resolve diferentes situações em que o cálculo é a ferramenta, o aluno deverá, com a ajuda do professor, redespersonalizar e redescontextualizar o saber que construiu em um contexto particular, para poder reconhecer naquilo que fez algo que tenha caráter universal, um conhecimento cultural reutilizável (Brousseau, 1986). Como veremos mais adiante, neste caso, se trataria de poder reconhecer o cálculo como uma ferramenta eficiente não somente para comparar conjuntos, mas para resolver um campo mais amplo de problemas.

Apesar disso, é o professor quem, ao ressaltar esse saber produzido e previsto nos objetivos (institucionalização), transformará em um saber reutilizável. Segundo Brousseau (1986):

> A tomada de consciência "oficial" pelo aluno do objeto de conhecimento e pelo professor da aprendizagem do aluno é um fenômeno social muito importante e uma fase essencial do processo didático: este duplo reconhecimento é o objeto da institucionalização.

Muitas vezes, confunde-se a situação de institucionalização com a fase final do processo de ensino: quando o professor dá sua aula. Na realidade, a institucionalização é um processo que se desenvolve ao longo do ensino, por meio de institucionalizações parciais que o professor realiza à medida que os alunos progridem em seus conhecimentos. Nesse sentido, devolução e institucionalização são dois processos complementares por meio dos quais o professor tenta controlar a aquisição por parte dos alunos das noções matemáticas carregadas de sentido: a devolução está destinada a que eles se comprometam de maneira autônoma na resolução de problemas e na sua validação, e a institucionalização, a que os alunos saibam que o saber que puseram em prática é aquilo para o qual se apontava e que deverá ser retido (Perrin-Glorian, 1993).

Quando introduzir os problemas?

É conveniente começar a trabalhar com problemas muito cedo, antes que os alunos disponham das soluções "especialistas" para resolvê-los. As pesquisas de Carpenter, Hiebert e Moser (1981) demonstram que, antes de qualquer aprendizagem escolar, as crianças pequenas podem resolver problemas a seu modo, como se verá mais adiante.

Se propomos que os problemas sejam o eixo por meio do qual os alunos trabalhem na matemática desde o primeiro dia de aula da pré-escola, aceitamos que esses alunos contam com uma bagagem de conhecimentos necessários para poder iniciar a aprendizagem dos conteúdos do ensino escolar.

Sobre os conhecimentos das crianças

Várias pesquisas em nível mundial (Fuson e Hall, 1983; Fuson, Richard e Briars, 1982) deixaram claro que as crianças constroem ideias sobre os números e sobre o sistema de numeração ainda antes de terem chegado à escola. Fayol (1985) e Schaeffer, Eggleston e Scott (1974) concordam com outros pesquisadores sobre o cálculo preceder a conservação. Do mesmo modo, por meio de diversas pesquisas, Gelman e colaboradores (Gelman, 1977, 1983; Gelman e Gallistel, 1978; Gelman e Meck, 1983) consideram que a apropriação do número está ligada ao cálculo, e não à noção de conservação.

De acordo com essas pesquisas, o interesse pelos números, o estabelecimento de algumas relações, bem como o uso deles em diferentes contextos de utilização, parecem não estar determinados pela existência prévia da conservação das quantidades. Vejamos alguns dos conhecimentos que possuem e suas características.

A recitação da série

As crianças da educação infantil possuem conhecimentos sobre a série numérica oral. Esses conhecimentos não são os mesmos para todos os alunos de uma mesma sala. Diferem não somente na extensão do intervalo numérico conhecido por eles, mas também nas diversas competências que possuem e que estão implicadas na recitação convencional.

Não reveste a mesma complexidade para um aluno recitar a série a partir do 1 e parar quando não sabe mais; recitar e parar no número que lhe foi pedido; recitar intercalando palavras (por exemplo: um elefante, dois elefantes...); recitar a partir de um número diferente de 1 (5,6,7...); recitar de maneira ascendente de 2 em 2, de 5 em 5, de 10 em 10; recitar de maneira descendente de 1 em 1, de 2 em 2, etc. (Parra e Saiz, 1992).

A complexidade crescente desta série de competências poderá ser superada uma vez que estas aparecem como ferramentas para resolver problemas. Já nos perguntamos, por exemplo, por que um aluno vai descobrir a conveniência de recitar a partir de um número diferente de 1 se os cálculos que lhe são oferecidos são do tipo "2 + 3", "3 + 4": usar os dedos ou fazer "palitinhos" para representar essas quantidades não oferece dificuldade, e em seguida não precisará colocar em prática o cálculo. Neste caso, uma variável didática para que a situação demonstre ao sujeito a insuficiência de seu conhecimento seria introduzir números maiores.

Ao recitar a série, muitas crianças nos demonstram que descobriram parte da regularidade e da organização que o sistema tem. Por exemplo, quando dizem "um, dois, três... oito, nove, dez, dez e um, dez e dois, dez e três", etc., não sabem ainda os nomes dos números 11, 12, 13, mas os nomeiam a seu modo e sem pular nenhum. Ou, então, quando chegam a 19, param e se alguém lhes diz "vinte", "arrancam" novamente em alta velocidade: 21, 22, 23... 29 e param outra vez para voltar a começar quando se lhes diz "trinta". Não sabem ainda a denominação de algumas dezenas, mas sabem que depois das dezenas rasas (20, 30, 40) os números seguintes são conseguidos agregando consecutivamente os números do 1 ao 9.

Contar

Saber recitar a série não é a mesma coisa que saber contar elementos de um conjunto. Isto é, um sujeito que pode recitar a série até um determinado número não necessariamente poderá utilizar esse conhecimento na hora de contar objetos ou desenhos.

Para poder contar exige-se possuir, em primeiro lugar, o *princípio de adequação única* (Gelman, 1983), ou seja, atribuir a cada um dos objetos uma e somente uma palavra-número, respeitando, ao mesmo tempo, a ordem convencional da série. Muitas vezes observamos na pré-escola que "a mão vai mais rápida que a boca" (ou o contrário), isto é, não podem estabelecer uma correspondência termo a termo entre cada objeto e uma palavra-número e, portanto, o resultado da conta é errado.

No entanto, muitas crianças que podem estabelecer essa correspondência, quando terminam de contar, parecem desconhecer quantos objetos há no total. Ao lhe perguntar "quantos lápis há?", Joaquim (5 anos), que havia contado sete lápis deslocando um a um na medida em que recitava a série, com gesto de surpresa disse: "1, 2, 3, 4, 5, 6, 7". Isso quer dizer que Joaquim ainda não pode reconhecer que o último número enunciado durante a conta corresponde à quantidade total de objetos (princípio de cardinalidade), e acredita que a pergunta "quantos há?" se responde repetindo a recitação completa utilizada para contar.

Uma outra condição descrita por Gelman para conseguir contar é o *princípio de indiferença da ordem*, isto é, compreender que a ordem na qual se contam as unidades (da direita para a esquerda, da esquerda para a direita, de cima para baixo, etc.) não altera a quantidade.

Esses princípios permitem retomar a reflexão sobre os postulados de Piaget sobre a construção do número. Quando Piaget propôs que o número era a síntese entre as relações de inclusão hierárquica e de ordem, não se referiria à inclusão de aspectos qualitativos – vacas, cães, cavalos – em classes abrangentes, mas à capacidade da criança quando "inclui mentalmente 'um' em 'dois', 'dois' em 'três', 'três' em 'quatro', etc." (Kamii, 1984).

Com respeito à relação de ordem, não se trataria do estabelecimento de uma ordem empírica (é a vareta menor, a seguinte, etc.), mas da necessidade de estabelecer uma ordem lógica entre os elementos que garante que não se vai contar duas vezes o mesmo elemento ou se vai deixar algum sem contar.

Quando os alunos fazem a conta, é importante observar se dispõem efetivamente dessa ordem lógica. De fato, muitas vezes o professor não percebe que o aluno cometeu um erro de pular um dos elementos e, ao mesmo tempo, contou duas vezes outro, de modo que se cancelam mutuamente, dando a impressão equivocada de que a criança contou com precisão.

Do ponto de vista didático, um aluno que não possua os três princípios descritos não estaria capacitado para resolver problemas que impliquem contar e, portanto, não teria de apresentá-los? Como poderia aprender a contar se não lhe oferecemos um meio de problemas que o mostrem como necessário? É justamente por meio da resolução de problemas que um aluno poderá apropriar-se progressivamente do princípio de adequação única e, daí em diante, progredir até à possibilidade de cardinalizar uma quantidade.

Por outro lado, se já possuísse os três princípios envolvidos, qual seria o sentido de lhe propor situações nas quais contar um a um os elementos fosse um procedimento funcional? Não seria o momento de introduzir variáveis didáticas nas situações para que a conta um a um aparecesse como muito difícil e, assim, criar o progresso em seus conhecimentos? No item de exemplos de problemas para abordar esses conteúdos, são desenvolvidas propostas mais precisas.

No ensino tradicional, o professor força o abandono do "contar tudo" (de um em um) e ensina a "continuar contando". Isso é coerente com a crença de que a adição é somente uma "técnica". A partir dessa convicção, o contar aparece como um conteúdo a ser ensinado pelo professor, sem fazê-lo funcionar como ferramenta para resolver problemas.

A realidade é que, para muitas crianças que produzem a indicação do professor de "colocar um número na cabeça e continuar contando", a estratégia não é efetiva. Um erro muito frequente é, por exemplo, que 8 + 5 seja igual a 12. Neste caso, começam a contar a partir de 8 e dizem: 8, 9, 10, 11, 12, enquanto vão estendendo sucessivamente os cinco dedos; quer dizer que o primeiro conjunto ou totalidade (8) fica "fundido" no segundo (5) e perde, assim, em seu pensamento, sua qualidade de entidade independente (Fuson, 1982).

Podemos pensar, em princípio, duas razões pelas quais as crianças precisam durante um tempo contar tudo (tomar oito objetos ou fazer oito marcas no papel, depois mais cinco e em seguida contar todos, de um em um). Em primeiro lugar, poder contar a partir de um número diferente de 1 exige um conhecimento da recitação da série numérica muito maior. Em segundo lugar, se ainda não pode controlar as relações parte/todo características da soma, isto é, ainda não pode estabelecer uma relação entre dois conjuntos que passam de ser "todos" a ser partes de um novo todo, transforma então mentalmente todos os elementos em "uns"; em outras palavras, transforma 8 + 5 em 1 + 1 + 1 + 1 + 1 + 1 + 1 + 1 + 1 + 1 + 1 + 1 + 1 (Kamii, 1984).

Se se aceita que os conhecimentos se produzem por adaptação a um meio que cria desequilíbrios, será por meio da apresentação de múltiplas situações com as quais um aluno deva enfrentar e do pedido das explicitações, das argumentações e das validações consequentes que irão desaparecendo paulatinamente tantos dedos, montões de fichas e folhas cheias de palitinhos.

A numeração escrita

A pesquisa realizada na Argentina por Delia Lerner e Patrícia Sadovsky (1994) sobre como as crianças se aproximam do conhecimento do sistema de numeração apresentou duas certezas.

a) As crianças constroem muito cedo hipóteses, ideias particulares para produzir e interpretar representações numéricas.

Com argumentos semelhantes aos que as pesquisadoras descrevem nos casos analisados por elas, Mercedes (5 anos e 2 meses), ao ter de comparar e decidir qual dos seguintes números é maior: 367 e 57, disse "este (indicando para o 367), porque tem mais números". Apesar de Mercedes não poder ainda ler esses números, "sabe" que quanto maior é a quantidade de algarismos, maior é o número.

Diante do pedido de comparação de dois números de igual quantidade de algarismos, 34 e 78, Juliano (5 anos e 8 meses) argumenta que "este é maior (indicando o 78) porque o 7 é maior que o 3 e o primeiro é o que manda". Apesar de não saber lê-los, pode argumentar pondo em prática sua hipótese de que os números "valem" diferente se estão em lugares diferentes. Esse argumento está ligado à numeração escrita: Juliano sabe que o primeiro número corresponde ao "vinte", "trinta", "setenta", etc., e que, portanto, são maiores do que o "dois", "três", "sete", etc. Em outros casos, as argumentações que colocam estão mais ligadas à série numérica oral: Sebastião (5 anos e 9 meses), por exemplo, explica que "o 41 é maior do que o 14 porque se você contar, vai dizer 1, 2, 3, ..., 14, 15, ..., 19, 20, e vai ter de continuar contando um montão até chegar ao 41. Está depois, e, por isso, é maior".

As pesquisadoras descrevem que, quando nos números que devem ser comparados o primeiro algarismo é o mesmo (21 e 23), muitas crianças argumentam que "então, deve-se olhar o segundo número".

De onde tiram essas ideias? Certamente não é do conhecimento dos agrupamentos recursivos, dezenas, centenas, etc., do sistema de numeração, mas da iteração com um meio repleto de portadores numéricos com o qual interagem.

Porém, se na pré-escola e no início da primeira série somente trabalham com os números de 1 a 9, como podem fazer uso do que sabem? Como constroem e explicitam que "se tem mais números então é maior", se não podem comparar números de diferente quantidade de algarismos? Como vinculam seu conhecimento da numeração falada com a escrita para argumentar (a seu modo) que o valor de um número depende da posição que ocupa, se comparam sempre números de um algarismo?

b) As crianças não constroem a escrita convencional dos números tal qual a ordem da série numérica.

Isto é, não aprendem primeiro o 1 e depois o 2, 3, ..., 9, 10, ..., 19, 20, 21, etc. Há certos números que são privilegiados, e estes são os rasos, isto é, as dezenas inteiras, as centenas inteiras, etc. Primeiro podem escrever 20, 30, 100, 200 e depois têm acesso à escrita convencional dos intervalos entre esses números rasos.

As crianças constroem ideias sobre a escrita dos números baseando-se, então, em duas informações: a que tiram da numeração falada e a que o conhecimento da escrita convencional dos números rasos lhes dá.

Para escrever números dos quais ainda não conhecem a representação convencional, fazem uso desses saberes justapondo os símbolos que conhecem segundo a ordem que a numeração falada lhes indica. Por exemplo, ao pedir a Luzia (5 anos e 10 meses) que escrevesse dezessete, ela escreveu 107; vinte e quatro, escreveu 204; trezentos e noventa e seis como 300906; dois mil e trezentos como 2000300 (outras crianças escrevem 21000300). Esta correspondência estrita com a numeração falada, isto é, a convicção de que os números são escritos da mesma forma como são falados, deriva das mesmas características que o sistema de numeração falada possui. Diferentemente da numeração escrita, que é posicional, a numeração falada não o é. Se fosse assim, ao ler um número, por exemplo, o 7.452, diríamos "sete quatro cinco dois". No entanto, em função do conhecimento que possuímos, lemos "sete mil quatrocentos e cinquenta e dois", ou seja, ao mesmo tempo em que enunciamos o algarismo, enunciamos a potência de 10 que corresponde a cada um.

Como as crianças progridem até a escrita convencional? As pesquisas descobriram que esse progresso acontece quando entram em conflito duas das hipóteses fortes que possuem: de um lado, o convencimento de que os números são escritos da mesma forma como são pronunciados; por outro, o conhecimento de que um número é maior do que outro se tem mais algarismos.

Um aluno que sabe escrever os números rasos de maneira convencional, por exemplo, o 20, o 30, etc., pode escrever o 23 como 203 e argumentar com muita convicção que tem mais números do que o 20 porque é maior. Se em seguida se lhe pedisse para escrever o 30, e se lhe perguntasse se um número que é menor pode ser escrito com mais algarismos do que outro maior, começaria a se reapresentar suas ideias prévias. Isso não significa que imediatamente chegue à escrita convencional em qualquer intervalo da série numérica, mas o que é certo é que ficará pensando que a escrita dos números tem certas particularidades.

Se lhe oferecem diversas situações nas quais possa comparar números de diferentes quantidades de algarismos, progressivamente irá construindo ideias sobre que os "dez" os "vintes", os "trintas", etc., "são com dois números", "os cens são com três", "os mils são com quatro". Esses conhecimentos funcionam como controle de escritas ligadas à numeração falada: "são muitos números", se lhes escuta dizer, e se aventuram em reiteradas tentativas de modificar a escrita até conseguir reduzir a quantidade de algarismos (Lerner e Sadovsky, 1994).

OS PROBLEMAS E O ENSINO DO NÚMERO

Dissemos que aprender matemática – nesta perspectiva – é construir o sentido dos conhecimentos, e que são os problemas e a reflexão em torno destes que permitem a esses conhecimentos ganharem sentido quando aparecem como ferramentas para poder resolvê-los.

Que classe de problemas trabalhar

Trata-se de propor aos alunos situações didáticas nas quais os números apareçam como ferramentas de resolução, isto é, que seja necessário usar os números em todos os contextos possíveis. Quais são esses contextos de utilização? Para que servem os números? Como e quando são usados? Parra e Saiz (1992) explicam:

- *Como memória da quantidade*. Os números dão a possibilidade de recordar uma quantidade, embora esta não esteja presente. Por exemplo, quando se pede a um aluno que busque em um armário a quantidade de tesouras necessárias para que cada um dos integrantes de sua mesa tenha uma, ele poderá realizar diversos procedimentos. Levar, em tantas viagens quantas sejam necessárias, uma tesoura por vez até completar a distribuição; apanhar várias tesouras ao acaso sem prever se vão ser suficientes ou vão sobrar; ou contar quantas crianças há em sua mesa, incluindo também ele, reter o último número enunciado, dirigir-se ao armário e fazer a conta das tesouras necessárias. Nesse último caso, pôs em prática o aspecto cardinal do número, o número como memória da quantidade.

- *Como memória da posição*. Os números também permitem recordar a posição de um elemento dentro de uma série ordenada sem que seja preciso repetir toda a série. Por exemplo, se os armários da sala estão numerados, a criança que tem o armário com o número 7 não precisa procurar começando do número 1, mas pode dirigir-se diretamente ao número que designa a posição na qual vai colocar sua mochila. Se os livros da biblioteca da sala estão numerados, um fichário que indique o título que corresponde a cada número facilitará a procura do livro desejado e a ordem posterior. Nos dois casos aparecerá o número em seu aspecto ordinal.

- *Como códigos*. O fato de o ônibus "21" se chamar vinte e um não significa que entrem 21 passageiros, nem que o bilhete custe R$21,00 nem que vai percorrer 21 Km, nem também que tenha sido o vigésimo primeiro na ordem de inscrição das linhas de ônibus. Não expressa, portanto, nem o aspecto cardinal, nem o ordinal. Somente é um código que permite diferenciar essa linha de outras que fazem percursos diferentes. Igualmente, os números de telefone também são códigos, não significam nenhuma quantidade nem qualquer ordem: não existe o número telefônico

"00000001", depois o "00000002", e assim por diante.

• *Para expressar grandezas*. Os números aparecem às vezes associados a diferentes grandezas: tem 5 anos, pesa 32 quilos, mede 1,40m, entra na escola às 9h, etc.

• *Para prever resultados*. Os números permitem também calcular resultados, embora essas quantidades não estejam presentes, não sejam visíveis e, inclusive, quando a ação transformadora das quantidades expressas no problema não possam ser realizadas diretamente sobre os objetos.

Como escolher os problemas e interpretar os trabalhos dos alunos

Consideremos o seguinte problema para ver que tipo de resoluções podem aparecer por parte das crianças, como também que critérios didáticos o professor deveria levar em conta.

Problema "O tesouro"
(Charnay e Valentin, 1992).

• *Objetivos do professor*: facilitar a previsão de resultados desenvolver estratégias que facilitem a resolução de cálculos de adição.

• *Organização da classe*: joga-se em pequenos grupos de 3 ou 4 alunos.

• *Materiais:* uma bolsa opaca, ou uma caixa com tampa, com três "pedras preciosas" dentro (feijões ou qualquer outro material) para cada aluno, feijões sobre a mesa, um dado, lápis e papel para cada um.

• *Ordem:* "Cada um de vocês tem dentro da caixa 3 pedras preciosas já colocadas por mim. Um por vez, cada um vai jogar o dado e verificar quanto vai ter agora em seu tesouro, acrescentando tantas pedras quantas o dado disser. Depois farão o que acharem necessário com o lápis e o papel para poderem recordar quantas há agora em seu tesouro. No final, têm de decidir quem ganhou".

O jogo supõe que as crianças que já receberam os 3 feijões têm de prever quantos terão depois de ganhar tantos quantos pontos há no dado que acabam de jogar. Os feijões já recebidos não são visíveis, o aluno sabe somente quantos há em sua caixa.

Procedimentos possíveis

a) Algumas crianças somente poderão encontrar o novo valor de seu tesouro tirando os 3 feijões da caixa, acrescentando tantos pontos quantos tenham saído no dado e contando todos, um por um. Essas crianças não compreenderam ainda que podem prever a resposta ou não sabem como fazê-lo.

b) Outras farão tantas marcas no papel quantos feijões tiverem, ou usarão os dedos para depois contá-los um por um.

c) Algumas (se o número que saiu no dado for baixo) farão uma representação mental da situação. Isto é, "veem" os feijões "em suas cabeças" e os contam um por um sem manipular o material nem fazer qualquer representação gráfica.

d) Outras poderão fazer cálculo, isto é, reterão o 3 e continuarão contando, apoiando-se nos dedos ou tocando os pontos do dado (3, 4, 5, 6, 7).

e) Finalmente, alguns alunos – dependendo da quantidade que sai no dado – poderão fazer uso de resultados memorizados (por exemplo, 3 + 3 = 6) ou fazer transformações sobre os números para obter o resultado. Por exemplo, 3 + 2 podem pensá-lo como "dois mais dois são quatro e mais um do três são cinco".

Todos esses alunos terão resolvido o problema, embora os procedimentos difiram entre a conta – nos primeiros quatro casos – e o cálculo, no último caso.

Como se vê, é uma proposta viável apresentar problemas mesmo quando os alunos não possuam os procedimentos de cálculo. É justamente a possibilidade de resolver problemas mais complexos que vai permitir a um sujeito construir com significado novos modos de resolução ao descobrir quão difícil é a conta e ao comparar seus resultados com outros mais eficientes.

Conhecimentos prévios necessários

O que um professor precisa saber sobre os conhecimentos de seus alunos para decidir se determinado problema é válido para eles?

Como vimos, o conhecimento mínimo necessário é poder contar as quantidades envolvidas (neste caso, até 9). Com isso, um aluno já está em condições de resolvê-lo. Se o professor sabe que seus alunos contam além dessa quantidade, poderá pôr na caixa uma quantidade maior de feijões para que possam fazer uso do que sabem.

Variáveis didáticas que favorecem o progresso nos procedimentos

As variáveis didáticas de uma situação são aqueles aspectos cuja modificação exige mudanças nas estratégias de resolução dos alunos e em sua relação com os saberes postos em prática.

Se, em lugar de utilizar um dado com configurações espaciais fixas (pontos), têm de jogar um dado em cujas faces estão os números do 1 ao 6, força-se o reconhecimento dos algarismos e se dificulta a conta de um por vez. Embora algumas crianças precisem continuar contando tudo e, para isso usem os dedos ou façam marcas no papel, para representar a quantidade que expressa o número do dado, outros alunos, por não ter facilitada a conta um por um por causa da ausência dos pontos, recorrerão a outros procedimentos.

O pedido de explicitação dos novos recursos postos em prática, que podem variar entre o cálculo e as estratégias de cálculo mental para encontrar os resultados, permitirá o avanço progressivo dos conhecimentos. Nesse sentido, as intervenções do professor deveriam centrar-se em estimular os alunos a utilizar o que sabem para descobrir o que não sabem, isto é, a encontrar estratégias para tornar em fáceis os cálculos que são difíceis para eles. Por exemplo, se na caixa fossem postos 5 feijões, e, ao jogar o dado, alguém tirasse o número 6, poderia pensar esse cálculo como 5 + 5 + 1 (Parra e Saiz, 1992).

A passagem da conta para o cálculo não acontecerá simultaneamente em todas as crianças, e, inclusive, a possibilidade de resolver por meio do cálculo mental em uma mesma criança está determinada pela grandeza dos algarismos com os quais esteja operando. Um aluno que "sabe" que 5 + 5 = 10 pode precisar recorrer à conta se o problema envolver algarismos como 7 e 8.

Tipos de representações possíveis

O pedido de representação das quantidades com lápis e papel que o problema formula tem, por um lado, a intencionalidade de mostrar sua funcionalidade, ao permitir recordar uma quantidade que não está presente. Por outro lado, tem também o sentido de propiciar o progressivo avanço no domínio da expressão simbólica, sobre a qual as crianças têm ideias prévias.

A pesquisa de Martin Hughes (1987) mostrou que, quando foi pedido às crianças pequenas que fizessem no papel o necessário para poder recordar quantos elementos havia sobre a mesa, podiam aparecer quatro representações possíveis:

- *Idiossincráticas*. Essas representações não se referem nem à quantidade, nem à qualidade dos objetos. Quer dizer que não informam quais nem quantos há. Neste momento, as crianças somente enchem a folha com "garatujas".
- *Pictográficas*. A maioria das crianças de 3 anos já possui esse nível de representação. Percebe a quantidade exata desenhando o mais fielmente possível cada um dos objetos envolvidos na situação. No caso do problema apresentado, faz círculos para representar os feijões. Se o que deve ser representado é quantidade de flores, desenhará flores. Ainda nos casos em que não tem a possibilidade de determinar o cardinal do conjunto, pode representar a quantidade exata, estabelecendo uma correspondência termo a termo entre cada objeto e seu desenho.
- *Icônicas*. Essas representações dizem respeito à quantidade exata de objetos,

mas por meio de marcas que não trazem nenhuma informação sobre sua qualidade. Desenham, em geral, "palitinhos", tantos quantos objetos há. Poder utilizar essas marcas independentemente de se o que representam são feijões, crianças, flores ou qualquer outra coisa supõe um salto conceitual muito grande. É o indício de que esse sujeito começou a compreender que a expressão matemática exige centrar-se nas propriedades quantitativas deixando de lado as propriedades qualitativas (não escrevemos, por exemplo, o número 10 de uma maneira para representar uma quantidade de feijões, de outra para representar uma quantidade de flores, etc.).

- *Simbólicas.* Utilizam símbolos convencionais para representar as quantidades. Embora utilizem mais comumente os algarismos, também é possível encontrar resultados em que tenham escrito o nome dos números. Antes de poder compreender que um só algarismo pode representar uma quantidade de objetos, costumam escrever tantos algarismos quantas forem as quantidades de objetos para representar, isto é, fazem novamente uma correspondência termo a termo. Por exemplo: Sebastião (5 anos e 9 meses) escreveu 12345 para representar os 5 feijões que tinha em seu tesouro. Sinclair, Tièche-Christinat e Garín (1994) verificaram em suas pesquisas que muitas crianças faziam também uma correspondência termo a termo, mas repetindo o mesmo algarismo. Neste caso, a escrita seria: 55555.

Como fazer para que essas formas de representação evoluam? Novamente apresentamos a necessidade de que seja a situação que mostre ao sujeito a não conveniência ou pertinência do recurso escolhido. Por que um aluno vai sentir a necessidade de progredir até uma representação mais evoluída se as quantidades envolvidas no problema permitem desenhar sem grande esforço? Como faria um aluno para chegar à representação simbólica se na sala de aula somente há portadores numéricos nos quais pode se apoiar para descobrir como se escrevem os números? Como poderia apropriar-se das estratégias mais evoluídas de seus companheiros se o saber não circula, se não há confrontação e intercâmbio?

Os problemas e a representação convencional

O fato de os alunos poderem utilizar a escrita de algarismos para comunicar quantidades não significa que ao mesmo tempo possam expressar as transformações realizadas por meio dos sinais convencionais. Por exemplo, alguém pode escrever "7" para se dar conta de quantas pedras tem em seu tesouro, o que não é a mesma coisa que – para expressar que já tinha 3 feijões em sua caixa e que tirou 4 quando jogou o dado – escrever 3 + 4 = 7.

O sinal "+" não se aprende por associação com a ação observável de unir dois conjuntos nem com a explicação verbal de que esta ação significa "colocá-los junto", mas através das relações mentais – e, portanto, próprias – que tenha realizado com os números (Kamii, 1984).

Poder compreender o significado da escrita "3 + 4 = 7" exige, entre outras coisas (que por razões de espaço não poderei desenvolver aqui), reconhecer as relações de hierarquia entre os algarismos 3, 4 e 7 que estão determinadas pelos sinais "+" e "=". Essas relações, que podem parecer-nos óbvias, não o são absolutamente para muitas crianças da pré-escola. De fato, diante do cálculo "3 + 2 = 5", quando se lhes pede que deem a um companheiro a mesma quantidade de balas que esse cálculo indica, muitas vezes descobriremos que dão 10 (Kamii, 1984). Neste caso, o que fazem é uma justaposição de quantidades sem levar em conta as relações de hierarquia que os sinais determinam, isto é, interpretam a equação como três quantidades justapostas no mesmo nível.

No enfoque clássico do ensino, isso não é levado em conta. Quando uma criança entra na escola, enfrenta-se com a aprendizagem de procedimentos formais para expressar ações que antes realizava espontaneamente, e não de maneira institucionalizada. Antes acrescentava, reunia, tirava, dividia, separava os objetos que estavam ao seu alcance e que manipulava em função de seus interesses e necessidades; agora, essas ações são substituídas pelo lápis e pelo papel, com o quais deve fazer as contas que o professor lhe apresenta (Moreno e Sastre, 1986).

Quando prioriza dessa maneira o ensino dos aspectos sintáticos, a escola ministra o ensino da aritmética em contextos nos quais a diferenciação entre as propriedades qualitativas e quantitativas já está feita. Espera-se do aluno que faça as contas no caderno tal e como as ensinaram e sem estarem vinculadas a nenhuma situação que lhes dê sentido.

A criança realiza, assim, a aprendizagem da aritmética totalmente centrada em um universo quantitativo de simbolizações aritméticas universais. O que aprende não lhe é válido para organizar e resolver quantitativamente os problemas que surgem em sua vida extraescolar, que, além das propriedades "aritmetizáveis", têm características qualitativas.

Na escola, são o professor e o livro que abstraem e isolam propriedades quantitativas e qualitativas; na vida, é a criança quem deve abstrair, analisar e organizar toda a informação para poder decidir como vai proceder (Moreno e Sastre, 1986). Desse modo, em primeiro lugar, a ruptura entre conhecimentos que uma criança tem e a matemática escolar se torna mais profunda e, em segundo lugar, o aluno não pode construir com sentido seu conhecimento, porque se instalou um divórcio entre o método e o conceito.

Se a sequência do ensino da soma na 1ª série do ensino fundamental, por exemplo, é que primeiro aprenda a fazer a conta, pratique-a repetidas vezes para, depois, uma vez dominado o procedimento, aplicá-la na resolução de problemas, como faz este aluno para descobrir que esta operação não tem qualquer restrição quanto ao quantitativo, mas as tem no qualitativo? Se não há um problema, os números que soma e o resultado que obtém são somente isso, números, e, portanto, não se pode apropriar de que se pode, por exemplo, somar uma quantidade de balas mais outra quantidade de balas e se obtém como resultado a quantidade total de balas; que também se pode somar uma quantidade de balas mais uma quantidade de pirulitos e se obtém uma quantidade que expressa guloseimas; mas que, se somasse uma quantidade de balas mais uma quantidade de dinheiro, o resultado representaria "badi", ou "diba"?

Fazer uma conta sem se perguntar nem se questionar que significado tem o resultado está induzido por um ensino que não contempla a necessariedade dos problemas como meio para que os alunos aprendam matemática. Desse modo, se dificulta a construção do sentido semântico constitutivo do saber matemático por meio do qual se pode decidir em que casos se pode utilizar a soma e em que casos não. A sequência, então, deveria ser, primeiro, propor os problemas para que os alunos aprendam a somar utilizando os procedimentos que possuem. Depois, o ensino do recurso "oficial" da matemática: a conta.

Por outro lado, a experiência demonstra que, se o ensino não se organizou por meio da resolução de problemas e da reflexão em torno deles, quando uma criança tem de comunicar uma transformação aditiva, se encontra em dificuldades. Ela resolveu contas em seu caderno seguindo instruções precisas de como fazê-lo; quando aparece um problema e tem de explicar para os seus companheiros como o resolveu, não recebe indicações externas que lhe resolvam a tarefa.

Comunicar uma transformação requer selecionar, entre seus conhecimentos, os que são mais idôneos para serem compreendidos pelos seus pares no intercâmbio de informação. Nesta busca, os sistemas simbólicos mais escolhidos não são muitas vezes os que a escola oferece, mas os que ela mesma foi construindo em suas atividades espontâneas e não espontâneas como produto de sua inter-relação com o meio que a rodeia.

Utilizar a escrita de sinais aritméticos supõe partir de uma representação mental da situação, na qual o quantitativo está corretamente diferenciado do qualitativo. Antes de conseguir essa diferenciação e poder dar a cada uma dessas propriedades o tratamento gráfico mais adequado, as crianças passam por fases intermediárias. As pesquisas de Moreno e Sastre (1986) sobre este tema dão conta de que o processo construtivo pelo qual os alunos podem expressar uma transformação aditiva determina uma ordem de aparecimento das competências possíveis. Esta ordem é:

1º) linguagem oral;
2º) linguagem escrita;
3º) desenho;
4º) sinais matemáticos.

Quando um aluno resolve um problema de adição e lhe é pedido que informe de alguma forma à turma sobre os procedimentos utilizados, a primeira coisa que poderá fazer é falar sobre eles, depois poderá emitir mensagens escritas, posteriormente reconstruirá a sequência desenhando-a e, finalmente, encontrará na escrita com sinais aritméticos o procedimento mais eficiente.

Embora a linguagem oral e a escrita apresentem as propriedades qualitativas e as quantitativas, não dissociadas da realidade empírica, cada uma delas tem uma especificidade própria e os progressos da primeira não se transferem imediatamente para a segunda. Isso significa que um aluno pode ter êxito na comunicação oral e fracassar em sua escrita.

Falar ou escrever não são somente maneiras diferentes de se comunicar com os outros; significam também diferentes formas de representação mental de uma mesma realidade. Comunicar uma transformação através do desenho representa uma complexidade maior. Por exemplo, se o problema apresentado fosse "Juliano tinha 7 balas e chupou 3. Quantas balas tem agora?", e um aluno desenhasse para comunicar a situação, teria de desenhar Juliano e as sete balas, depois a ação de Juliano chupando-as e, finalmente, as balas restantes. A quantidade de informação que tem de controlar e a atenção nos aspectos qualitativos – as balas têm de parecer balas e não outra coisa, o desenho tem de expressar que as chupa e não outra ação – levam o aluno a não poder controlar, muitas vezes, os aspectos quantitativos em jogo e a não conseguir uma comunicação efetiva (Moreno e Sastre, 1986).

Na observação de diferentes resultados de crianças de educação infantil é frequente encontrar representações destinadas a comunicar a resolução de uma situação de adição, que poderiam ser entendidas como de transição antes da utilização dos sinais aritméticos. Por exemplo, muitas crianças utilizam algarismos, ou sozinhos, ou acompanhando o desenho dos elementos envolvidos no problema. Embora não utilizem os sinais "+" e "=", costumam dar um tratamento diferente ao algarismo que representa o resultado: ou escrevem esse número muito maior do que os outros, ou o circulam, dando sinais claros de que possuem conceitualmente as relações de hierarquias entre os números, embora não possam expressá-lo através da linguagem matemática.

A escrita aritmética é um dos muitos sistemas de simbolização com o qual uma criança pode expressar os conceitos que possui. Para favorecer seu uso com significado, não por imposição, é necessário que o professor conheça e aceite a existência dos diferentes sistemas simbólicos que o precedem (Moreno e Sastre, 1986).

O papel da representação nas situações

Muitas vezes, com a certeza de que as crianças vão aprender o uso dos sinais por observação das ações que representam, apresentam-se esquemas deste tipo:

Embaixo do gráfico-modelo aparecem outros semelhantes dos quais são omitidos os resultados, para que os alunos os completem desenhando a quantidade total de elementos.

Em primeiro lugar, se temos 6 bexigas e depois mais 5, no mesmo ato que os reunimos desaparecem essas totalidades prévias para passar a fazer parte da nova totalidade, 11 bexigas. Em contrapartida, no gráfico aparecem as 6, as 5 e as 11 bexigas como se fossem quantidades justapostas no mesmo nível, isto é, 22 bexigas. Esse tipo de atividade, longe de facilitar a apropriação das relações parte/todo e das relações de hierarquias entre os números, dificultam-nas; por outro lado, não correspondem ao que as crianças fazem para resolvê-las. Quando utilizam material concreto, desenhos das bexigas, "palitinhos" ou dedos, representarão os 6 elementos, depois os 5 e os contarão todos, obtendo 11 elementos que são os mesmos que foram contando de um em um. Isso, justamente, é saber somar, isto é, compreender que duas totalidades, uma vez reunidas, se transformam em partes de uma nova totalidade.

Em segundo lugar, quais procedimentos de resolução podem utilizar? A atividade apresenta uma restrição nesta matéria, uma vez que obriga a utilizar a conta de um em um dos elementos para averiguar o valor das parcelas. Isso quer dizer que, se um aluno possuísse o cálculo, do cálculo memorizado ou de estratégias de cálculo, não poderia utilizá-lo. Neste caso, por que considerar como situação de aprendizagem alguma coisa que os alunos não precisam aprender porque já sabem?

Por outro lado, o tipo de representação que se utiliza é o pictográfico. Como se viu antes, a maioria das crianças de 3 anos possui esta competência para expressar quantidades. A situação não permite que os conhecimentos que as crianças tenham construído nessa matéria possam ser utilizados (palitinhos, números) e, certamente, não cria a necessidade de aprender novos modos de representação em quem ainda precisa desenhar cada um dos elementos implicados. Além disso, que sentido teria propor a comunicação de procedimentos? Se se pode resolver de uma só maneira e se, além disso, a representação da situação já está pautada, o que os alunos poderiam informar, comparar, discutir? Para que pedir a prova da validade de fato se não há opções, se todos são obrigados a resolvê-los da mesma maneira?

Pensemos no que aconteceria se, em lugar dessa atividade, o professor propusesse o seguinte problema: "Joaquim comprou 6 bexigas verdes e 5 azuis. Quantas bexigas tem?" Cada aluno teria de buscar em todo o seu saber matemático o que considera mais pertinente para a resolução desse problema. Alguns desenharão as bexigas (somente 11); outros farão 11 palitinhos; outros poderão fazer cálculo; alguns poderão pensar, por exemplo, como 5 + 5 + 1; e haverá outros que terão o resultado memorizado. Se o professor pedisse que fizessem com lápis e papel o que considerassem necessário para registrar como o resolveram, apareceriam desenhos, palitinhos, números, sinais... Pedir nesse contexto que se compartilhe tem o sentido didático de permitir a informação e a comparação de estratégias diferentes. O saber circula, a situação de aprendizagem está patente.

Posteriormente, o professor poderá ir aumentando as quantidades: agora há 18 bexigas verdes e 9 azuis; será, então, a situação que vai demonstrar aos alunos que desenham ou utilizam dedos ou palitinhos que, esse conhecimento, não é suficiente, que é necessário se interessar pelo que os outros companheiros oferecem quando insistem que é melhor "pôr um número na cabeça e continuar contando" ou que é mais fácil se pensarem em 18 + 10 – 1, etc.

As institucionalizações parciais que o professor vai introduzindo farão aparecer os novos conhecimentos construídos por meio das ações, das explicitações, das argumentações, das revisões e das validações, com a categoria de um saber reutilizável em outros contextos, isto é, como ferramentas para resolver diferentes problemas.

PROBLEMAS PARA
O ENSINO DO NÚMERO

São apresentados a seguir problemas para encarar o ensino do número. Selecionei, para isso, problemas que, embora não constituam situações provadas e controladas[6] de acordo com os métodos próprios da teoria de situações, podem, em minha opinião, em contextos de trabalho adequados, ser incorporados à aula segundo os critérios da didática da matemática analisados anteriormente. Minha intenção foi mostrar que, para instalar na sala de aula um ensino denso de sentido, não é necessário "jogar fora" tudo o que foi feito anteriormente na atividade docente.

Ao longo dos últimos anos, assistimos a uma voragem de "métodos de ensino" diferentes, cada um deles apresentado como a "melhor" maneira de ensinar. Algumas iniciativas de capacitação geraram a concepção de que, para ser bom, o professor tem de ser "renovador", e que isso somente é possível quando se joga por terra tudo o que foi feito anteriormente, sem importar as conquistas que a própria experiência tenha confirmado, para se abraçar à panaceia oferecida. Chevallard (1985) chamou este processo de *inovação*. O objeto da inovação é a "moda" vigente. Daí a busca incessante de novos meios que venham resolver os "fracassos" dos anteriores. Assim, cada nova onda de inovação descarta o que foi construído anteriormente, sem tirar as contribuições úteis daquilo que já foi elaborado.

A didática da matemática não é um novo "método" de ensino. Não se dedica à produção de meios para atuar no ensino, na maior medida possível, os processos que acontecem no domínio do ensino escolar da matemática. Esses processos, como já vimos, dependem não somente dos tipos de problemas que são propostos, mas também da seqüência dos mesmos, das modificações intencionais (variáveis didáticas) que se realizam com o objetivo de fazer evoluir os conhecimentos dos alunos para o saber que se tenta transmitir, das interações que se promovem entre os alunos e dos tipos de intervenção docente durante os processos de ensino e de aprendizagem desse saber.

Se os contextos de ensino e de aprendizagem respondem a esse enfoque, os problemas – também os que aparentemente são mais simples – podem ser ferramentas úteis para atingir os objetivos propostos. Trata-se, então, de que os professores possam ressignificar sua prática fazendo uma revisão das situações que utilizam, para incorporar novas, manter e/ou modificar algumas, descartar outras.

Situações em que os números são utilizados como memória da quantidade

Para trabalhar essa função do número, são adequados todos os problemas que impliquem a comparação de quantidades, a determinação do cardinal de um conjunto de objetos, etc. O trabalho com configurações espaciais fixas – por exemplo, os dados ou as cartas – é um recurso eficiente para facilitar o reconhecimento das quantidades. Um aluno que contou muitas vezes 1, 2, 3, para reconhecer a quantidade na face do dado com três pontos, terminará por dizer "três" sem necessidade de apelar para a conta de um em um. Ao mesmo tempo, a disposição dos pontos permite chegar à composição aditiva de alguns números. As crianças descobrem que o 6 é 3 + 3, que o 4 é 2 + 2, que o 5 é 4 + 1; nesse sentido, colabora com a construção do número, facilita a passagem da conta para o cálculo e facilita o estabelecimento de relações.

Um recurso para ampliar o intervalo numérico além do número 6 (máximo possível nos dados) é fazer cartas nas quais se reproduzam igualmente as configurações dos dados do 1 ao 6, utilizando as mesmas configurações para compor os números do 7 ao 12 (Milliat e Neyret, 1990). Por exemplo, para o número 7 terá de fazer as seguintes cartas: 6 + 1; 5 + 2 e 4 + 3; para o número 8: 6 + 2; 5 + 3 e 4 + 4; para o 9: 6 + 3 e 5 + 4; para o número 10: 6 + 4 e 5 + 5; para o número 11: 6 + 5; para o número 12: 6 + 6. Em todos os casos, deve-se cuidar de que as configurações apareçam o mais diferenciadas possível.

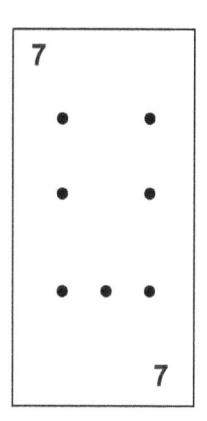 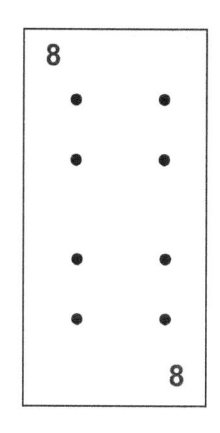 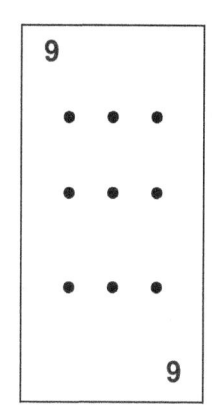 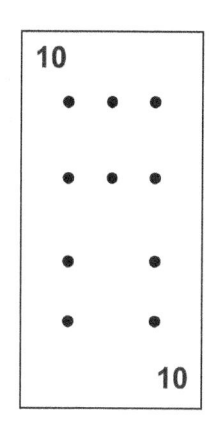

Esse material garante que os diferentes conhecimentos que os alunos possuem possam ser utilizados. Haverá os que, no começo, precisem contar todos os pontos para chegar à quantidade representada; outros, ao reconhecer uma das quantidades, farão o cálculo; outros reconhecerão a configuração das duas quantidades e resolverão com cálculo mental e haverá os que lerão o número para reconhecer sua escrita. O aparecimento desses diferentes procedimentos não somente dependerá dos conhecimentos que os alunos possuam, como também do tipo de problemas que lhes são apresentados e da inclusão ou não da numeração nas cartas.

Se a intenção do professor é que os alunos se apropriem da leitura dos números, então, cada carta deve incluir o número que lhe corresponde, e os problemas que devem ser selecionados serão, por exemplo, todos aqueles que requeiram a comparação de quantidades e/ou sua denominação.

Em contrapartida, se o professor se propõe a promover a passagem da conta de um em um para o cálculo, dará aos seus alunos cartas com configurações, mas sem números. A não inclusão dos números facilita o aparecimento de estratégias de cálculo e/ou cálculo mental, apoiando-se no reconhecimento das configurações para poder determinar a quantidade representada em cada carta, mostrando, ao mesmo tempo, a dificuldade da conta de um em um. Se os alunos sabem ler os números até o 12 e a intenção do professor é

que paulatinamente façam os cálculos sem se apoiar nas configurações, mas que operem no nível numérico, o professor lhes dará as cartas que incluem números e proporá, por exemplo, problemas nos quais seja preciso adicionar o valor de duas ou mais cartas.

Nesses casos, as reflexões que surgirem em momentos de discussão sobre como fazer para que os cálculos que são difíceis para eles se transformem em fáceis promoverão progressos na apropriação de cálculos mentais aditivos (Parra e Saiz, 1992).

Essas reflexões deveriam ser orientadas no sentido de utilizarem o que sabem para descobrir o que não sabem. Por exemplo, se já sabem que $5 + 5 = 10$, se deveria, então, perguntar quanto é $5 + 4$, indicando para que possam pensar que, como é um a menos, então o resultado também será um a menos e, portanto, necessariamente 9. Com o mesmo critério $5 + 6$ "tem" de ser 11 porque é um mais que $5 + 5$, etc. Um cálculo que, em geral, é difícil para eles é $7 + 8$, e uma estratégia que o transforma em fácil é pensá-lo como $7 + 7 + 1$, apoiando-se no conhecimento do cálculo dos dobros (Kamii, 1984). Sobre isso, Kamii observa que há combinações de cálculos que são mais facilmente memorizadas do que outras. O cálculo de dobros e as combinações nas quais se acrescenta 1 a um número são os primeiros a aparecer. Entre os dobros, o primeiro a ser memorizado é o $2 + 2$, depois o $5 + 5$ e $10 + 10$, e *a posteriori* o resto das combinações de números de um algarismo.

Com este material, podem ser propostos, entre outros, jogos como os seguintes:

Jogo de pedidos
- *Organização da classe*: joga-se entre três ou quatro participantes, cada um com seu maço de 18 cartas.
- *Descrição do jogo*: mistura-se e distribuem-se todas as cartas. Cada jogador baixa todos os pares de cartas com quantidades iguais que estão com ele, ficando na mão somente as cartas que têm quantidades diferentes entre si. Depois, cada um, na sua vez, tem de pedir a um companheiro a carta que precisa para formar um novo par e assim poder baixá-lo; se o companheiro tem a carta solicitada, entrega-a; se não, passa a vez. Ganha o primeiro que conseguir baixar todas as suas cartas.
- *Análise da situação*: esta situação força, em primeiro lugar, a comparação de quantidades para encontrar duas cartas que tenham a mesma quantidade e assim poder baixá-las; em segundo lugar, força a denominação do número para poder fazer o pedido posterior.
  Dependerá da intenção do professor que as cartas tenham ou não os números. Se o que o professor decidiu trabalhar é a leitura de números porque seus alunos ainda não possuem esse conhecimento, então sua inclusão terá o sentido de fazê-los aparecer como uma ferramenta mais econômica do que ter de contar todos os pontos. Se, ao contrário, seu interesse é que os alunos descubram algumas composições aditivas dos números e, ao mesmo tempo, evoluam nas competências da conta, utilizará as cartas somente com os pontos.
  Tendo de encontrar duas cartas com a mesma quantidade de pontos descobrirão, por exemplo, que tanto a que tem 5 e 2 como a que tem 4 e 3 somam 7, e, desse modo, começarão a se apropriar de algumas composições aditivas diferentes para um mesmo número.
  A complexidade da tarefa é diferente quando o aluno faz o pedido e quando deve decidir se alguma das cartas que tem corresponde ao número que lhe solicitaram. Quando pede, precisa conferir o valor de uma carta, enquanto, quando recebe um pedido, tem de controlar cada uma das cartas que tem na mão.
  Diante dessa dificuldade, embora algumas crianças precisem contar um a um todos os pontos para poder determinar a quantidade, progressivamente (se o material é usado reiteradamente) aparecerão procedimentos mais evoluídos, como o cálculo ao se apoiar no reconhecimento de uma das configurações ou, inclusive, cálculos memorizados em alguns pares de números.

Jogo da guerra (Kamii, 1984)
- *Organização da classe*: joga-se entre dois participantes, com um maço de cartas.
- *Descrição do jogo*: dividem-se todas as cartas que são viradas com o desenho para baixo. Os dois jogadores viram a primeira carta ao mesmo tempo, e o que tem a quantidade maior leva as duas. Se têm a mesma quantidade, tapam com uma segunda carta e viram uma terceira, o que tem a quantidade maior leva todas. Ganha o que, no fim do jogo, tiver conseguido levar mais cartas.
- *Análise da situação*: dependerá da quantidade e da inclusão ou não dos números nas cartas que o reconhecimento das relações "maior", "menor" e "igual" seja feito de maneira direta pelo reconhecimento da configuração, pela leitura do algarismo ou que precisem fazer a contagem dos pontos. O intercâmbio posterior favorecerá aos alunos descobrirem novos modos de resolução.

Armar o número (Kamii, 1984)
- *Organização da classe*: joga-se entre dois participantes, com um maço de cartas.

- *Descrição do jogo*: misturam-se os dois maços de cartas que contêm números, distribuem-se todas e são colocadas na mesa voltadas para baixo. Os dois jogadores viram as duas primeiras ao mesmo tempo e as acomodam para formar o maior número possível. Por exemplo, se um jogador vira um 3 e um 7 e as deixa assim, terá 37; mas se inverte a posição, será 73. O que tiver o número maior leva as quatro cartas. Ganha aquele que, ao terminar a partida, tiver conseguido obter a maior quantidade de cartas.
- *Análise da situação*: uma questão importante é cuidar que as crianças joguem sentadas uma ao lado da outra, e não uma em frente da outra, uma vez que isto acrescentaria a dificuldade da leitura dos números invertidos.
  Poder resolver este problema exige o domínio da leitura dos números? Como se viu anteriormente, as crianças dispõem de hipótese para comparar os números de igual ou diferente quantidade de algarismos, mesmo no caso de não poder denominá-los convencionalmente.

Situações em que os números são utilizados como memória da posição

Apresentamos também alguns jogos úteis para trabalhar com a memória da posição, isto é, todas as situações que exigem a determinação de uma posição em uma série ordenada numericamente: calendários e agendas para anotar aniversários e festas especiais; o lugar na fila, no armário ou na lista de chamada; álbuns de figurinhas tendo o controle das que já conseguiu e das que ainda falta pegar nas tabelas de números; etc.

Dominó de cartas (Kamii, 1984)
- *Materiais*: um maço de baralhos espanhóis, que inclua os 8 e os 9.
- *Organização da classe*: joga-se em dupla.

- *Objetivo do jogo*: armar as quatro séries de números ordenados do 1 ao 12, respeitando os naipes (ouros, paus, espadas, copas).
- *Descrição do jogo*: distribuem-se cinco cartas para cada jogador, e o resto do maço é colocado voltado para baixo no centro da mesa. Se alguém tiver o 1, joga na mesa, se não, compra uma carta do monte; se pegou o 1, joga-o na mesa e, se não, passa a vez. Cada um na sua vez vai completando as séries. Ganha o primeiro que ficar sem cartas.
- *Análise da situação*: esta situação exige o controle simultâneo de duas variáveis: de um lado, a ordem da série numérica, do outro, o naipe das cartas. Isso pode ser um obstáculo para algumas crianças, visto que muitas vezes a concentração em um aspecto dificulta o controle do outro. Poderia acontecer, por exemplo, que, na série de ouros, embaixo do 5 alguém coloque o 8 de ouros; neste caso, estaria atento à variável naipe, perdendo o controle da série numérica. Ao contrário, na série de copas, alguém pode colocar embaixo do 7 o 8 de ouros, o que indicaria que está com a atenção na série numérica. Se acontecesse isso, significaria que o problema foi mal escolhido porque os alunos não o resolvem perfeitamente? Mas, como poderiam aprender a resolvê-lo se não têm a possibilidade de enfrentá-lo?
  Os erros, seguramente, serão denunciados pelo outro jogador ou postos em evidência pelo professor quando perguntar se estão de acordo em que depois do 5 esteja o 9, o que permitirá adquirir progressivamente um maior domínio.
- *Extensão possível do problema*: armar as séries do 12 ao 1. A conta de um em um de modo descendente pode ser abordada – entre outras – por esta situação.

Situações de elevadores
Problemas do tipo: "O edifício de Mercedes tem 20 andares. Ela mora no andar 14. Se divide a viagem no elevador com seus vi-

zinhos dos andares 19, 3, 15 e 7, em que ordem deverá apertar os botões do elevador se partem do andar térreo?".

Situações nas quais os números são utilizados como recursos para prever resultados

Todas as situações que impliquem transformações que afetem a cardinalidade de um conjunto, como acrescentar, reunir, tirar, separar e distribuir, permitem a aprendizagem dos números como recurso para prever resultados.

Igualar quantidades
(Moreno e Sastre, 1986)
- *Materiais*: duas caixas, uma com três fichas e a outra com cinco. Fichas sobre a mesa. Lápis e papel.
- *Organização da classe*: trabalho individual.
- *Ordem*: "Faça o que achar melhor para que, nas duas caixas, haja a mesma quantidade de fichas. Depois, com lápis e papel, faça o necessário para mostrar como você resolveu".
- *Análise da situação*: para igualar as quantidades, os alunos poderão apanhar duas fichas da mesa, acrescentá-las na caixa que tem três e igualar em cinco; poderão tirar duas fichas da caixa que tem cinco e igualar em três, ou tirar uma ficha da caixa que tem cinco, acrescentar à que tem três e igualar em quatro. Este tipo de situação deixa claro que um mesmo problema pode ser resolvido de diversas maneiras e, inclusive, se obter resultados diferentes, todos eles corretos, o que justifica e enriquece as comparações posteriores.
A representação gráfica, a apresentação dos diferentes procedimentos e as reflexões consequentes permitirão a tomada de consciência por parte dos alunos das ações realizadas.

Jogo dos "cincos" (Kamii, 1984)
- *Materiais*: 32 cartas numeradas do 1 ao 4 (repetidas 8 vezes cada uma).
- *Organização da classe*: pode-se jogar em grupos de até quatro crianças. São distribuídas todas as cartas, e cada um coloca as suas voltadas para baixo. Decidem quem vai começar, e este vira a sua primeira carta. Em seguida, o que está à sua direita; se as duas cartas somam 5, fica com elas. Se não, o terceiro joga e procura formar 5 com sua carta e com as que estão sobre a mesa; se consegue completar esta quantidade, fica com as cartas que utilizou e passa a vez. Assim, sucessivamente, até que terminem todas as cartas. Ganha aquele que tiver conseguido reunir a maior quantidade de "cincos".
- *Extensão possível*: jogar para compor os números seguintes do 5, para o qual deverá acrescentar cartas cujas adições permitam a composição do número escolhido.
- *Análise da situação*: este problema permite trabalhar de maneira exaustiva todas as possíveis composições aditivas dos números envolvidos. Neste sentido, é um meio muito bom para propor reflexões com os alunos, sobre a busca e o estabelecimento de diferentes estratégias que facilitem a resolução dos cálculos, apoiando-se nos que já conhecem. No caso de os alunos não terem ainda a possibilidade de operar com algarismos, podem ser utilizadas as cartas com configurações espaciais e números descritas na página 67.

Situações que impliquem partilha
- *Materiais*: entre 10 e 15 figurinhas para cada grupo e folhas em quantidade necessária sobre a mesa do professor.
- *Organização da classe*: trabalho em pequenos grupos.
- *Ordem*: "É preciso colar as 12 figurinhas que lhes dei em várias folhas, cada folha tem de ter a mesma quantidade de figurinhas. Discutam entre vocês para saber de quantas folhas vão precisar. Quando tiverem decidido, um secretário vai me pedir as folhas aqui na minha mesa".

- *Análise da situação*: o fato de ter de fazer o pedido das folhas força a previsão do resultado da partilha. Nas primeiras tentativas de resolução, é possível que peçam ao professor tantas folhas quantas são as figurinhas que têm. Uma maneira de provocar um progresso é colocar uma restrição na ordem (variável didática) que impeça essa estratégia, esclarecendo, por exemplo, que somente podem pedir até 5 folhas.

ALGUMAS CONSIDERAÇÕES SOBRE O ENSINO DO SISTEMA DE NUMERAÇÃO

Se, como vimos, os alunos do nível inicial têm conhecimentos anteriores sobre a organização e a regularidade do sistema de numeração, deve-se levar em conta esses saberes, embora sejam incompletos e instáveis, para que as crianças, a partir deles, possam dar sentido aos conteúdos que se deseja transmitir. Nesta perspectiva, a ideia é trabalhar com a numeração escrita assumindo toda a complexidade que isto implica (Lerner e Sadovsky).

Para aprender, as crianças precisam usar os números, refletir sobre eles e, a partir daí, construir a regularidade e a organização do sistema de numeração. O que significa usar os números? É poder nomeá-los, escrevê-los e interpretá-los à sua maneira; compará-los; utilizá-los para resolver e/ou representar o procedimento escolhido na resolução de um problema, para comunicar e confrontar esses procedimentos, etc. Tudo isso, porém, seria possível se somente se trabalha com os números de 1 a 9? Já se disse que restringir assim o campo numérico impede as crianças de porem em prática aquilo que sabem e, ao mesmo tempo, significa desconhecer que não se pode, por exemplo, aprender o 5 isoladamente, sem poder relacioná-lo com o 4 e com o 6, encontrando em que se parece e em que se diferencia do 15, do 35 e do 50.

Com relação a isso, o ensino tradicional propõe, como já vimos, ensinar os números um por vez. Uma situação que se utiliza frequentemente é fazer copiar linhas inteiras do número que se está trabalhando nesse dia. Fazer linhas do número 5 permite trabalhar que aspectos do número? Como não parece associado a nenhum significado, as diversas funções e usos não podem ser abordados, não há maneira de fazer uma distinção explícita sobre se expressa uma quantidade, uma ordem, um código, etc. Por outro lado, a numeração apresentada desse modo não é estudada em seus princípios, organização e regularidade, mas é simplesmente evocada por meio da representação convencional dos números.

Cartelas numéricas

Os princípios, as regularidades e a organização do sistema poderão ser estabelecidos na medida em que os alunos possam trabalhar com números de quantidade igual e diferente de algarismos em diversos intervalos da série numérica (Lerner e Sadovsky, 1994).

Por outro lado, o fato de as crianças poderem recitar a série oralmente até um determinado número não significa que possam escrevê-los nem lê-los todos. Como fazer para que os alunos possam utilizar números maiores do que aqueles que sabem ler e escrever? Um recurso para resolver esse problema didático é utilizar cartelas numéricas (Thomas, 1988)

Por que utilizar cartelas numéricas?

Em primeiro lugar, o sistema de numeração, como objeto cultural que é, é uma convenção. Todo conhecimento originado de convenções elaboradas pelas pessoas tem como principal característica depender da informação que se recebe para poder ser aprendido.

O fato de a quantidade sete, como tal, representar a mesma quantidade de elementos independentemente da cultura da qual se trate não significa que a única maneira de representar essa quantidade seja por meio da palavra sete ou do numeral 7. A denominação verbal depende do idioma, e a representação matemática, do sistema de numeração que se utiliza.

0	1	2	3	4	5	6	7	8	9
10	11	12	13	14	15	16	17	18	19
20	21	22	23	24	25	26	27	28	29
30	31	32	33	34	35	36	37	38	39
40	41	42	43	44	45	46	47	48	49
50	51	52	53	54	55	56	57	58	59
60	61	62	63	64	65	66	67	68	69
70	71	72	73	74	75	76	77	78	79
80	81	82	83	84	85	86	87	88	89
90	91	92	93	94	95	96	97	98	99
100									

As regras do nosso sistema (posicional e de base dez) não estão explícitas na escrita dos números, somente podem ser interpretadas por aqueles que tenham o conhecimento necessário. Não há possibilidade de as crianças descobrirem essas propriedades implícitas se não tiverem contato com portadores de informação que lhes permitam refletir sobre essas particularidades.

Em segundo lugar, as cartelas são um portador de informação que reflete a organização do sistema, que mostra claramente que algumas das coisas que eles sabem da numeração falada também acontecem na numeração escrita: "Depois do 'dez', do 'vinte', do 'trinta', começa-se outra vez com o 1, 2, 3 até o 9", dizem as crianças.

Por outro lado, permitem chegar a uma representação mental do sistema de maneira integrada, nem parcial, nem desconexa, o que favorece o estabelecimento de relações entre diferentes intervalos numéricos.

Até que número estender a cartela?
Quais conhecimentos prévios seu uso exige?

Para poder decidir até que número incluir, é preciso que o professor tenha indagado previamente sobre a extensão da recitação da série que seus alunos possuem. Se a maioria da classe pode contar até 10, a cartela deve chegar até o número 30, isto é, sempre tem de ter mais números do que os alunos sabem contar, uma vez que isso permitirá descobrir que a série dos números se prolonga além do que eles sabem, mas sempre com a mesma organização.

À medida que os alunos progridem no conhecimento da série, deverão ser acrescentadas novas "famílias" de números até chegar ao 100.

O fato de não saberem ler e escrever esses números incide na decisão da extensão? Justamente porque aceitamos que não vão possuir a escrita e a leitura convencional de muitos deles é que sugerimos este recurso didático.

Como utilizar as cartelas para ler e escrever os números?

Suponhamos que o professor entrega a Joaquim um papel no qual escreveu o número 15 e lhe pede (sem nomear o número) que dê a Juliano tantas fichas quantas o papel está dizendo. Se Joaquim não sabe ler, o professor pode indicar-lhe que use a cartela para verificá-lo. Joaquim começará, então, a contar desde o 1 indicando com o dedo cada um dos números da série até chegar ao 15 e, dessa maneira, saberá que ao 1 e ao 5 corresponde a palavra quinze e poderá resolver o problema. Do mesmo modo, se a ordem verbal que o professor lhe dá fosse que deve mandar uma mensagem a um companheiro escrevendo o número 15, recitará a série desde o 1 indicando os números e, onde coincidir a palavra quinze com o número indicado, saberá que 15 se escreve com o 1 e com o 5.

Que tipos de problemas as cartelas permitem apresentar?

- Comparar números: qual é maior, o 17 ou o 27? Por quê?
- Determinar o antecessor e o sucessor.
- Onde estão todos os números que começam com 1? E os que terminam com 7?
- Qual é a família do 25? E a do 45?
- Quantos números há entre o 9 e o 19? E entre o 29 e o 39?
- Alguém pensou um número: está na família do "vinte", é maior do que o 25 e menor do que o 27. Qual é?
- Completar cartelas nas quais faltam alguns números.
- Adivinhar qual é o número que está tapado.

Que tipos de procedimentos podem aparecer?

Jogando "bingo" com uma cartela até 99 em uma sala com crianças de 5 anos, no final do ano escolar, apareceram as seguintes estratégias: algumas crianças precisavam começar a contar desde o 1 para encontrar alguns números; outros podiam centrar-se no raso da dezena e, a partir daí, contando de um em um, encontravam o número cantado (por exemplo, para encontrar o 45 faziam "40, 41, 42, 43, 44, 45"); outros procuravam o número raso da família e a coluna correspondente ao valor da unidade estabelecendo as coordenadas ("45 está na família do 'quarenta' e na fila dos que terminam em 5"), e alguns outros podiam marcar o número diretamente porque reconheciam sua escrita.

Seria válido propor este problema se as crianças precisassem contar de um em um, a partir do 1, para encontrar o 45, por exemplo? É precisamente a dificuldade que esse procedimento apresenta que vai permitir a esses alunos evoluir em seus conhecimentos, buscando novos modos de resolução. As intervenções que o professor faz nesse sentido são fundamentais. Um professor pode intervir a partir da convicção de que se é um bom professor se os alunos resolvem sempre corretamente e utilizando somente o saber formal. Neste caso, "será dito" a eles qual é o número. Outro professor, convencido de que saber matemática é construir o sentido dos conhecimentos e que para isso um aluno deve ter a possibilidade de agir, de decidir, de tentar novamente, de explicar, etc., poderá oferecer-lhe, com sua intervenção, recursos para continuar pensando. Neste caso, poderia perguntar: serviria para você pensar qual é a família do 45?

É importante que a cartela esteja colocada em um lugar da sala de aula que permita às crianças se aproximarem dela e lhes seja possível tocar os números. Os professores se surpreendem com o interesse que isso desperta e descrevem como as crianças se aproximam espontaneamente para compartilhar o que sabem e também para discutir diferentes concepções.

A elaboração de cartelas individuais é também um recurso adequado para promover as reflexões nas quais estamos interessados.

CONCLUSÃO

Ensinar matemática no enfoque da didática da matemática implica aceitar uma mudança profunda nas relações entre os alunos, o professor e o saber.

Se o que se quer é que os alunos tomem consciência de que fazer matemática é resolver problemas e refletir sobre eles; para isso é preciso ter como objetivo específico do ensino o desenvolvimento de certas competências e atitudes nos alunos que lhes permitam:

- comprometer-se na resolução de problemas;
- desenvolver a capacidade de construir uma representação pessoal do problema;
- assumir que resolver um problema não é uma tarefa fácil e que implica buscar, provar, decidir, rejeitar, recomeçar, etc.;
- descobrir que um mesmo problema pode ser resolvido de diferentes maneiras;
- saber que podem decidir (porque justamente é o que se espera deles) entre usar materiais, desenhos, representações mentais, cartelas numéricas, cálculos memorizados, etc.;
- reconhecer a necessidade de registrar por escrito o que produziram, quando for possível;
- explicar, comparar, discutir e validar os diferentes procedimentos que possam ter surgido.

A introdução dessas regras de trabalho matemático exige uma atitude docente que:

- alerte para a necessidade de conhecer o que seus alunos sabem em relação com o alcance da conta, os procedimentos de resolução, os recursos de representação, as concepções do sistema de numeração, etc., para se certificar de que os problemas que vai propor sejam um meio para que esses saberes anteriores possam entrar em jogo e, ao mesmo tempo, apareçam como insuficientes, com a intencionalidade de fazê-los progredir;
- permita tolerar a diversidade e a instabilidade dos saberes de seus alunos, dando-lhes diversas oportunidades de voltar a enfrentar situações que criaram dificuldade;
- incentive os alunos a empreender uma busca pessoal diante de um problema

novo, evitando as intervenções que denotem uma avaliação por algum procedimento em particular em detrimento dos restantes;
- transmita a necessidade de refletir sobre os problemas, explicitando as condições para que isso seja possível. Não se trata de que, em uma apresentação, todos os alunos comuniquem seus procedimentos, mas que analisem somente aqueles que sejam diferentes. Respeitar as ideias dos outros, esperar a vez para falar, escutar não são, muitas vezes, atitudes que as crianças possuem. Deverá ser assumido, então, como parte do trabalho no processo do ensino e da aprendizagem;
- possa flexibilizar as condições de trabalho na sala de aula. Vai depender do tipo de situação que os alunos trabalhem individualmente, em pequenos grupos ou todos juntos. Talvez não se possa explicar a ordem sobre um problema novo a todos os grupos, ao mesmo tempo. O professor poderá decidir, então, fazê-lo com dois grupos enquanto os outros alunos resolvem um tipo de problema já conhecido ou trabalham em outra área. Do mesmo modo, é necessário observar se nos diferentes procedimentos que aparecem em um tipo de problema novo ou não se poderá tomar a mesma decisão;
- é necessário também que o professor preveja momentos nos quais os conhecimentos postos em prática sejam identificados como aqueles que poderão ser reutilizados (institucionalização).

Em suma, trabalhar neste enfoque exige conhecer os saberes anteriores, incentivar a busca de novas estratégias, animar os que estão atrasados, fazer circular o saber: permitir descobrir o prazer de fazer matemática.

Gostaria de enfatizar, aqui, uma contradição que muitas vezes o ensino tradicional apresenta. São muitos os professores que expressam a sensação de que eles sabem muito mais do que aquilo que se trabalha em sala de aula, que se surpreendem quando observam que seus alunos em situações informais de jogo utilizam os números, para nomeá-los, calcular, etc. Por que, então, não dar importância a essas evidências? Proporcionar aos alunos situações às quais possam enfrentar com seus recursos e, ao mesmo tempo, criar as condições para que esses recursos evoluam permitirá que eles se envolvam no trabalho matemático sabendo que seus conhecimentos são levados em conta e avaliados, diminuindo assim a distância entre o que eles sabem e o que a escola reconhece neles.

Estou consciente de que nem sempre é fácil abandonar o conhecido, o provado, uma vez que isso dá segurança. No entanto, como professores comprometidos com a tarefa de ensinar, não podemos nos esquecer de nosso próprio prazer de aprender. Empreender novos caminhos pode ser uma experiência enriquecedora e apaixonante. Por que se privar disso?

NOTAS

1 Ver os Capítulos 1 e 6 deste livro.
2 Para ampliar a compreensão sobre este transporte, ver o Capítulo 4 deste livro.
3 Para aprofundar esta análise, ver o Capítulo 1.
4 Supondo que se trate de uma situação didática de ação, não estou propondo a necessidade de passar pelas situações de formulação e de validação (conforme Cap. 2). A "formulação" e a "confrontação" das quais falo aqui dizem respeito aos processos que podem ser geridos em momentos posteriores à resolução de problemas e que mostraram ser úteis na construção do conhecimento.
5 Ver o Capítulo 6 de Quaranta e Wolman.
6 Deve-se ter presente esta exceção ao ler as propostas que apresento a seguir, nas quais utilizo indistintamente as palavras "situação" e "problema".

REFERÊNCIAS

BAROODY, A. *El pensamiento matemático en los niños*, Madrid: Visor, 1988.
BRISSIAUD, R. *Contar en el jardin de infantes? Sí, pero...* Conferência feita em Saint-Brieuc, França (tradução: B. Capdevielle, L. Varela, P. Willson), 1987.

BROUSSEAU, G. Fondements et méthodes de la didactique des mathématiques, *Recherches en Didactique de Mathématiques*, 7, 2, 1986.
_____. Los diferentes roles del maestro. In: C. PARRA E I. SAIZ (comps.), *Didáctica de matemáticas. Aportes y reflexiones*, Buenos Aires: Paidós, 1994.
BRUN, J. Evolution des rapports entre la psychologie du développement cognitif et la didactique des mathématiques. In M. ARTIGUE, R. GRAS, C. LABORDE, P. TAVIGNOT (comps.). *Vingt ans de Didactique des Mathématiques en France*. Grenoble: La Pensée Sauvage, 1994.
CARPENTER, T. P ; HIEBERT, J.; MOSER, J. M.. Problem structure in first-grade children's initial solution process for simple addition and substraction problems, *Journal for Research in Mathematics Education*, 12, 1981.
CHARNAY, R. Aprender (por medio de) la resolución de problemas. In C. PARRA e I. SAIZ (comps.). *Didáctica de matemáticas. Aportes y re-flexiones*. Buenos Aires: Paidós, 1994.
CHARNAY, R.; VALENTIN, D. ¿Cálculo o conteo? ¡Cálculo y conteo!. *Grand N*, 50, Buenos Aires, 1992.
CHEVALLARD, Y. *La transposition didactique. Du savoir savant au savoir enseigné*. Grenoble: La Pensée Sauvage, 1985.
_____. Concepts fondamentaux de la didactique: perspectives apportées par une approche anthropologique. *Recherches en Didactique de Mathématiques*, 12, 1, p. 73-112, 1992.
FAYOL, M. Número, numeración, enumeración: ¿qué se sabe de su adquisición? *Revue Francaise de Pédagogie*, 70, Dijon, 1985.
FUSON, K. The counting-on solution procedure: Analysis and empirical results. In: T. CARPENTER, J. MOSER; T. ROMBERG (comps.). *Addition and Subtraction: A Cognitive Perspective*. Hillsdale, NJ: Lawrence Erlbaum, 1982.
FUSON, K.; HALL, J. The acquisition of early number word meanings: A conceptual analysis and review. In: H. GINSBURG (comp.). *The Development of Mathematical Thinking*. New York: Academic Press, 1983.
FUSON, K.; RICHARDS, J.; BRIARS, D. The acquisition and elaboration of the number word sequence. In: C. J. BRAINERD (comp.). *Children's Logical and Mathematical Cognition: Progress in Cognitive Deve-lopment*. New York: Springer-Verlag, 1982.
FUSON, K.; SEGADA, W. S.; HALL, J. W. Matching, counting, and conservation of numerical equivalence. *Child Development*, 54, 1983.

GELMAN, R. How young children reason about small numbers. In: N. J. CASTELLAN, D. B. Pisoni; G. R. POTTS (comps.). *Cognitive Theory, vol. 2*. Hillsdale, NJ: Lawrence Erlbaum, 1977.

_____. Les bébés et le calcul. *La Recherche*, 14, França, 1983.

GELMAN, R.; GALLISTEL, C. R.. *The Child's Understanding of Number*. Cambridge: Mass., Harvard University Press, 1978.

GELMAN, R.; MECK, E. Preschooler's counting: Principles before skill. *Cognition*, 13, 1983.

GILLY, G.; ROUX, J. P.; TROGNON, A.. *Apprendre dans l'interaction: analyse des médiations sémiotiques*. Presses Universitaires de Nancy e Publications de L'Université de Provence, 1999.

HUGHES, M. *Los niños y los números*. Barcelona: Planeta, 1987.

KAMII, C. *El niño reinventa la aritmética. Implicaciones de la teoría de Piaget*. Madrid: Visor, 1984.

LERNER, D.; SADOVSKY, P. El sistema de numeración: un problema didáctico. In: C. Parra; I. Saiz (comps.), *Didáctica de matemáticas. Aportes y reflexiones*. Buenos Aires: Paidós, 1994.

MILLIAT, C.; NEYRET, R. Juegos numéricos y elaboración de reglas en el nivel inicial, *Grand N*, 46, Buenos Aires, 1990.

MORENO, M.; SASTRE, G. *Las escrituras aritméticas*. Barcelona: IMIPAE, 1986.

PANIZZA, M.; SADOVSKY, P. *El papel del problema en la construcción de conceptos matemáticos*. Buenos Aires: FLACSO, 1992.

PARRA, C.; SAIZ, I. *Los niños, los maestros y los números*, Desarrollo Curricular, Matemática primero y segundo grado, Dirección de Currículum, Dirección General de Planeamiento, Secretaría de Educación, MCBA, 1992.

PERRIN-GLORIAN, M.-J. Questions didactiques soulevées à partir de l'enseignement des Mathématiques dans des classes 'faibles', *Recherches en Didactique des Mathématiques*. Grenoble, 13, 2, 1993.

SCHAEFFER, B.; EGGLESTON, V. H.; SCOTT, J. L. Number development in young children, *Cognitive Psychology*, 6, 1974.

SINCLAIR, A.; TIÈCHE-CHRISTINAT, C.; GARÍN, A. Comment l'enfant interprète-t-il les nombres écrits a plusieurs chiffres?. In: M. ARTIGUE, R. GRAS, C. LABORDE, P. TAVIGNOT: *Vingt ans de didactique des mathématiques en France*. Grenoble: La Pensée Sauvage, 1994.

THOMAS, J. *Un, deux, ... beaucoup passionement! Les enfants et les nombres*. França, INRP, 1988.

A conta em um problema de distribuição: uma origem possível no ensino dos números naturais

4

Olga Bartolomé e Dilma Fregona

Uma criança que recita a sequência dos números naturais até o seis porque sua professora pediu, uma criança que põe seis fichas em uma caixa seguindo uma indicação de sua professora e uma criança que conta somente olhando seis fichas que estão dentro da caixa são situações diferentes relacionadas com um mesmo conhecimento.

Guy Brousseau (1995)

INTRODUÇÃO

O estudo dos números naturais – a escrita, a ordem, as operações e suas propriedades – ocupa um espaço muito amplo nos programas de matemática da escola obrigatória e se inicia com maior ou menor ênfase na educação infantil.

Um breve resumo histórico dos últimos 40 anos mostra diferentes tendências no ensino.[1] Até a década de 1950 – e antes também –, os números eram estudados em grupos: de 1 a 5, depois de 5 a 10, depois de 10 a 20. Cada número era apresentado aos alunos com o mesmo cenário: apresentação do novo número em relação com o anterior (soma-se 1, às vezes com a ajuda de conjuntos de objetos ou segundo determinadas constelações), decomposição (fundamentalmente aditiva), nome do número e escrita (reforçada com atividades manuais). O aluno aprendia primeiro os números, depois o algoritmo das operações e, finalmente, resolvia problemas

para reconhecer as ocasiões de emprego dessas operações.

No início da década de 1960, as representações geométricas dos conjuntos (para os dez primeiros números) abriram o caminho para materiais estruturados pelo número ou pelas relações entre os números.[2] A partir de 1970, a chamada "reforma da matemática moderna" introduziu mudanças importantes no ensino, particularmente no ensino dos números. As concepções de aprendizagem que influenciaram nesta reforma estavam amplamente inspiradas nas ideias estruturalistas e invocavam frequentemente os trabalhos de Piaget. Naquilo que hoje se designa como uma tendência aplicacionista[3] dos resultados de Piaget à aula, o número se torna na escola "a síntese da ordem e da inclusão hierárquica".

Vê-se assim que na educação infantil, existe um claro retrocesso nas atividades que utilizam os números e, simultaneamente, um desenvolvimento das atividades frequentemente qualificadas como pré-numéricas. O uso dos números é substituído por uma "abordagem" da noção do número natural, as atividades relativas adquirem um lugar de importância para estabelecer correspondências um a um – biunívoca – (bijeções) entre os elementos de dois conjuntos bem definidos, as designações (de objetos e conjuntos), a classificação, a ordem e as representações gráficas.

Esta concepção do número como "cardinal de conjuntos finitos" é uma transposição muito direta para o ensino da "definição" dos números naturais dada pelos matemáticos no marco da teoria de conjuntos. Sobre isso, Freudenthal (1973) afirma:

> Na origem do conceito de número, o número "para contar" desempenha o primeiro papel e o mais importante [...]. De nenhuma maneira a criança conhece o número como classe de conjuntos equivalentes, mesmo inconscientemente. O fato de insistir nesta invariância por bijeções é uma atitude de matemático adulto que não pode esquecer sua própria teoria dos números naturais. Contudo, as crianças aprendem esta invariância em um contexto muito mais amplo, percebem que, se amanhã contarem outra vez os dedos de sua mão, encontrarão 5, e que todos os homens têm o mesmo de determinadas coisas e que o número de bolas em um lenço não se altera quando se diz "abracadabra". A invariância por "bijeções" é um ponto culminante neste contexto, um *hobby* de adultos que o vendem como aspecto cardinal [...].

E então? O pêndulo que percorre posições, às vezes antagônicas, continua oscilando. Talvez a única maneira de tomar posições mais equilibradas provenha da pesquisa em educação matemática. Ali também, no domínio da pesquisa, há multiplicidade de enfoques e de recursos para ensinar os números naturais.

Tendências atuais propõem constituir, no âmbito escolar, um domínio de experiências em que a quantificação ocupe um lugar de importância para ampliar e para consolidar os conhecimentos que as crianças já têm sobre o numérico. Embora os números naturais "sejam usados" cotidianamente em diversas circunstâncias, o meio natural ou social raramente apresenta problemas para os quais os números naturais sejam a solução. Propor estes problemas é responsabilidade da escola, e elaborá-los é uma tarefa específica da didática da matemática.

Quais são os problemas que encerram necessariamente a noção de número natural? Uma resposta a esta questão é central neste capítulo, e a elaboramos a partir da teoria das situações didáticas, utilizando duas noções básicas: *situação didática* e *variável didática*.

Na comunidade francesa de pesquisa em didática da matemática, Brousseau começou a publicar em 1972 artigos que constituiriam o que, anos mais tarde, se chamou a *teoria das situações didáticas*. "A ideia fundamental [na teoria das situações didáticas] consiste em postular que cada conhecimento ou cada saber deve poder ser determinado por uma situação" (Brousseau, 1990). O autor propõe realizar um estudo epistemológico desse conhecimento ou saber em questão para analisar as condições que determinaram sua origem e/ou evolução, e depois, por meio das situações didáticas, elaborar uma origem artificial que tente recuperar algumas dessas condições de modo que o conhecimento que deve ser ensinado seja a resposta ótima para esta organização dada.[4] Algumas dessas condições podem variar conforme a vontade do professor e constituem uma *variável didática* quando, segundo os valores que assumem, modificam o conhecimento necessário para resolver a situação. Discutiremos isso mais adiante, na página 88, em que analisaremos duas atividades nas quais, a partir do marco teórico que tomamos como referência, os números naturais são a melhor solução para resolver as situações apresentadas. Essas situações propostas por Brousseau (1994; Brousseau e Foucaud, 1992) são as que correspondem a problemas de distribuição: trata-se de *antecipar* a quantidade de objetos necessários para distribuir determinado número deles – 1, 2, 3, 4 – a determinado número de destinatários (pode variar desde um número menor do que 10 a, por exemplo, 25 ou 30).

Por que essas situações didáticas levam as crianças a se encontrarem com a conta e os números naturais? Vamos elaborar uma resposta e, para isso, revisaremos alguns aspectos fundamentais do objeto de ensino que nos ocupa.

A IDEIA DE NÚMERO NATURAL E A ESCRITA DOS NÚMEROS

Por ser um conhecimento socialmente muito difundido, é difícil pensar nos números naturais como um objeto que merece determinada análise. No entanto, é preciso problematizar essa noção para tratar de cobrir, no ensino, os diferentes aspectos aos quais se associa. Procuraremos apresentar aqui, por meio de um percurso histórico, quais são as supostas origens do número natural – como ferramentas para resolver problemas de conta – e distinguir a origem da noção de número da noção da origem dos sistemas de escrita. Em seguida, abordaremos sumariamente dois aspectos constitutivos do número: as noções de cardinal e ordinal.

Breve percurso histórico

Os números naturais são os números que usamos para contar: 1, 2, 3, 4, ..., 27, ..., 89, ..., 9.650, ..., 23.564.456, ... Cada um desses símbolos e o nome correspondente nos permitem identificar quantos elementos tem um determinado conjunto. Os números naturais permitem responder, então, à pergunta: Quantos são? Os diferentes sistemas de numeração que o homem desenvolveu ao longo do tempo fazem que não seja necessário ter presentes os objetos para recordar quantos são ou para comunicar quanto temos; além disso, segundo o grau de desenvolvimento alcançado, os sistemas de numeração permitem realizar diferentes cálculos e antecipar uma enorme gama de fatos.

Embora não haja documentos escritos para reconstruir a origem das noções de número natural e sistema de numeração, há testemunhos que permitem assegurar que a ideia de número é muito mais antiga do que os descobrimentos tecnológicos, tais como o uso dos metais ou dos veículos de rodas (Boyer, 1969). Na República Checa, descobriu-se um osso no qual aparecem 55 incisões bastante profundas distribuídas em duas séries, uma com 25 e outra com 30, e em cada série as marcas estão agrupadas de 5 em 5. A este osso, que sobreviveu uns 30 mil anos, foi atribuído significado numérico, porque se supõe que o homem pré-histórico às vezes registrava uma quantidade fazendo entalhes em um pau ou em um pedaço de osso.

Por que essas marcas no osso se relacionam com a noção de número? Na realidade, é uma hipótese, como toda afirmação que se faz sobre as origens da aritmética, uma vez que os inícios desse domínio são mais antigos do que a escrita. Supõe-se que, aos poucos, surgiu a ideia de usar a correspondência um a um, e para quantidades pequenas começaram a fazer corresponder um dedo (das mãos ou dos pés) para cada objeto enumerado. Como observou Aristóteles, a difusão do sistema decimal é uma consequência de um fato anatômico: temos 2 mãos e 2 pés, cada um com 5 dedos.

Em espanhol, a palavra "enumerar" remete à conta e, como consequência, necessariamente, ao uso dos números. Contudo, em outros idiomas, por exemplo, em francês, "enumerar" significa enunciar um a um os objetos, fazer uma lista sem necessidade de atribuir-lhes uma palavra-número. Ainda hoje, quando a maior parte da humanidade conta com um sistema de numeração, fazemos periodicamente enumerações.[5]

Uma correspondência um a um permite abordar a quantidade sem utilizar necessariamente o número, e, desse modo, podemos interpretar os registros no osso. Foram necessários muitos séculos para passar dos riscos em um osso para uma linguagem (escrita ou falada) que constituísse um sistema de numeração. As expressões verbais numéricas primitivas se referiam a conjuntos específicos de objetos, tais como "dois peixes" ou "duas marretas"; muito mais tarde, a palavra "dois" expressou a ideia numérica de todos os conjuntos que têm um par de elementos. Além disso, a cada quantidade de objetos correspondia uma palavra diferente sem nenhuma lei de formação que permitisse, como em nosso sistema atual, lembrar o nome dos números. É fácil imaginar, então, que havia pouquíssimas pessoas que sabiam contar e que para grandes conjuntos não havia um modo de determinar sua quantidade.

Com um desenvolvimento muito rudimentar da numeração, o homem começou a dominar alguns fatos relacionados com as quantidades e os tamanhos. A matemática começou a ajudar o homem a pesquisar e a controlar a natureza por meio de conhecimentos sobre os pesos e as medidas, as formas simples como retas, triângulos e círculos, etc. Foram os gregos que – segundo uma reconstrução realizada sobre a base de uma tradição não muito fidedigna – começaram a propor algum tipo de demonstração e se preocuparam com uma organização dedutiva da matemática.

Os gregos fundaram a aritmética, isto é, o estudo do conceito de número. As duas civilizações que os precederam nas quais um determinado tipo de matemática havia florescido, a egípcia e a babilônica, tinham adquirido os rudimentos desses temas. O tratamento que caracteriza os conceitos básicos da aritmética, especialmente dos números naturais e das frações, foi inaugurado pelos pitagóricos, um grupo ou escola de matemáticos cujo nome deriva de Pitágoras, líder lendário.[6]

Provavelmente porque não tinham símbolos numéricos, os pitagóricos representaram os números naturais colocando pedrinhas no chão ou pontos na areia. Classificaram os números de acordo com as formas que podem ser produzidas ao acomodar, de determinada maneira, os pontos ou as pedrinhas. O 1 é formado com um ponto; 3 unidades podem configurar um triângulo, assim como 6, 10, 15, 21, 28... Esses números são denominados *triangulares*.

Havia também números *quadrados*, por exemplo: 4, 9, 16, 25... porque essas quantidades de pontos podem ser organizadas formando um quadrado.

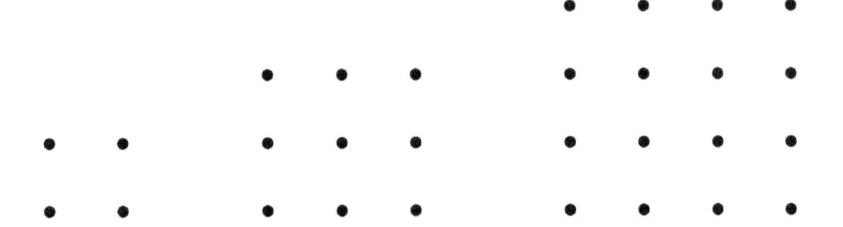

Conforme a quantidade dos pontos considerados, podiam ser obtidas diferentes configurações: além de triangulares e quadradas, existiam configurações *pentagonais*, *hexagonais*, etc. Essas disposições particulares são atualmente conhecidas como *números figurados*.

A numeração decimal de posição que usamos atualmente foi inventada na Índia, nos primeiros séculos da nossa era; os árabes difundiram-na pela Europa no século X. Os algoritmos se tornaram mais acessíveis e, então, maior número de pessoas pôde ter acesso a eles. Além disso, ao aumentar a capacidade de cálculo, aconteceu, nesse período, um importante desenvolvimento dos conhecimentos na aritmética.

Com esse rastreamento histórico, tentamos mostrar quais são as prováveis origens do número natural – como ferramentas para resolver problemas de contas – e como se construiu trabalhosamente o sistema de escrita usado nos dias de hoje. Às vezes, nas práticas de ensino, a noção de número natural se restringe perigosamente à forma de representação escrita; distingui-las parece-nos muito importante e consideramos que um indício dessa distinção é encontrado na trajetória de construção das noções. Em um dos trechos desta trajetória, os números naturais foram objetos de estudo dos matemáticos; a seguir, apresentaremos algumas linhas desse objeto.

Aspectos cardinal e ordinal do número natural

Quando os números naturais são tratados em textos universitários de matemática, por exemplo, em livros de cálculo, são estudadas as propriedades básicas desse conjunto que permitem distingui-lo de outros. A origem do conceito de número natural e seus fundamentos matemáticos são objetos de estudo em cursos sobre fundamentos ou história da matemática.

Por influência da reforma chamada "matemática moderna", nos programas escolares franceses da década de 1970[7] aparece, no primeiro ano da escola, a noção de número natural. Particularmente para educação infantil, os comentários que acompanham essa reforma aludem à importância de fazer atividades de classificação, ordenação[8] e correspondência um a um.

Essas atividades de classificação e ordem sugeridas na educação infantil são o resultado de uma transposição direta de diversos estudos matemáticos sobre o número natural. Rey Pastor, Pi Calleja e Trejo (1952) afirmam:

> Os números *naturais* 1, 2, 3, ... aparecem quando se *contam* os objetos de um conjunto. Ao efetuar a operação de contar, estabelecemos implicitamente uma *ordenação* entre os elementos do conjunto, e ao último número contado se dá o nome de *número ordinal* do conjunto. O número natural, como símbolo ordinal, resulta, pois, de abstrair a natureza dos objetos, levando em conta somente a ordem em que se apresenta para a nossa consideração. Em contrapartida, o número como símbolo *cardinal* representa um conjunto, abstraindo a natureza dos elementos que o compõem e a ordem em que esses são considerados: corresponde ao atributo comum que todos os conjuntos têm, de modo que seja possível estabelecer entre cada par deles uma correspondência biunívoca entre seus elementos.

É importante observar que embora apareçam vestígios dos números como ferramentas em restos arqueológicos que datam de 30 mil anos, os autores que trataram esta noção como objeto de conhecimento matemático pertencem aos séculos XIX e XX: Peano (1858-1932), Hilbert (1862-1943), Cantor (1845-1918), Frege (1848-1925), Russell (1872-1970), Kronecker (1823-1891).

A distinção entre número ordinal e cardinal é um aspecto constitutivo do conceito de número natural e se inclui ou não no ensino segundo os vaivéns pelos quais passam os programas escolares. Precisamente a crítica de Freüdenthal que citamos na introdução deste capítulo se refere ao ensino do aspecto cardinal do número (classes de conjuntos equivalentes por "bijeções", etc.) nos primeiros anos de escola. O questionamento aponta para o fato de que se tomem esses aspectos constitutivos como objetos de ensino. Como já dissemos, as tendências atuais propõem criar no âmbito escolar experiências em que a quantificação ocupe um lugar de importância e abranja uma gama ampla de noções – recuperadas por meio do estudo do percurso histórico – que não necessariamente incluem a escrita dos números. A leitura e a escrita dos números que no ensino têm um espaço central – como veremos na página 84 – é um aspecto de grande importância para o estudo dos números naturais, embora não seja o único.

Até aqui, mostramos uma caracterização dos números naturais em relação com a conta e os distinguimos do processo de sua escrita. Contar é uma atividade trivial nos fatos da vida cotidiana (quantos virão?, quantos faltam?, quantos sobram?), em jogos infantis e, ainda, nas interações entre adultos e crianças (as crianças brincam de dizer números, o avô ensina o neto a contar, etc.). Essas mesmas atividades são reproduzidas na escola, são naturais, e poucas vezes se considera a conta como objeto de ensino. Nessas rotinas, é estranho perguntar: existe alguma coisa para se ensinar sobre a conta? A resposta é óbvia: deve-se ensinar a contar! E isso se faz por meio de cantos, brincadeiras, na organização do trabalho, com a leitura do calendário, etc. E, efetivamente, são praticadas algumas rotinas incluídas na ação de contar, mas essas atividades servem para usar os números na resolução de problemas? Nossa hipótese é que não serve, e procuraremos justificá-la questionando alguns aspectos da conta dentro do contexto escolar.

O PROBLEMA DE CONTAR

"Quantos são?" é a pergunta que leva à ação de contar.

Um instante de reflexão permite considerar que a formulação de uma resposta correta e as atividades encerradas na conta dependem do contexto no qual se apresenta essa interrogação.

Contar os elementos de um conjunto supõe distinguir o conjunto como tal e ter a ideia de elemento. Esta ideia de elemento se relaciona com a de *unidade,* a qual nasce quando o sujeito pode *distinguir* ou individualizar um objeto do resto que o rodeia, prescindindo de todas as qualidades que não são pertinentes ao problema. A ideia de unidade tem implícita, por oposição, a ideia de *pluralidade* ou conjunto de elementos.[9]

A resposta a "quantos são?", em um conjunto que temos diante dos nossos olhos, pode significar realizar ações triviais ou não, dependendo do contexto e de quem está resolvendo. Para uma criança, contar a quantidade de fichas que estão em uma caixa pode ser um problema quando a quantidade é pouco razoável para seus conhecimentos sobre os números. Diríamos, nesse caso, que "ainda não sabe" contar ou "não sabe contar até tanto".

Há, contudo, outros problemas diante dos quais inclusive quem "sabe" contar se encontra em dificuldades. Por exemplo: determinar o número de participantes de uma manifestação. É muito conhecido nos meios de comunicação as consideráveis diferenças com as quais são apresentados os dados – embora as variações, em números, não se devam somente a dificuldades matemáticas. Por exemplo, ao publicar a informação sobre a quantidade de manifestantes, diversas agências de notícias indicavam, que, na "última marcha pela dignidade dos povos indígenas" – organizada pelo exército zapatista e convocada na praça do Zócalo, México, D. F. –, havia mais de 100 mil pessoas.[10] No entanto, para o mesmo acontecimento, a polícia do Distrito Federal informava pela televisão que calculavam em torno de 50 mil pessoas presentes.

Como se aborda o problema de determinar o número de pessoas presentes em um espaço público? Brevemente, trata-se de criar modelos que representem a distribuição das pessoas na zona considerada. O resultado é uma estimativa da quantidade.

Problemas desse tipo não são tratados habitualmente no contexto escolar, mas acreditamos necessário apresentá-los – sem a ambição de fazer um rastreamento exaustivo – para ampliar o panorama dos problemas que surgem quando se tenta responder à pergunta: "quantos são?".

No exemplo que acabamos de apresentar, supomos que os elementos do conjunto estejam fixos – também os manifestantes, uma vez que são considerados em um momento determinado do ato. Contudo, pensemos em um conjunto em que seus elementos se deslocam em diferentes posições, por exemplo – em uma ordem de grandeza muito menor do que a manifestação –, contar os meninos e as meninas que brincam no pátio (vestidos com o avental) ou determinar o número de pintinhos que se deslocam em uma granja. Em casos como este, dar uma resposta é ainda mais complicado e, conforme os conjuntos, se deveria determinar um modo de distinguir um elemento de outro diferente e, fundamentalmente, distinguir quais já foram contados e quais faltam escolher até passarem todos os elementos e reconhecer que se chegou a nomear o último.

Em qualquer desses problemas, podemos considerar que o conjunto está, de alguma forma, "à vista" do observador, diante dele. No caso em que aquele que deve resolver esteja de alguma forma incluído no conjunto, o problema de responder à pergunta "quantos são?" não apresenta as mesmas dificuldades. Pensemos, por exemplo, em contar as árvores de uma praça que têm um tronco que a professora não pode abraçar com seus braços.[11] Ou, em outra ordem de grandeza, quantas árvores de determinada espécie em extinção há em uma região determinada.

Em contextos escolares, os conjuntos que devem ser contados têm uma quantidade moderada de elementos, podem ser abrangidos com o olhar de quem tem de realizar a ação, e os elementos não se deslocam por si mesmos (geralmente são objetos concretos ou desenhos). Nessas condições, Briand (1993) distingue uma série de passos – em um processo cíclico – que o sujeito necessariamente deve cumprir para responder quantos são:

1. *Ser capaz de distinguir um elemento do outro*. Isso pode parecer óbvio, mas é a noção de unidade: Quando atribuímos o um?[12] Além disso, continuando a conta, distinguir um elemento de outro é indispensável para poder reconhecer quais são os elementos "já contados".

2. *Escolher um primeiro elemento do conjunto*. Ao tomar um elemento, começa-se a atribuir uma ordem qualquer ao conjunto,[13] uma vez que esse elemento é escolhido como o primeiro. Às vezes leva algum tempo para se perceber que, independentemente da ordem que se segue, a quantidade de elementos do conjunto não varia. Isola-se, de alguma forma, esse elemento (é separado ou marcado, deslocado espacialmente) e se começa a armar um subconjunto: o dos elementos "já contados".

3. *Enunciar a primeira palavra-número (um)*. O elemento escolhido é o primeiro e, por isso, lhe corresponde o número "um".

4. *Determinar um sucessor no conjunto dos elementos ainda não escolhidos*. Escolher um elemento entre os "não contados" – isto é, determinar um sucessor – leva a recomeçar com a atribuição de uma ordem entre os elementos que ainda não foram contados e a distinguir esse elemento do resto.

5. *Atribuir uma palavra-número* (sucessor do precedente na série de palavras-número). Ao incorporar esse elemento ao subconjunto dos "já contados", anuncia-se o nome do número correspondente. Esse nome é o número ordinal do conjunto dos "já contados". Também neste passo há erros difíceis de superar: o nome que se enuncia não é do objeto, mas da quantidade de objetos contados.

6. *Conservar a memória das escolhas precedentes*. Isto é, recordar quais elementos foram contados e qual palavra-número é a última enunciada.

7. *Recomeçar os passos 4 e 5, sincronizando-os*. Este passo indica que se repete um ciclo. Suponhamos que os elementos "já contados" são n (sete, por exemplo), e ainda sobram elementos do conjunto dado inicialmente. Entre esses elementos "não contados" escolhemos um – que passará a engrossar o subconjunto dos "já contados" – e enunciamos a palavra-número *seguinte de n* (em nosso exemplo, oito). Neste ponto, quando o sujeito não domina o nome dos números na ordem da sucessão convencional, aparecem repetições de nomes ou lacunas que levam a erro.[14]

8. *Saber que se escolheu o último elemento*. A ordem que tornou possível distinguir um primeiro elemento e depois os sucessores (de um em um, conforme indica o passo 4) nos permite agora reconhecer que chegamos à última unidade. Isto é, uma vez que contamos este (último) elemento, o subconjunto dos "já contados" é o conjunto dado inicialmente.

9. *Enunciar a última palavra-número*. Este passo é o já conhecido de atribuir uma palavra-número (passo 5), somente que aqui, por ser a última enunciada, indica a quantidade de elementos do conjunto inicial. Embora este número seja a resposta a "quantos são?", isto não é nada evidente quando está em curso o processo de aprendizagem. É comum escutar os sujeitos repetirem a sucessão das palavras-número desde "um" até esta palavra final, sem compreender que esta palavra final dá o número de elementos de todo o conjunto. Talvez pudéssemos sugerir a Briand modificar o nome deste passo, ou criar um 10º passo, para incluir no processo o reconhecimento de que a última palavra-número responde, precisamen-te, a "quantos são?".

Esses passos não parecem substanciais, particularmente se alguém "sabe contar". Por que, então, consideramos importante distingui-los? Ao menos por duas razões: porque se encontram neles a maioria dos erros que habitualmente os sujeitos cometem quando começam com as atividades de contas e, além disso, porque são conhecimentos – entre outros, algumas noções espaciais – que a escola não ensina, mas que, no entanto, exige tanto como conhecimentos com valor em si mesmos como requisito para outras aprendizagens escolares.

Estamos agora em condições de analisar, com ferramentas da didática da matemática, os conhecimentos que estão dentro dos conteúdos designados como número natural, sistema de escrita e conta. Discutiremos em seguida, à luz dessas ferramentas, algumas atividades que são feitas habitualmente nas aulas e outras que poderiam enriquecer esse conjunto de práticas escolares.

DIFERENTES ASPECTOS DO NÚMERO E DA CONTA NO ENSINO

Algumas práticas habituais que são realizadas na educação infantil em torno do uso dos números apontam para a recuperação dos conhecimentos que os alunos já possuem. Mesmo assim, quando o professor ensina um tema e organiza previamente uma sequência de atividades que depois adapta conforme o desenvolvimento da classe, busca criar condições para que o aluno se encontre com os diferentes aspectos desse tema. Apesar da importância de levar em conta ambos os aspectos – os conhecimentos prévios dos alunos e a organização do conhecimento –, com frequência o conjunto de atividades que são propostas parecem responder mais a experiências isoladas do que a uma organização conforme uma sequência de ensino do tema.

Ensinar os números e "saber os números" na educação infantil e nas séries iniciais pode abranger diferentes aspectos e diversas práticas com os conjuntos, algumas das quais tratamos nos itens anteriores: enumerar, estabelecer correspondências um a um, nomear e escrever os números, etc. Sem querer ser exaustivos, consideremos os seguintes aspectos contidos no tema "números naturais" na educação infantil ou nas séries iniciais.[15]

a) Comparar conjuntos e ordená-los (por exemplo, dados quatro conjuntos, poder dizer qual tem mais e sucessivamente quais vêm depois, conforme o número de elementos).

b) Agrupar conjuntos que têm a mesma quantidade.

c) Recitar a lista de nomes dos números.

d) Dizer o número de elementos de um conjunto e escrever este número.

e) Dado um número escrito, distinguir um conjunto que tenha essa quantidade de elementos.

f) Ler e escrever números.

g) Comparar e ordenar números.

h) Usar os números para resolver situações (basicamente por meio da conta).

O item (a) propõe "comparar e ordenar conjuntos"; conforme a organização da atividade e dos conhecimentos que os alunos possuam, uma estratégia básica[16] é a correspondência um a um, e esse poderia ser o sentido que tem na relação dada. No entanto, se os sujeitos sabem contar, podem usar os números para determinar qual coleção tem mais, e, então, o que comparam e ordenam são os números (itens d e g).

A escrita do número de elementos de um conjunto, quando são propostos conjuntos bastante grandes, necessariamente leva a ampliar os conhecimentos em jogo para incluir agrupamentos (regulares ou não), escritas aditivas e multiplicativas,[17] sistema de numeração decimal.

Explicitamente, na lista aparece a conta para resolver situações (item h), o que é abordado na página 88. Veremos, então, que as condições criadas pela organização das atividades apresentadas favorece o encontro dos alunos com os números de um modo que recupera – de acordo com a teoria das situações didáticas – o sentido dos números naturais como "os que servem para contar".

Essas observações nos permitem ilustrar que nessa relação não há uma divisão nítida entre um conhecimento e outro. Apresentamo-la deste modo com o objetivo de expor as ideias e facilitar a análise das decisões que são tomadas na sala de aula.

O planejamento de um tema inclui necessariamente atividades – nas quais, às vezes, se distinguem exercícios, jogos, problemas – que vêm de práticas escolares tradicionais ou de materiais bibliográficos vigentes. Para o professor, o fundamental do planejamento é preparar "o que fazer" com os alunos em relação com este tema que deve ser ensinado, mas nem as tradições, nem os textos explicam qual aspecto deste tema se está pondo em relevo com esta tarefa e com esta ordem.

Discussão de algumas atividades usuais

Com as ferramentas que contamos – os números para contar, os "passos" de Briand, alguns elementos da teoria de situações, a lista de conhecimentos contidos no ensino do número –, a título de exemplo, vamos discutir brevemente algumas atividades de diferentes tipos que usualmente são realizadas na educação infantil ou na 1ª série relativas ao conceito de número. A ideia é tecer mais estreitamente as relações entre as atividades propostas e os conhecimentos matemáticos necessários ou não para sua resolução, isto é, analisar quais são os conhecimentos que efetivamente são postos em jogo nas condições organizadas pelo professor ou pelo autor do texto no caso de atividades tiradas de livros de matemática.

A classe está organizada em grupos. Em cada um deles e em forma rotativa, um dos membros funciona como secretário: é o encarregado de buscar os materiais para seus companheiros, levá-los de volta para o lugar deles, etc. Suponhamos que a ordem que o professor formula é: "O secretário vai distribuir para cada um de seus companheiros uma folha de papel".

A tarefa é clara, não tem condições explícitas e, por isso, pode ser executada com diversas estratégias. Uma criança pega algumas folhas do pacote e as distribui, volta para o pacote para devolver as que sobraram ou para buscar outras, caso não tenham sido suficientes. Existe uma experiência numérica? Esse sujeito não usa os números. O conhecimento sobre o qual repousa a estratégia de resolução é fundamentalmente a correspondência um a um, em uma condição espacial particular.[18]

A correspondência um a um é um conhecimento matematicamente muito importante, constitutivo do número, e vale a pena criar oportunidades para usá-lo. Está também presente em alguns dos "passos" da conta, por exemplo, quando se designa para cada objeto uma palavra-número ou quando escolhemos o último elemento e enunciamos a palavra-número que lhe corresponde. No entanto, estabelecer corretamente uma correspondência um a um não implica saber contar. Vejamos outro exemplo de características semelhantes.

Cada criança tem uma folha na qual estão desenhados alguns bonecos, e cada grupo tem uma caixa de botões de várias cores. A ordem é: "Escolham botões pretos para pôr um nariz em cada boneco".

Estamos outra vez diante de uma atividade de correspondência, uma vez que, para resolvê-la, basta somente escolher um botão preto e colocá-lo em um boneco e repetir este passo até que cada boneco tenha seu nariz. Esta atividade, como a das folhas, não apresenta condições ou restrições que exijam usar os números para dar uma solução.

Nos exemplos anteriores, vimos que, mesmo quando estas atividades estão classificadas como "para contar", são resolvidas sem recorrer aos números. Outras vezes, com o mesmo título, algumas atividades fazem intervir competências fundadas principalmente na percepção. É frequente encontrar nos livros destinados à sala de alunos com 5 anos atividades como a que descrevemos em seguida (Mainé e Morenza, 1999, p. 19, 26).

Em cada lado do caminho, há 3 árvores com diferentes quantidades de frutas (aproximadamente todas do mesmo tamanho). Em um dos lados do caminho, há 3 árvores com 2, 5 e 2 frutas respectivamente; no outro lado, também há três árvores, com 5, 7 e 3 frutas cada uma. A única ordem relacionada com a atividade matemática é: "Em cada lado do caminho, marque com um X a árvore que tem mais frutas".

Ou, então, são apresentados desenhos, por exemplo, de caminhos de formigas com diferentes quantidades em cada um. A diferença de quantidades de formigas deve ser notória (8, 6, 4); a ordem é: "Pinte o túnel do formigueiro que tem menos formigas".

Nessas duas atividades, um menino de 5 anos, com alguma experiência precisa somente de alguns segundos para olhar e responder corretamente, sem aplicar na solução a comparação de conjuntos com o recurso da correspondência ou de números. Como já vimos, essas comparações são aspectos constitutivos do número, mas devem ser criadas as condições favoráveis para que surjam.

Na educação infantil, as expressões "mais" e "menos" aparecem ligadas à comparação de conjuntos.[19] Como observamos no item da página 82, contar os elementos de um conjunto supõe distinguir o conjunto como tal e ter a ideia de elemento, ou seja, é fundamental poder distinguir uma unidade de uma pluralidade. Estas ideias – unidade, pluralidade – estão talvez subjacentes nesse conteúdo escolar malchamado de "quantificadores" e que faz referência a "um-muito-pouco". Parece-nos importante observar que "muito" ou "pouco" costuma se relacionar nas práticas escolares com o espaço ocupado, e não necessariamente com a quantidade – os autores de manuais tratam de evitar esta confusão, apresentando todos os objetos dos conjuntos que devem ser comparados no mesmo tamanho. Essas noções são relativas, uma vez que há muito ou pouco em relação com algum padrão que geralmente é dado pela experiência cotidiana ou pelo senso comum e, quando se quiser relacionar com o número, então se deveria quantificá-las e responder a quantos mais ou quantos menos.

Os contextos da vida cotidiana – a data, as crianças ausentes, os dias que faltam para o aniversário de um companheiro, um turno de jogos, a organização do trabalho em grupos, o número de andares de um edifício ou os bancos de uma praça – são oportunidades que os professores aproveitam para resgatar a conta. Geralmente, essas atividades são feitas em grupos ou com toda a classe, e é o professor quem decide o que contar, distingue um por um os elementos, estabelece a ordem (o primeiro, e/ou o[s] sucessor[es], o último), conserva a memória das escolhas anteriores, etc., e os alunos, em coro, enunciam a palavra-número correspondente. Nesses casos, de todos os passos expostos por Briand, um fica a cargo dos alunos grupalmente. Não julgamos se a atividade é boa ou má, somente tentamos distinguir quais são as decisões do professor e as dos alunos para inferir as possibilidades de aprendizagem – por meio da ação ou da imitação – nessas condições.

Assim, quase sempre é o professor quem decide o que contar e, por razões de economia nas atividades práticas, toma elementos que estão à mão, isto é, o universo a partir do qual se determina o conjunto é um conjunto que está aí e se considera conhecido por todos. Toma, por exemplo, como universo, as pessoas presentes na sala de aula ou os alunos da classe, e dá a seguinte ordem: "Vamos contar as crianças loiras da turma". Obviamente, espera que a resposta seja única.

Ao estabelecer esse critério, o professor, seguramente, tem claro quais são os elementos que estão caracterizados por esta propriedade. No entanto, há ambiguidades na linguagem: "crianças" são alunos ou alunos homens? Como é caracterizado o ser "loiro"? evidentemente há um sujeito que é "menos" loiro do que outro: incluímo-lo no conjunto das "crianças loiras" ou não? Diante da dúvida, o professor pode decidir quem são os sujeitos que preenchem as condições da propriedade anunciada, tem autoridade para fazê-lo, mas então, a atividade já não é a mesma, porque, para o aluno, a interpretação da ordem – o que deve ser contado? – fica sob a responsabilidade de outro. E é legítimo, então, que se pergunte: quando começa o que tenho de fazer? Isto é, não está claro na interação quando o aluno se compromete com a resolução do problema apresentado. Cria-se um espaço de incerteza no qual se corre o risco de o aluno "esperar" para ver o que tem de fazer e de sua resposta não estar elaborada em função do problema, mas do que o professor "quer".[20]

Em síntese, nas atividades de contas, é fundamental que cada criança possa distinguir com clareza qual é o critério com o qual se determina o conjunto que deve ser contado. Desse modo, os alunos podem assumir como sua tarefa e começar a resolvê-la.

Diante dos limites que as atividades propostas apresentam, olhadas à luz de algumas ferramentas teóricas, haverá professores que se perguntarão: o que fazer?; pode-se ensinar a contar?; é possível ensinar os números naturais para resolver problemas? A resposta é sim, embora se deva esclarecer que qualquer proposta de ensino tem limites, do contrário já estariam resolvidos os problemas de difusão dos conhecimentos. Nessa seção, nossa intenção foi tratar de identificar esses limites, isto é, distinguir o alcance das diferentes propostas para não alimentar falsas expectativas sobre os resultados de nossa tarefa como professores.

Um modo de ensinar a contar, levando em conta os "passos" que Briand distingue, poderia ser por meio de atividades com diferentes tipos de conjuntos, de maneira que, conforme suas características, algum desses passos adquira um relevo particular e, consequentemente, seja *necessário* um conhecimento para recuperar o controle e resolver o problema.

Por exemplo, se alguém pensa em um conjunto de objetos estáticos que podem ser deslocados (como um conjunto de uma dezena de fichas em uma caixa), passam inadvertidos os passos relativos a distinguir os elementos e guardar na memória as escolhas anteriores (passos 1 e 6, respectivamente), porque é suficiente o gesto de apanhar cada objeto e separá-lo do conjunto: o passo 1 passa despercebido, porque se conta com um conjunto definido sem ambiguidades e existe a possibilidade de separar um elemento para distingui-lo dos outros; o passo 6 também passa despercebido, porque todas as escolhas anteriores (1, 2, 3, etc.), mediante o mesmo procedimento, ficarão fisicamente separadas do conjunto inicial. Na organização dessa conta, é necessária a ordem, guardar na memória

a última palavra-número enunciada e o nome dos números.

Contudo, se o conjunto está dado, por exemplo, na tela de um monitor, em que os "objetos" podem ser tocados com um lápis ótico, mas não ficam marcados nem podem ser deslocados um a um, a situação é diferente. Os sujeitos querem responder corretamente a "quantos são?", mas, neste caso, existe ali uma condição que oferece resistência ao progresso dos sujeitos: deve-se aprender a distinguir elementos que são diferentes (passo 1), escolher um primeiro elemento e os seguintes (passos 2 e 4), conservar na memória as escolhas anteriores (passo 6) e reconhecer que se escolheu o último elemento (passo 8). Qualquer tropeço em algum desses passos pode levar a dar uma resposta incorreta, mas também é possível que conduza à resposta correta por compensação de erros (por exemplo, contar duas vezes um mesmo elemento e, por sua vez, esquecer algum outro).

Briand observa que muitas das ações dos alunos – tais como a falta de coordenação entre o movimento de marcar ou separar um elemento e enunciar a palavra-número que lhe corresponde ou a indecisão para determinar um sucessor – não podem ser detectadas pelo professor nas situações da classe. Se ocasionalmente, pela organização do grupo, o professor identifica alguma dificuldade em um aluno, é difícil pensar em uma intervenção que lhe permita buscar alguma nova estratégia para modificar sua maneira de contar. Em geral, o aluno somente corrige a ação, e esse erro fica como um "acidente de conta". Se o professor não consegue ver o que o aluno faz, a relação do aluno com o problema fica então destinada a uma possível interação posterior com ele ou com seus companheiros e, por isso, dizemos "o aluno somente corrige a ação".

Para ensinar a usar os números a fim de resolver problemas, tomamos a proposta de Brousseau, que afirma que as situações de distribuição são fundamentais para o uso dos números naturais. Trata-se de recuperar através de uma situação artificial (em relação às supostas origens dos números que apresentamos no início do capítulo) as condições nas quais os números naturais são um conhecimento ótimo para resolver o problema segundo uma organização determinada.

OS NÚMEROS EM UM PROBLEMA DE DISTRIBUIÇÃO

Como já dissemos na introdução deste capítulo, nos problemas de distribuição trata-se de prever a quantidade de objetos necessários para distribuir um número determinado deles (1, 2, 3, 4...) para um determinado número de destinatários (pode variar desde um número menor do que 10 até, por exemplo, 25 ou 30).

A distribuição realmente não é um problema para as crianças de 5 ou 6 anos quando o número de destinatários é menor do que 10 e, com os objetos disponíveis, trata-se de entregar um objeto a cada um deles. Começa a ser um problema se o número de objetos por destinatário aumenta (2, 3, 4 ou 5 objetos), se os objetos estão dispostos em grupos cujo número não coincide com o que se dá a cada destinatário (por exemplo, os biscoitinhos estão disponíveis em pacotes de 4, e se deve dar 3 biscoitinhos para cada destinatário), se o número de destinatários é bastante grande (por exemplo, 25 ou 30) e, fundamentalmente, quando não se tem os objetos para compor o que corresponde a cada um, mas que se trata de *antecipar* quantos objetos de cada tipo serão necessários.

Segundo a análise feita por Brousseau, para criar as condições que tornem necessário o número mediante uma atividade que esteja ao alcance das crianças, deve-se estabelecer na ordem que se trata de *buscar de uma só vez o número necessário e suficiente* de objetos.

A criança pode iniciar-se na atividade sem importar quais são os seus conhecimentos sobre os números. Pode executar em um contexto individual ou também social, permitindo ao professor organizar um grande número de problemas com dificuldades progressivas que exigem sempre o uso dos números e que oferecem às crianças diferentes oportunidades de aprofundar e ampliar seus conhecimentos.

Apresentamos, a seguir, duas atividades (Brousseau, 1994; Brousseau e Foucaud, 1992, respectivamente) nas quais o problema é de distribuição, mas em diferentes condições. Em cada uma delas, analisaremos algumas das decisões tomadas pelos autores que são as variáveis didáticas das situações.

Atividade 1: copinhos e pincéis

O contexto
Em uma classe de pré-escola, a professora coloca em uma mesa copos com tinta e em outra, bastante afastada, alguns pincéis. A tarefa é buscar de uma só vez a quantidade necessária e suficiente de pincéis para que cada copo tenha um pincel. Se não se consegue resolver o problema, devem ser recolhidos todos os pincéis e começar outra vez.

A ordem
Para iniciar a atividade, a professora explicita a tarefa do seguinte modo: "Colocamos tintas nesses copinhos, um de vocês terá de ir buscar os pincéis e colocar um em cada copo. No entanto, todos os pincéis devem ser apanhados de uma só vez, não podendo ficar copos sem pincéis nem pincéis sem copo. Quem não conseguir, recolhe todos os pincéis, volta ao lugar em que estão os pincéis e começa de novo".

Organização da atividade
As mesas estão bastante afastadas para evitar o recurso da correspondência um a um. A quantidade de copinhos tem de ser suficientemente grande para não ser abrangida perceptivamente, mas que não deve superar a categoria numérica das contas que a turma sabe fazer. Suponhamos que todas as crianças saibam contar (no sentido de Briand) até 20 (embora não necessariamente saibam escrever essa categoria de números), então uma boa quantidade é colocar uns 19 copinhos.

Por que de uma só vez? Para favorecer o uso das contas. Se há possibilidades de reajustes, por exemplo, uma criança leva pincéis e faltam alguns, digamos três, perceptivamente pode decidir quantos buscar. E se, ao contrário, sobram pincéis, não precisa pensar em nada mais do que devolvê-los à mesa correspondente.

A ideia, para instalar a atividade como problema de classe, é não escolher uma criança que, supomos, consiga rapidamente a solução. A atividade é realizada sempre pela mesma criança? Trata-se de um problema, de uma atividade que oferece resistência, e, por isso, é muito provável que uma criança fracasse na primeira tentativa; deve-se prever dar-lhe mais duas ou três oportunidades.

As crianças podem dispor de algum outro material que lhes permita escrever? Não, não podem escrever – e para efetivar a restrição simplesmente não se oferecem os meios para fazê-lo –, uma vez que a possibilidade de fazê-lo mudaria radicalmente a atividade em termos dos conhecimentos interferentes.

Respostas possíveis

Esta atividade foi realizada em várias oportunidades, e geralmente a resposta correta não é imediata. Mesmo quando se possa encontrar um grupo de alunos com uma rica bagagem de experiências numéricas, a conta como conhecimento ótimo para resolver o problema é uma construção trabalhosa.

A princípio, as crianças pensam que é suficiente ir buscar os pincéis, sem fazer qualquer coisa previamente. Apanham e trazem um punhado de pincéis, começam a distribuí-los e descobrem que sobram ou faltam alguns (raramente, por sorte, acertam a quantidade buscada); recolhem tudo, deixam os pincéis sobre a mesa e começam outra vez. Pode ser que os colegas lhes sugiram que contem, mas isso não os ajuda e têm de recomeçar outra vez.

Vejamos o que acontece em um dos casos descritos por Brousseau (1994). Uma criança vai e busca um punhado de pincéis, começa a distribuir 1 pincel em cada copo e diz "Ah! Faltam três". Os colegas começam a lhe sugerir: "Conte, Conte...". A criança conta os copos, vai à mesa dos pincéis, apanha um punhado e volta a distribuí-los em cada copo, mas com o mesmo risco: podem sobrar ou faltar pincéis. Recolhe todos os pincéis e volta à mesa correspondente, seus colegas sugerem: "Conte os pincéis". E assim ela faz, mas logo apanha um montão, ou seja, contar os pincéis não a ajuda

a decidir quantos deve levar para completar a tarefa...

Em diversos grupos se observa que, mesmo quando, no transcurso da atividade, era mudada a criança que devia resolver, o processo não se alterava.

O conhecimento em jogo

É a conta, mas o que se deve contar? Apesar das sugestões que os colegas dão, quem deve resolver não pode encontrar a solução. A conta faz parte da bagagem de conhecimento da criança e está disponível como saber cultural habitual, mas não no uso que a atividade exige. Se, como as atividades que vimos páginas atrás, fosse o professor quem decidisse o que contar, seguramente o aluno daria a resposta correta, mas não por sua própria iniciativa, e isso poria em questão o êxito da aprendizagem.

A atividade não termina quando a criança acerta o procedimento esperado e pode distribuir 1 pincel em cada copinho de uma só vez. Depois, pode-se repetir a distribuição com outras quantidades e exercitar o uso dos números; em uma dessas oportunidades, a professora ou algum dos colegas pode fazer "desaparecer" um copinho enquanto aquela criança que deve resolver está buscando os pincéis. Se não houver erros, a criança concluirá que sobre 1 pincel, e se espera que reaja, dizendo: "fizeram alguma trapaça!". Isto marcaria a confiança que tem em seu próprio fazer e no conhecimento em jogo e seria um sinal do tipo de relação que tem com esse conhecimento.

Identificação de variáveis didáticas

É conveniente retomar aqui a noção de variável didática introduzida no início do capítulo, embora pareça uma digressão e nos distanciemos por um momento do relato sobre as atividades de distribuição. É que justamente a identificação das variáveis didáticas permite refletir sobre os objetivos propostos e as condições criadas para atingi-los.

A noção de variável didática, surgida no marco da teoria das situações didáticas, foi definida no começo da década de 1980 e redefinida mais tarde por diferentes autores, entre eles o mesmo Brousseau.

Como já dissemos no início deste capítulo, as situações didáticas são objetos teóricos cuja finalidade é estudar o conjunto de condições e relações próprias de um conhecimento bem determinado. Algumas dessas condições podem variar à vontade do professor e constituem uma variável didática quando, segundo os valores que assumem, modificam as estratégias de resolução e, consequentemente, o conhecimento necessário para resolver a situação. Como explica Brousseau (1995):

> [O professor] pode utilizar valores que permitem ao aluno compreender e resolver a situação com seus conhecimentos anteriores e depois fazê-lo enfrentar a construção de um conhecimento novo, fixando um novo valor de uma variável. A modificação dos valores dessas variáveis permite, então, engendrar, a partir de uma situação, tanto um campo de problemas correspondentes a um mesmo conhecimento como um leque de problemas que correspondem a conhecimentos diferentes.

Na atividade dos copinhos e dos pincéis, por exemplo, a quantidade de copinhos é uma variável didática. Se o aluno pode determinar o número simplesmente olhando, utiliza um conhecimento diferente – embora seja determinada "conta", uma vez que este tipo de reconhecimento perceptivo de uma quantidade permite a alguns estudiosos afirmar, por exemplo, que alguns macacos "contam" até quatro – do que quando lhe é apresentada uma quantidade bastante maior, embora razoável para seus conhecimentos sobre os números.

Outra variável didática nessa atividade é a *proibição* – implícita, porque não lhes são facultados os materiais adequados – de escrever. A disponibilidade de lápis e papel poderia levar as crianças a representar de alguma maneira os vasinhos, por exemplo, desenhando-os, e buscar então de uma só vez a quantidade de pincéis necessários, fazendo simplesmente a enumeração (no sentido antes notado de correspondência um a um) sem utilizar os números.

Uma terceira variável é a *condição* de levar todos os pincéis necessários "de uma só vez"; desse modo, as crianças devem considerar o conjunto completo e, para cada elemento, trazer um único objeto. Evita-se, deste modo, a desculpa: "Ah! Sobraram três pincéis" ou "Faltam dois pincéis".

Nem sempre as variáveis didáticas se referem a objetos físicos. Por exemplo, o *tempo* designado para fazer uma tarefa pode ser uma variável didática na medida em que exija uma estratégia de resolução que implique conhecimentos novos. O exemplo que damos a seguir não é pertinente à educação infantil ou às séries inciais, no entanto, apresentamo-lo para ilustrar nossa afirmação. Pede-se a alunos da 5ª ou 6ª série do ensino fundamental que, em trinta segundos, digam entre quais números naturais consecutivos se encontra o resultado da soma $3/2 + 2 + 17/3$. Nesse lapso de tempo, não conseguem resolver a conta com lápis e papel: precisamente, o que se busca é que, diante da impossibilidade de fazer a conta, elaborem estratégias de aproximação e enquadramento com números racionais.

Talvez seja necessário advertir que nem toda modificação no conjunto de condições criadas é uma variável didática. Assim, voltando à atividade dos copinhos e pincéis, se se toma, por um lado, um conjunto de colheres e, por outro lado, pratos, e se conserva a organização da atividade, esta variação não é uma variável didática. Seguramente haverá comportamentos diferentes – relativos à manipulação de pratos e colheres em vez dos pincéis –, mas isso não implica a necessidade de fazer intervir conhecimentos matemáticos diferentes para resolver a tarefa atribuída.

Atividade 2: preparação da merenda

Vejamos como o uso de variáveis didáticas pode gerar, como afirma Brousseau, um "banco de problemas correspondente a um mesmo conhecimento". Neste capítulo, o conhecimento que está em jogo é o uso dos números naturais em problemas de distribuição, e propomos agora uma nova atividade (ou conjunto de atividades) em que os números são usados para preparar as sacolinhas de uma merenda para os alunos da classe.[21]

O contexto

O contexto poderia ser preparar a sacolinha da merenda para cada um dos alunos da sala de modo que contenha alguns comestíveis e um guardanapo. A regra do jogo é a mesma que na atividade anterior: deve-se *buscar de uma só vez o número necessário e suficiente* de objetos.

Em um primeiro momento, digamos no fim da educação infantil ou no início da 1ª série, os comestíveis poderiam estar "soltos", isto é, por unidade: uma caixa grande com balas, outra com nozes, outra com chocolates, outra com guardanapos. Deve-se buscar de uma só vez cada tipo de objeto, para pôr *um exemplar de cada tipo em cada sacolinha*.

Mais adiante, poderiam ser apresentados os objetos agrupados – tal como se encontram nas lojas – de modo tal que *correspondam exatamente* ao que cabe a cada destinatário. Por exemplo, se os biscoitinhos recheados vêm em pacote com 4, a ordem é pôr na sacolinha 4 biscoitinhos recheados; se os tabletes de chocolate vêm com 2 barras, deve-se pôr 2 barras de chocolate em cada sacolinha, etc. Os biscoitinhos, as nozes, os amendoins e outros elementos poderiam estar soltos e deveriam ser distribuídos, respectivamente, 1, 3 ou 4 para cada destinatário.

As dificuldades que se apresentam aqui, em relação à atividade anterior na qual os objetos estavam soltos, é determinar o que se deve contar para buscar de uma só vez os biscoitinhos recheados ou as 3 nozes para cada criança.

Buscar de uma só vez exige estratégias mais elaboradas quando os objetos se apresentam agrupados em 3, 4, 5, 6 ou 10 e esses agrupamentos não correspondem ao que cabe a cada destinatário. Então, a questão é antecipar, por exemplo, quantas caixas de bombons deve-se trazer para distribuir 2 em cada sacolinha. Vejamos uma descrição da atividade efetivamente realizada em uma 1ª série.[22]

Ordem

A professora repete várias vezes a lista de elementos que cada sacolinha deve conter: 6 amêndoas, 4 amendoins, 3 biscoitinhos, 2 cerejas, 2 balas, 2 barras de chocolate, 1 guardanapo.

Enuncia primeiro, geralmente, os elementos e depois a quantidade, sem mudar a ordem dos elementos enunciados. É a quantidade de cada tipo de objetos que justificaria a ordem dada, mas as crianças não percebem isso imediatamente. Leva algum tempo para elas lembrarem a ordem, isso é, poderem dizer sem repetir nem esquecer nenhum objeto que cada sacolinha deveria conter.

Organização da tarefa

Os objetos, inclusive as sacolinhas, estão agrupados conforme seu tipo em mesas no fundo da sala. A professora forma três ou quatro grupos e deixa dois alunos para que se encarreguem de buscar, um as sacolinhas e o outro os biscoitinhos para toda a turma. Cada grupo deve buscar, de uma só vez, o número exato de pacotes necessários para distribuir os objetos que correspondem ao grupo.

As sacolinhas, as balas e os amendoins estão soltos e, por isso, não apresentam dificuldades novas. Os biscoitinhos, que vêm em pacotes de 6 e são necessários 3 deles para cada sacolinha, apresentam grandes dificuldades. Os alunos encarregados da antecipação estão perplexos, propõem abrir os pacotes, mas a regra é justamente contá-los. Há confusão entre o número de alunos, o número de biscoitinhos por aluno, o número de biscoitinhos em cada pacote...

As amêndoas vêm em saquinhos com 10 e se transformam nos objetos mais difíceis de serem distribuídos. Em um grupo, um dos alunos pede "pacotes com 6" e, ao constatar que todos os pacotes têm 10, afirma: "não servem". Finalmente, em seu grupo precisavam de 42 amêndoas, admite que precisa de 5 pacotes e que sobram algumas. A questão fundamental é que a professora repete que se deve apanhar um número de pacotes para que as amêndoas sejam suficientes para todos, e as crianças insistem – quando abrem um novo pacote e veem que sobram – em que há amêndoas demais.

Para os outros objetos, as dificuldades são semelhantes. Quando os elementos são "soltos", por unidade, depois de contar os destinatários, os alunos contam o mesmo número de objetos ou o número de objetos que se dá a cada um multiplicado por este número. Ou também organizam grupos de objetos segundo o número de destinatários.

Quando os elementos estão agrupados em pacotes, a conta de pacotes não se baseia diretamente no número de destinatários, mas exige uma conversão constante entre o número de elementos do pacote, o número de pacotes e o número de destinatários. Entre as estratégias que os alunos mostram, aparece a conta intimamente ligada com as operações.

CONCLUSÃO

As listas de passos necessários para a conta, assim como dos aspectos constitutivos do ensino do número, não tentam ser exaustivas nem tampouco prescritivas. Pretendemos que sejam, junto com algumas noções da didática da matemática, ferramentas que permitam ao professor fazer-se algumas perguntas no momento de projetar ou escolher uma atividade relacionada com os números naturais.

Preocupamo-nos em resgatar o sentido dos números naturais na matemática, além de serem utilizados cotidianamente em contextos escolares e extraescolares para identificar linhas de ônibus locais, números de telefone, datas, turnos na farmácia, etc. O eixo de nosso trabalho foi analisar a noção de número natural como os números que servem para contar, e apresentamos algumas atividades de distribuição que facilitam o encontro do aluno com esse conhecimento.

De nenhuma forma, propusemos substituir as atividades que são realizadas habitualmente – algumas das quais analisamos antes – pelos problemas de distribuição, pois todas essas atividades apontam para aspectos constitutivos da noção de número. O importante é poder distinguir qual deles e tratar, então, de abranger o conceito, oferecendo aos alunos uma gama de experiências o mais ampla possível.

NOTAS

1 Este resumo foi tirado de ERMEL (1990) e descreve o ensino na França, mas corresponde globalmente às propostas editoriais na Argentina.
2 Referimo-nos às regrinhas dos números em cores de Cuisenaire e Gattegno, em que a re-

grinha que representa o 10 é laranja porque o 10 é múltiplo de 5 (amarela) e de 2 (vermelha).
3 Assim chamada por Brun (1994) e outros pesquisadores, designa as posições que consideram o ensino como um terreno moldável segundo os avanços das pesquisas sobre o desenvolvimento da criança, que transforma esses resultados em normas para o ensino. G. Ricco (citada por Brun, 1994) analisou diferentes tentativas de programas escolares que trataram de seguir a evolução da psicologia genética.
4 A situação didática sempre está referida a um conhecimento bem determinado; um problema é um elemento do meio organizado para que o aluno se encontre com esse conhecimento, mas no estudo do meio intervêm muitas outras decisões além da escolha do problema.
5 Dois exemplos tirados da vida cotidiana ilustram esta prática: quando alguém leva uma lista para fazer as compras no supermercado, em algum momento controla se no carrinho estão todos os objetos da lista. É quando ele descobre se falta alguma coisa ou se está tudo, sem necessidade da intervenção do número para resolver essa questão. É comum dizer: "Faltam três coisas: sal, pão e café", mas o número não é um conhecimento necessário para resolver o problema, o central é distinguir quais são os elementos da lista que ainda não foram selecionados. Outro exemplo: ao entrar em uma sala onde acontece uma conferência, "a olho" depois de observar um pouco se pode determinar se há mais gente do que assentos. Nesses exemplos, o conhecimento que intervém é uma correspondência um a um entre as palavras da lista e os objetos do carrinho no primeiro caso e entre as pessoas presentes e os assentos da sala no segundo.
6 "O fato de que Pitágoras tenha permanecido para nós como uma figura tão obscura é devido em parte à perda de documentos da época, porque sabemos que na Antiguidade foram escritas várias biografias de Pitágoras, inclusive uma por Aristóteles, mas todas elas se perderam. Outra dificuldade, além disso, para identificar claramente a figura de Pitágoras está no fato de que a ordem fundada por ele era de um tipo, comunal e secreto; tanto os conhecimentos como as propriedades eram mantidos em regime de comunidade, e, portanto, não se podia atribuir uma descoberta a nenhum membro concreto da escola. O melhor é, pois, não falar da obra de Pitágoras, mas das contribuições dos pitagóricos, embora na Antiguidade todas elas costumavam ser atribuídas ao mestre" (Boyer, 1969, p. 78).

7 A influência que essas decisões do Ministério da Educação francês tiveram nos programas escolares da Argentina foi direta.

8 Quando falamos de atividades de ordenação, nos referimos à identificação do lugar (por exemplo: é o quarto objeto de um conjunto), isto é, ao aspecto ordinal constitutivo da noção de número.

9 Estas ideias de unidade e conjunto são *primitivas*, isto é, não redutíveis a outras mais simples, e têm valor puramente relativo, uma vez que toda unidade é, por sua vez, um conjunto de outros elementos que a compõem, e todo conjunto pode ser considerado, por sua vez, como uma nova unidade, podendo-se formar unidades compostas com estas (também chamadas de *ordem superior*), novos conjuntos e assim sucessivamente. Podemos ilustrar isso com as diferentes unidades do sistema posicional de numeração: uma centena é uma pluralidade de dezenas e também de unidades; uma unidade de mil pode ser vista como pluralidade de centenas, de dezenas, de unidades, de meias dezenas, de quartos de centenas e de qualquer outra unidade que consideremos.

10 *A voz do interior* de 12.03.01, jornal da cidade de Córdoba, Argentina.

11 A característica de "um tronco que a professora não possa abraçar com seus braços" é uma forma de determinar quais são as árvores que pertencem ao conjunto que deve ser contado.

12 Em uma experiência realizada com crianças de 6 a 10 anos (Fregona, 1989), foi apresentado um problema: quantos feijões há em 1 quilo? Além do quilo de feijões, as crianças tinham à sua disposição copos de diversos tamanhos, uma balança, lápis e papel. A conta era a estratégia para abordar o problema, e a unidade era um feijão. Quando encontraram feijões partidos, começaram os problemas: como são contados? Cada pedacinho é uma unidade? Ou determinada quantidade de pedacinhos – mais ou menos equivalente ao volume de um feijão inteiro – vale uma unidade?

13 O processo de ordenar o conjunto será continuado, de acordo com um desenvolvimento cíclico, com a escolha de um segundo elemento, de um terceiro e assim sucessivamente até esgotar o conjunto de partida.

14 Referimo-nos a erros do tipo "quatro, cinco, oito, nove" ou então "cinco, seis, sete, quatro, cinco".

15 A análise das condições com as quais se pode organizar cada um desses conhecimentos é muito interessante, mas não é objeto deste capítulo.

16 Denomina-se "estratégia de base" aquela com a qual, conforme o estudo *a priori* da situação, os sujeitos podem abordar o problema. No caso de comparar conjuntos, a estratégia de base é a correspondência um a um. Essa estratégia pode aparecer ou não – daí o potencial – conforme a organização da atividade e o conhecimento dos destinatários. No caso em que o número de elementos do conjunto é "grande" em relação com os conhecimentos dos sujeitos, a estratégia pode ser agrupar os elementos de cada conjunto (por exemplo, de três em três) e, depois, estabelecer a correspondência um a um entre esses grupos. Vemos como o cardinal da coleção age como variável didática na atividade proposta.

17 Não estamos pensando na simbolização das operações, mas em algumas respostas que os alunos dão, quando sabem, por exemplo, os números até o 8 e descrevem um conjunto de 20 elementos como: "Há 8 e 4 e 5 e 3", ou então, "Há: 6 e 6 e 6 e mais 2", ou "há três vezes 6 e mais 2".

18 Este contexto é claramente diferente daquele no qual se trata a correspondência um a um sobre uma folha de papel, em que, por exemplo, a um conjunto de animais corresponde, em uma outra coluna, o seu alimento "preferido".

19 No ensino fundamental, "mais" e "menos" são associadas às operações de soma e subtração.

20 Este é um problema fundamental do ensino e foi objeto de numerosos estudos na didática da matemática.

21 Apesar de designarmos com o número 2 esta atividade, não se trata de uma sequência de ensino. Embora tenham resolvido com êxito a distribuição de pincéis nos copinhos, é necessário dar-lhes a oportunidade de realizar experiências variadas nas quais a relação que une o número de destinatários e o número de elementos que devem ser distribuídos seja diferente. A questão "quantos pratos são precisos para dar 2 a cada um dos meninos e meninas da sala?" é respondida pelos alunos: "deve-se contar". Contudo, durante algum tempo, não está claro que se deve contar. A relação "duas vezes mais", se se entregam dois objetos, ou "quatro, cinco ou seis vezes mais do que alunos" se se entregam quatro, cinco ou seis objetos a cada um, leva um certo tempo que pode durar meses ou anos.

22 A lição, realizada por Madame Brunet, está descrita no texto de Brousseau e Foucaud (1992).

REFERÊNCIAS

MAINÉ, MARGARITA; MORENZA, PATRICIA. *Bambá*. Buenos Aires: Aique, 1999.

BOYER, CARL (1969). *Historia de la matemática*. Madrid: Alianza, 1999.

BRIAND, JOEL. *L'énumeration dans le mesurage des collections. Un dysfonctionnement dans la transposition didactique*, tese, Université Bordeaux I, 1993.

BROUSSEAU, GUY. ¿Qué pueden aportar a los enseñantes los diferentes enfoques de la didáctica de la matemática? Primera parte, Enseñanza de las Ciencias, 8(3). Universidade Autônoma de Barcelona, 1990.

_____. *La investigación en didáctica de las matemáticas*. Conferência de 7 de fevereiro de 1994. Barcelona: IMIPAE, 1994.

_____. Glossaire de didactique des mathématiques. In: *Thèmes mathématiques pour la préparation du concours CRPE*. Bordeaux: Copirelem, IREM d'Aquitaine, LADIST, 1995.

BROUSSEAU, GUY; FOUCAUD, ROSE. *Situations didactiques pour l'apprentissage des nombres naturels*. Université Bordeaux I, IUFM d' Aquitaine, 1992.

BRUN, JEAN. Évolution des rapports entre la psychologie du développement cognitif et la didactique des mathématiques. In: *Vingt ans de didactique des mathématiques en France*. Grenoble: La Pensée Sauvage, 1994.

EL BOUAZZAOUI, H. *Étude de situations scolaires des premiers enseignements du nombre et de la numération. Relations entre divers caractères de ces situations et le sens, la compréhension de l'apprentissage de ces notions*, tese. Université Bordeaux I, 1982.

ERMEL. *Apprentissages numériques. Cycle des apprentissages, grande section de maternelle*. Paris: Institut National de Recherche Pédagogique, Hatier, 1990.

FREGONA, DILMA. La adquisición del concepto de número. *Opera Prima*, vol. 1. México: Centro de Investigación y Estudios Avanzados del IPN, 1989.

FREUDENTHAL, HANS. *Mathematics as an Educational Task*. Dordrecht: D. Reidel Publishing Company, 1973.

REY PASTOR, JULIO; PI CALLEJA, PEDRO; TREJO, CÉSAR (1952): *Análisis matemático*. Buenos Aires: Kapelusz, 1969 (8ª ed.).

Abordagens parciais à complexidade do sistema de numeração: progressos de um estudo sobre as interpretações numéricas*

5

María Emilia Quaranta, Paola Tarasow e Susana Wolman

INTRODUÇÃO

A tradição escolar para o ensino do sistema de numeração se baseia em uma série de critérios, alguns dos quais tentaremos discutir neste trabalho. Há vários anos, contamos com estudos que permitem ter um olhar diferente sobre o ensino e a aprendizagem deste conteúdo (Lerner, 1992a, b; Lerner, Sadovsky e Wolman, 1994). Neste capítulo, nos dedicaremos a apresentar novos resultados de pesquisa que tornam possível argumentar na mesma direção. Tais resultados foram obtidos a partir da realização de uma sequência didática destinada a fazer progredir as interpretações numéricas[2] infantis no marco de um projeto de pesquisa sobre a aprendizagem e o ensino do sistema de numeração dirigido por Delia Lerner.[3] Queremos discutir aqui, particularmente, três critérios que permeiam decisivamente o trabalho numérico na educação infantil e nas séries iniciais.

- As crianças aprendem os números de um em um e respeitando a ordem da série numérica. Nesta perspectiva, para aprender um número determinado, se deveria conhecer a série que o antecede. Além disso, não se dá importância aos conhecimentos que as crianças puderam ter construído sobre os números maiores.

- O conhecimento do valor posicional de cada algarismo em termos de "unidades", de "dezenas", etc., constrói-se no principal acesso válido para a aprendizagem dos números. Portanto, parte-se do ensino da base dez – utilizando variados recursos, como "trouxinhas", figuras geométricas, papel com bolinhas – e a consequente identificação dos agrupamentos resultantes.

- Os erros que as crianças cometem ao ler ou ao escrever os números são atribuídos principalmente a uma ausência de conhecimentos.

No terreno do ensino, esses critérios permanecem arraigados com toda a vitalidade e reaparecem com muita força e resistência.

Como mencionamos, são abundantes, há muito tempo, os dados disponíveis (Lerner, Sadovsky e Wolman, 1994; Sinclair, 1988; Sinclair, Tièche Christinat e Garín, 1994; Scheuer et al., 1996, 2000; Seron, Van Lit e Nöel, 1995; Nunes Carraher, 1989; Higino da Silva, 1990) que mostram os conhecimentos que as crianças constroem sobre a notação numérica. Embora somente a primeira das pesquisas mencionadas tenha deixado clara a possibilidade de projetar e analisar o funcionamento de um projeto de ensino que leva em consideração as ideias que as crianças constroem sobre o sistema de numera-

* Queremos agradecer muito especialmente a Delia Lerner a leitura deste trabalho, bem como boa parte das ideias que aqui aparecem.

ção, os outros estudos também podem ser de interesse educativo.

Nesse sentido, o projeto de ensino cujo funcionamento se estuda na pesquisa que marca este trabalho afirma um princípio didático fundamental que guia o ensino do sistema de numeração e que pode ser expresso assim: "do uso à conceitualização". Usar a numeração escrita significa propor situações nas quais os alunos devem produzir e interpretar escritas numéricas, bem como compará-las, ordená-las e trabalhar com elas para resolver diferentes problemas. Dessa maneira, os alunos detectam regularidades que permitem o uso mais efetivo do sistema e progridem através de abordagens sucessivas até a compreensão do princípio posicional que rege o sistema.

A sequência do ensino[3]

A sequência de atividades cujos resultados são considerados neste capítulo corresponde à 1ª série do ensino fundamental e tem como eixo o jogo do bingo.[4] O objetivo didático dessa sequência é direcionado a fazer progredir as interpretações numéricas por parte dos alunos, promovendo a construção de relações válidas do ponto de vista da organização do sistema de numeração.

Foram introduzidas novas regras do jogo de acordo com os objetivos didáticos perseguidos.

- Ao "cantar" uma bolinha, deve-se dizer o número, não os algarismos que o compõem.
- Se os alunos desconhecem o número que devem dizer ou situar em sua cartela, podem ser solicitadas e oferecidas ajudas ou "pistas". Alguns exemplos de pistas podem ser:
  – a conta ao longo da série numérica para determinar o nome ou a escrita de um número – tanto começando a partir do um, a partir de mais adiante ou a partir do raso[5] correspondente;
  – dar o número anterior, o seguinte ou ambos;
  – dar o raso correspondente.[6]

Encerrando este trabalho, depois da análise crítica de cada um dos três pressupostos em questão, apresenta-se uma discussão geral na qual buscamos partilhar algumas reflexões relacionadas com o ensino dos números escritos na escola.

DISCUTINDO OS CRITÉRIOS DO ENSINO USUAL

As crianças não aprendem os números um a um e segundo a ordem da série

Já na primeira parte da pesquisa de Lerner, Sadovsky e Wolman (1994) foi documentado que os números escritos não são aprendidos seguindo a ordem da série e de um em um, mas a partir do estabelecimento de relações entre eles. A continuação deste projeto nos permitiu ampliar estes resultados.

Alguns dos conhecimentos infantis apresentados na primeira etapa da pesquisa indicam que as crianças:

- constroem diferentes critérios que lhes permitem comparar números mesmo desconhecendo sua denominação convencional;
- conhecem a escrita convencional das potências de base e, depois, apoiando-se neste conhecimento, a dos múltiplos dessas potências (rasos ou "números redondos") antes de conhecer a notação convencional para os intervalos entre eles;
- utilizam esse conhecimento dos rasos e as relações que vão estabelecendo com a numeração falada para tentar escrever números cuja notação convencional desconhecem, dando lugar – na hipótese infantil da existência de uma correspondência estrita entre a numeração falada e escrita – a escritas como as seguintes: 108 (em vez de 18), 9005 (em vez de 905), 800090024 (em vez de 8924), 51000 (em vez de 5000).

Também se observou que as crianças utilizam seus conhecimentos sobre a numeração falada para se apoiar em suas interpretações das escritas numéricas e, reciprocamente, se baseiam em seus conhecimentos sobre o sistema de numeração para inferir questões sobre a numeração oral.

Apresentaremos agora novos dados sobre interpretações numéricas das crianças que manifestam algumas relações que vão estabelecendo entre a numeração escrita e a numeração falada e como essas relações lhes permitem progredir na leitura dos números.

Saber o nome dos dígitos ajuda a ler um número de dois algarismos

Constatamos que as crianças, ao tentar ler números cujo nome desconhecem, podem se basear no nome do algarismo para ler a dezena correspondente. Por exemplo, diante da bolinha 45, assistimos ao seguinte diálogo entre Micaela e Jimena:

Micaela: *Trinta e cinco.*

Jimena: *Não pode ser o trinta e cinco, porque trinta soa como o três, e este, que tem um quatro, tem que ser qua... renta e cinco.*

Esse exemplo, como muitos outros, deixam claro que os alunos descobrem que *os nomes da dezena e do algarismo têm algo a ver entre si, e esse conhecimento os ajuda a saber como começa o nome de um número ou sua escrita.* O estabelecimento dessa regularidade não se produz de maneira imediata nem simultânea para todas as crianças de um mesmo grupo. Chegar a estabelecer essa relação permite às crianças ler números que antes não sabiam. Assim, mesmo sem saber o nome convencional de um número, podem se apoiar na semelhança sonora entre o nome do algarismo e o da dezena correspondente.

O que nos diz este conhecimento sobre o pressuposto de que se aprende os números de um em um e em ordem? *A relação mencionada não acompanha a ordem das dezenas*: há crianças que chegam a estabelecer essa regularidade para alguma dezena, como entre "oito" e "oitenta" sem generalizá-la para outras, inclusive menores, como 3 e 30.[7]

Os rasos ajudam a interpretar os números escritos

Em Lerner, Sadovsky e Wolman (1994) se detalha como as crianças conhecem a escrita convencional dos rasos antes da escrita dos números pertencentes aos intervalos entre eles. *Este conhecimento dos rasos serve para as crianças como apoio em suas produções e interpretações numéricas dos números que ainda não sabem escrever e ler convencionalmente.* Os resultados dessa nova pesquisa permitiram acrescentar o que já se sabia ao aprofundar uma situação de interpretação numérica.

Assim, as crianças podem se apoiar na escrita do raso imediatamente anterior: por exemplo, para cantar 63, um aluno marca 60 na cartela e depois lê "sessenta e três". Esse procedimento e outros semelhantes mostram que as crianças estão vinculando fortemente cada raso com o resto da dezena. Mostram igualmente que estão considerando que a uma parte comum das notações de certos números corresponderá uma parte também comum em suas denominações orais.

Vejamos um exemplo que põe em evidência a relação estabelecida pelas crianças entre um número e o raso correspondente:

Martin e Magali tiram o 28.

Jasmin: (começa a ajudá-los) *Começa com o dois, o problema é que não me lembro como se chama este.* (Indica o 20).

Professora: *Vejam, vocês lembram como se chama este?* (Indica o 20 que estava escrito no quadro-negro).

Agostina: *Vinte.*

Professora: *O vinte é este, muito bem.*

Jasmin: *Vinte e oito.*

Esse exemplo, além de nos permitir observar o uso da relação entre um raso e o resto da dezena correspondente, também nos mostra como Jasmin, que em outro momento da classe tinha dito sozinha o 89, não consegue fazê-lo com o 28. Sabia qual era a pista de que precisava, mas, dado que esta dezena apresenta uma irregularidade em sua denominação sobre e o nome do algarismo, não lembrava o nome de 20. Jasmin está demonstrando-nos que, não necessariamente, ler um número maior apresenta mais dificuldades do que um menor, ao contrário da suposição fortemente sustentada nas práticas escolares que acompanha a crença na necessidade de apresentar os números em ordem.

Cabe destacar aqui que, mesmo sem saber o nome dos rasos, muitas crianças conseguem determinar qual é aquele que os ajudaria a interpretar uma escrita numérica. Além do exemplo de Jasmin que acabamos de citar, alguns alunos pedem ao seu professor que lhes diga o nome do raso de que precisam, indicando-o na série dos rasos escrita no quadro-negro como pista. Em outras palavras, *o conhecimento do nome convencional de um raso não constitui uma condição prévia para que as crianças estabeleçam esta relação* com os números que querem interpretar.

O que este conhecimento nos diz sobre o pressuposto de que os números são aprendidos de um em um e seguindo a ordem da série numérica? As relações que as crianças estabelecem entre os números escritos surgem quando se realizam comparações entre o que acontece em diferentes dezenas, quais aspectos são reiterados e quais são modificados. Em consequência, é precisamente trabalhando com intervalos amplos da série numérica que se torna possível construir esses conhecimentos.

Se o nome dos números começa igual, sua escrita também

Outra ideia que as crianças pareceriam construir, baseando-se nas relações que vão estabelecendo entre a numeração escrita e a falada, é a seguinte: "se o nome dos números diferentes começa de maneira semelhante, sua escrita começa com o mesmo algarismo" ou também, reciprocamente, "se dois números começam com o mesmo algarismo, seu nome começa de maneira semelhante".

Por exemplo, quando dois alunos devem cantar o 48 e não sabem de que número se trata, recorrem à professora para que lhes diga o 45 que já tinha saído e estava anotado no quadro-negro. Assim, conseguem ler o 48 convencionalmente. Essa relação entre dois números da mesma dezena estende aos números de toda a dezena a relação que mencionávamos entre estes números e o raso correspondente.

Progressivamente, esta ideia – segundo a qual, se o nome de dois números começa da mesma maneira, a escrita começa com o mesmo algarismo – vai se especificando até estabelecer qual é o algarismo que corresponde particularmente a cada nome de dezena. Assim, escutamos na boca de muitas crianças algumas das seguintes regularidades que vão descobrindo: "Todos os vintes começam com dois", "Todos os cinquentas começam com cinco", ou "Todos os vintes ou os trintas começam da mesma maneira".

Reiteramos aqui o que afirmamos nos parágrafos anteriores. *Essa relação se torna observável para as crianças a partir do trabalho sobre diferentes categorias de dezenas.* Não se pode perceber que "todos os cinqüentas começam com cinco" senão confrontando estes números com outros pertencentes a dezenas diferentes. Por outro lado, esta relação entre todos os números pertencentes a uma mesma dezena não se estabelece seguindo a ordem da série, isto é, não a formulam primeiro para os números da dezena do 10, depois do 20 e assim por diante.

Estabelecer relações – entre diferentes escritas numéricas e, em geral, entre numeração escrita e numeração falada – permite às crianças ler números que antes não saberiam ler.

Conhecer a organização em termos de agrupamentos recursivos de base dez não é necessário como ponto de partida para a aprendizagem da numeração escrita

Como dizíamos no começo, um dos pressupostos que o ensino usual do sistema de numeração afirma – e talvez um dos mais difíceis de serem superados – parte de considerar que conhecer os números equivale a conhecer sua organização em unidades, dezenas, centenas, etc., e por isso essa organização é introduzida explicitamente no ensino desde o momento em que aparece o número 10.

Até aqui, fomos nos dando conta de alguns dos conhecimentos que, no contexto do bingo, as crianças põem em prática relacionando com o sistema de numeração: o recurso aos rasos, a relação com o nome do algarismo, a relação com números da mesma dezena. Esses conhecimentos envolvem a construção de regularidades que o sistema de numeração apresenta. Essas regularidades foram detectadas nas justificativas que as crianças deram para suas interpretações, nas pistas que ofereceram; também ficaram claras no momento em que as crianças deviam situar os números no quadro de controle de bolinhas tiradas – cartela de filas e colunas organizadas por dezenas e unidades.[8]

Nas escolas onde foi feita a pesquisa não havia sido abordado o ensino da numeração escrita a partir de sua decomposição em unidades e dezenas. Quer dizer que essas regularidades que as crianças constroem não se vinculam com o ensino dos agrupamentos recursivos com base dez.

Quais são as novas relações que as crianças estabelecem ao situar os números no tabuleiro de controle?

- Cada fila corresponde a uma dezena. Muitos alunos mencionam a organização em categorias de números ou porções da série identificados por seus rasos: "Aqui estão os vintes" (indicando a fila correspondente).
- Em cada dezena, se repete a ordem das unidades. Algumas crianças explicitam que, nos números de dois algarismos, se repete a mesma sequência do 1 ao 9 no lugar das unidades. Por exemplo, Frederico, ao tratar de convencer seus companheiros de que depois do 64 está o 65, afirma o seguinte: "Como, em todos os números, aparece o quatro e depois o cinco, embora seja dos sessenta". Algumas crianças reconhecem também que depois do 9 nas unidades muda a dezena.
- A ordem das dezenas continua a ordem dos algarismos. Para justificar a localização dos números em um tabuleiro, vinculam a ordem das dezenas com a ordem dos algarismos. "Veja, aqui vai o dez, o vinte, o trinta, o quarenta, o cinquenta, o sessenta, o setenta, o oitenta, o noventa... (indica a coluna de rasos na grelha). Aqui vai o setenta e tem um sete, aqui vem o oitenta e vem o oito, e aqui vem o noventa e vem o nove".

- Depois do 9 nas unidades, muda a dezena para uma outra. Alguns alunos articulam as regularidades anteriores explicitando o modo de produção dos números. Com efeito, descobrem no tabuleiro que, ao chegar a 9 nas unidades, muda o algarismo das dezenas para uma outra. Um aluno afirma: "Porque vai do 1 ao 2, ao 3 e assim por diante – referindo-se aos algarismos das dezenas – quando se termina – referindo-se à série do 1 ao 9, no lugar das unidades –, então o 3 das dezenas muda para o 4, e assim por diante...".

Alguns alunos fazem, além disso, referência à regularidade das colunas. Por exemplo, para justificar como conseguem localizar os números, Gustavo diz, indicando as unidades: "Nós não contamos, porque sabemos que há uma coluna de quatro, uma de cinco, uma de seis, uma de sete, assim por diante...". Ou, então, Matias, quando afirma: "Se aqui está o quatro... vinte e quatro, trinta e quatro...". Este procedimento de procurar no tabuleiro seguindo a coluna das unidades supõe que os alunos saibam que encontrarão o número procurado nesse percurso.

Muitas vezes, os alunos percebem isso como um conhecimento local referido somente à cartela, isto é, sem vinculá-lo com a organização do sistema. Em algum caso, assistimos a uma explicitação da relação entre a organização dos números na cartela e o sistema de numeração – embora a situação didática não aponte para isso. Assim, ao se discutir a localização do 20 na grelha, produz-se o seguinte diálogo:

Benjamim: *Dez, vinte, trinta, quarenta, cinquenta, sessenta, setenta, oitenta e noventa* (indicando a coluna dos rasos).

Professora: *E o que quer dizer isso?*

Benjamim: *Porque estamos contando de dez em dez.*

Professora: *Esta coluna, então, vai de dez em dez? E aqui* (indicando outra coluna)*, não vai de dez em dez?*

Benjamim: *Sim, também vai de dez em dez.*

Na aula seguinte, quando a professora pergunta o que acontece na coluna "dos cincos", Benjamim afirma que "em todos vão de dez em dez" (referindo-se a todas as colunas). Benjamim faz uma tentativa para relacionar uma regularidade (em todas as colunas o último número é o mesmo) com alguma explicação referida à organização da numeração escrita.

Os conhecimentos dos quais fomos tomando consciência são postos em funcionamento nesta sequência e dependem intimamente das condições didáticas nela criadas. É preciso, portanto, apresentar outras situações para instalar uma reflexão sobre as razões que subjazem nas regularidades descobertas. De qualquer modo, este trabalho sobre o bingo e a cartela terá permitido assentar as bases de algumas "coisas" que acontecem com os números para depois poder fazer a pergunta sobre se acontecerão sempre ou somente neste contexto particular e poderão ser atribuídos a quê.

No entanto, que relação podemos encontrar entre os conhecimentos numéricos que apresentamos tanto nesta seção como nas anteriores e o trabalho escolar sobre agrupamentos?

Por um lado, observamos que os conhecimentos que as crianças constroem inicialmente sobre o sistema de numeração não se referem à sua organização em termos de agrupamentos de base dez. São conhecimentos construídos pelas crianças – inclusive antes de seu ingresso na 1ª série, uma vez que a numeração escrita é um objeto social, e não somente escolar – a partir de suas interações com a numeração escrita como tal, quando usam os números em diversas situações e refletem sobre eles.

A partir da participação em situações de uso da numeração escrita, as crianças detectam regularidades, construções que desempenham um papel importante em seu caminho de apropriação do sistema de numeração. O descobrimento destas regularidades constitui um passo necessário para que seja possível apresentar os problemas que levam a reconstruir o princípio posicional que rege o sistema. Como observa Lerner (1996),

[...] a construção de regularidades é concebida como uma dobradiça necessária entre o uso e a compreensão: por um lado, detectar regularidades é possível somente a partir do uso e, uma vez estabelecidas, elas permitem conseguir uma eficácia crescente no manejo da numeração escrita; por outro lado, as regularidades são uma fonte de problemas que podem levar a desentranhar a natureza profunda do sistema.

Em contrapartida, partir da explicitação do valor posicional em termos de agrupamentos de base dez supõe a tentativa de apresentar, de começo, a "versão acabada" da organização do sistema de numeração – e de fazê-lo em um momento da escolaridade no qual ainda não é possível explicitar as operações multiplicativas subjacentes em tais agrupamentos. Como se pode ler na citação anterior, para que a busca dos princípios que regem a organização do sistema de numeração adquira sentido, é necessário, antes de tudo, descobrir regularidades para poder se perguntar depois a que obedecem.

Além disso, podemos mencionar que já em Kamii (1986) e Lerner (1992a) se encontram claramente explicadas as dificuldades que as crianças enfrentam sobre a compreensão das unidades, das dezenas e das centenas que lhes são ensinadas. Alguns exemplos que mostram essas dificuldades: as crianças observam que, na casa correspondente às dezenas, devem escrever 10 (em vez de 1), "porque a dezena equivale a dez", ou que 33 não tem dezenas porque uma dezena é dez", etc.[9] Finalmente, a abordagem usual da numeração escrita não somente é infrutuosa no sentido que as crianças não chegam a compreender a organização que lhes é proposta, mas também poderia impedir a compreensão do funcionamento dos números e das operações (Wolman, 1999).

As razões antes expostas são as que nos levaram a propor uma progressão que avança a partir do uso da reflexão e da busca de regularidades, levando até à compreensão das operações aritméticas que subjazem em nosso sistema.

Quais são os conhecimentos numéricos que subjazem nos erros que as crianças cometem em suas interpretações numéricas?

Agora nos referiremos aos conhecimentos subjacentes nos erros cometidos pelas crianças ao interpretar os números escritos ao longo da sequência do bingo. Diferentemente do ensino usual, consideramos que os erros não denotam falta de conhecimento, mas um estado particular do conhecimento, no caminho para a apropriação progressiva do sistema de numeração. São o fruto de suas abordagens parciais deste sistema.

Em relação com as escritas e interpretações não convencionais – "errôneas" – por parte das crianças, sabemos agora que estão guiadas por hipóteses sobre o sistema de numeração. Essas hipóteses são conhecimentos parciais sobre os números escritos que, a partir do seu uso em diversas situações, sua confrontação com as ideias de seus colegas e com escritas e interpretações convencionais, irão avançando progressivamente.

O que nos interessa nesta seção é perguntar-nos o que as crianças devem saber para se equivocar de maneira determinada. Para isso, nos deteremos agora a analisar os erros que apareceram recorrentemente entre os alunos que participaram da sequência.

Substituições de dezenas

Em todos os grupos, encontramos crianças que fazem substituições de dezenas, isto é, referem-se a outra dezena em lugar da correspondente, mas respeitando o nome das unidades. Estas apareceram em três instâncias diferentes: ao ler as bolinhas, ao escutar um número "cantado" e antecipar sua composição e ao marcar nas cartelas.

- *Substituições de dezenas ao ler um número.* Algumas crianças leem alguns números de dois algarismos respeitando o das unidades, mas mudando a denominação do algarismo correspondente às dezenas pelo nome de outra dezena. Por exemplo, ao interpretar 23, uma criança lê sucessivamente "quarenta e três" e "trinta e três"; ao interpretar 38, outra criança lê "cinquenta e oito". É importante observar que as crianças substituem, utilizando *somente* nomes de outras dezenas; em nenhum caso palavras referidas a outras potências da base.

Como explicar essas substituições? É *possível que as crianças tenham construído uma classe de palavras que servem para nomear números de dois algarismos* e à qual pertencem "trintas", "cinquentas", "oitentas" e assim por diante (todas as denominações que se referem às dezenas). Essas palavras seriam intercambiáveis (provisoriamente) porque, embora as crianças tenham estabelecido já uma relação entre numeração falada e numeração escrita e reconhecem essas denominações como correspondentes aos números de dois algarismos, não sabem ainda exatamente qual é a denominação que corresponde a cada um dos algarismos que aparecem no lugar das dezenas (Lerner, 2000, 2001).

As substituições feitas nos números da dezena do 20 poderiam ser devido, além disso, à dificuldade que apresenta a denominação "vinte", que não tem qualquer semelhança com a denominação do dígito correspondente (2). Assim, uma criança lê "quarenta e sete" em vez de 27, e outra interpreta como "dezesseis" a escrita do 26.

- *Substituições de dezenas ao antecipar a composição de um número "cantado".* Este erro é diferente do anterior: neste caso, as crianças dão nomes de algarismos tanto para as unidades como para as dezenas, substituem somente o algarismo correspondente à dezena e dizem corretamente a das unidades. Por exemplo, quando se canta o 45, dois alunos dizem respectivamente: "o dois e o cinco" e "o nove e o cinco". Outro aluno, ao cantar o 65, diz "o quatro com o cinco". Matias, por sua vez, pergunta se o 31 cantado é "o quatro com o um". Essas interpretações dos números que são "cantados", tratando de pensar como se compõem, poderiam constituir antecipações da escrita numérica correspondente.[10]

Algumas crianças tornam pública a própria dúvida sobre o algarismo correspondente às dezenas. Neste sentido, é interessante observar como Luciana, após ter sido cantado o 29, pergunta: "O nove com o quê?". A ideia que leva alguns alunos a pôr outro algarismo que acompanha o das unidades poderia estar orientada por uma ideia semelhante à de Luciana: "o nove vai com alguma coisa". Em relação a este "erro", é necessário mencionar o trabalho de Mônica Alvarado (Alvarado e Ferreiro, 2000), no qual expõe resultados de uma pesquisa realizada no México. Nele, refere-se ao uso de "curingas", por parte das crianças, para escrever o algarismo das dezenas do número que é ditado, correspondente a números de telefone.[11] Esses números "curingas", no lugar das dezenas, estariam indicando que os alunos já sabem que devem escrever um algarismo a mais, embora ainda não saibam qual é o correspondente. Dentro desses curingas, a autora apresenta que o 0 é o curinga privilegiado, e as razões para empregá-lo são evidentes: "é um número especial, um quase-número, uma vez que não serve para contar".

No jogo do bingo, algumas das respostas dos alunos podem estar relacionadas com este uso dos curingas. As crianças pareceriam já conhecer os algarismos das unidades e estão seguras de que precisam de mais um, embora ainda não saibam qual é o correspondente. Por outro lado, poderia acontecer que essas situações tenham sido produzidas por alunos que tinham efetivamente em suas cartelas os números aos quais eles se referiam de modo errado e o fizeram por ansiedade de completar mais casas e ganhar.[12] O mesmo se poderia dizer das substituições de dezenas ao marcar nas cartelas.[13] No entanto, estamos inclinados a pensar que, em alguns casos, esse erro poderia ter origem em interpretações independentes dos números que as crianças tinham em suas cartelas, uma vez que afirmações desse tipo surgiram rapidamente, nem bem escutavam o número cantado e, às vezes, sem olhar em suas cartelas.

Inversões

Frequentemente as crianças fazem inversões em duas circunstâncias diferentes: ao "cantar" (ao dar a interpretação oral de um número escrito) ou ao localizar os números na cartela (ao dar a interpretação escrita de uma denominação numérica oral).

- *Inversões numéricas ao "cantar" os números*. O que acontece com as crianças que fazem inversões ao ler os números? Esses erros incluem interpretações tais como "quarenta e dois" para o 24, "oitenta e um" para o 18 ou "quarenta e um" para o 14. Em princípio, do mesmo modo como os alunos fazem substituições de dezenas, os alunos que fazem inversões estão levando em conta que o nome do número interpretado pertence a uma categoria particular, a das dezenas: já sabem classes de palavras para nomear números de dois algarismos. No caso da substituição das dezenas, ao não conhecer o nome da dezena correspondente, as crianças utilizavam outro nome desta categoria, respeitando em sua interpretação a ordem correspondente às unidades. As crianças que fazem inversões quando leem, por sua vez, também utilizam nomes correspondentes às dezenas, somente não estão levando em conta a ordem convencional: *não atribuem o nome de qualquer dezena, mas a correspondente ao algarismo das unidades*.

Em alguns casos, as inversões ao "cantar" podem ser devido a conhecerem o nome do número com os algarismos invertidos, e não o que devem nomear: por exemplo, quando uma aluna lê "quinze" ao ver 51; ou "dezesseis" ao ver 61, é possível que já conheça o número da dezena do dez, pelo fato de ser mais frequentado pelas crianças. Em outros casos, podem ser devido a que é possível reconstruir o nome da dezena mais facilmente a partir da relação com a numeração falada, como quando leem "oitenta e sete" ao ver 78; ou o exemplo de "setenta e dois" ao ver 27.

Certamente, podem ser postos em prática ambos os critérios em diferentes ocasiões: em algumas ocasiões, um e, em outras, o outro.

• *Inversões numéricas ao marcar os números nas cartelas.* Quanto às inversões que algumas crianças fazem ao localizar (marcando em sua cartela, por exemplo, o 25 quando se cantou o 52), há duas interpretações possíveis. Pode ser que reconheçam os algarismos correspondentes à denominação oral, mas não levem em conta (ou não o considerem nesse caso particular) o papel da posição. No entanto, esta localização, aparentemente equivocada, também pode ser devido, como mencionamos no caso das substituições de dezenas ao localizar os números na cartela, ao desejo de ganhar, isto é, às características específicas da situação. A primeira dessas interpretações parece mais adequada quando os alunos fazem inversões também quando leem, enquanto a segunda provavelmente seja mais pertinente quando somente se fazem inversões no momento de localizar os números nas cartelas.

Sobre isso, consideramos importante observar que praticamente todos os alunos parecem considerar em outro momento a posição no sistema de numeração: quando duas escritas numéricas apresentam os mesmos algarismos, mas em ordem diferente, afirmam que não podem corresponder ao mesmo número. Em outros termos, embora desconhecendo qual é a designação oral que corresponde a cada escrita, não aceitam que os mesmos algarismos, mas invertidos, estejam representando o mesmo número. Isto é afirmado inclusive por crianças que fazem inversões ao "cantar" as bolinhas ou ao marcar os números na cartela.

Um aspecto que queremos ressaltar é que os alunos que fazem inversões não são os que "sabem menos" nos grupos. Como mostram os exemplos, *realizar uma inversão su-põe saber muitas coisas sobre os números*: nomear um número ou atribuir-lhe uma escrita exige saber que o número em questão é composto de dois algarismos e saber quais são os algarismos envolvidos. No caso da interpretação oral de um número escrito, mostram-se capazes de escolher o nome de outra dezena (não um nome qualquer) e, especificamente, o nome da dezena correspondente ao número invertido.

Outros erros

Encontramos em algumas crianças outros erros, por exemplo, confusões entre 60 e 70, dar o nome de um número que coincida em um algarismo com o que devem ler, mas sem levar em conta sua posição ou marcar um número de um algarismo em outro de dois algarismos que o contém. Vejamos cada um deles.

• *Confusão entre 60 e 70.* Frequentemente, as crianças confundem o 60 com o 70. Esta confusão acontece em ambas as direções (60 no lugar de 70 e 70 no lugar de 60) e em ambos os momentos (leitura de bolinhas do bingo e procura dos números nas cartelas). Esse erro se baseia na semelhança sonora entre as denominações de ambas as dezenas. Podemos ver os esforços que as crianças fazem para diferenciá-las em alguns exemplos. Luciana apresenta, ao discutir sobre o número 71: "Com o sete começam os setenta e... este (indica o 60) não é igual a este (indica o 70). Este não soa igual a este". Frederico, por sua vez, diz: "O sessenta tem somente um t e o setenta tem um t e um t, tem mais letras".

Um fato que podemos vincular com este tipo de erro é o seguinte: observamos – em diferentes oportunidades, e não somente no contexto deste jogo – que muitas vezes, quando as crianças vão recitando a série dos rasos das dezenas (10, 20, 30...), ao chegar ao 60, passam diretamente para o 80, como se acreditassem que dizendo o 70 estariam repetindo o mesmo número.

Assim, vemos que, embora a semelhança sonora leve a confundir os nomes correspondentes a estas dezenas, a confrontação com as escritas numéricas e uma análise do modo como se vinculam com a denominação dos algarismos correspondentes os leva a diferenciá-los.

- *Marcar um número que coincide em um algarismo.* Neste caso, as crianças marcam nas cartelas um número que coincide em um algarismo com o cantado sem levar em conta a posição. Exemplos desta classe de erros nos apresentam as crianças que marcam em suas cartelas 17 em vez de 73; 78 em vez de 37; 13 em vez de 21, 45 em vez de 52. É interessante o que uma criança anota quando comete um erro desse tipo. Ao marcar 14 em vez de 31, Matias diz: "porque tem que ter um *um*".

- *Marcar um número de um algarismo em outro de dois algarismos que o contenha.* Este tipo de erro é cometido quando se canta um número de um algarismo e as crianças o marcam em outro de dois algarismos que o contenha, tanto no lugar das unidades como no das dezenas. Por exemplo, quando se canta 3, algumas crianças o marcam no 73 ou, quando se canta 9, o marcam no 29. Poderia tratar-se de um caso particular do erro recém-descrito. Aparece somente em um dos registros analisados e nos alunos que fizeram menos progressos.

Esses dois últimos erros aparecem com muito pouca frequência e em alguns alunos, os menos avançados. Os nomes dos números que são reconhecidos são os das unidades, ou os nomes de algum dos algarismos. Não se está recorrendo aqui a nomes de dezenas.

No entanto, queremos destacar que, mesmo assim, as crianças que cometem esses erros *estão pondo em prática conhecimentos sobre a escrita numérica*: em todos esses casos, poderiam estar marcando o algarismo que identificaram no nome ou na escrita, além de acreditar ou não que todo o número se escreve ou

se denomina deste modo. É como se estabelecessem: "Este serve".

Tentamos mostrar aqui, ao longo de toda esta seção, que os erros cometidos pelas crianças em suas interpretações da escrita correspondente aos números estão vinculados com a existência de conhecimentos parciais que vão construindo sobre este objeto de conhecimento que é o sistema de numeração.

Contudo, não queremos concluir sem mencionar o *interesse didático* do aparecimento e da circulação desses erros em toda a classe. Promover a análise dos erros por parte de todo o grupo escolar permite não somente ao alunos que cometeram o erro, mas também àqueles que "sabiam mais" progridam. Quando discutem com seus colegas, quando explicitam posições, quando tentam convencê-los sobre o que eles pensam, os alunos devem buscar diversos argumentos, e isso permite que analisem os números, estabelecendo novas relações entre eles.

Queremos mencionar, a título de ilustração, o intercâmbio que se estabelece na aula a partir de um desses erros.

Sérgio marca o 17 em vez do "7".

Candelária: *Não é este, é o um com o sete; este é o dezessete. Dez... e sete... se você deixa somente este* (tapa o 1 do 17) *fica sete, mas com o um é dezessete.*

A professora expõe para toda a turma a discussão que houve entre Candelária e Sérgio.

Frederico: *Este* (para o 17) *não é o sete. Se você tira o um, são iguais.* [...] *Parece o se-te, mas não é, se cada vez que aparece o se-te contamos somente sete, iríamos contá-lo muitas vezes.*

Neste exemplo é notável o esforço que fazem Frederico e Candelária. Ambos partem de se colocar no ponto de vista de Sérgio para, a partir daí, argumentar em favor da interpretação alternativa que querem oferecer-lhe. Então, quando tratam de explicitar porque pareceria "lógica" a confusão de Sérgio, oferecem argumentos para tratar de convencê-lo de que marcou outro número.

Frederico apela para a série numérica falada e para a organização do sistema de numeração: "Se chamamos todos os que terminam em sete de sete, iríamos contá-lo muitas vezes".

Isto é, o mesmo algarismo se repete em muitos números diferentes. Candelária, por sua vez, o faz apelando para o valor de cada um dos algarismos de acordo com sua posição (10, para se referir ao 1...), explicitando uma decomposição aditiva do número para mostrar que era 7 "e alguma coisa mais".

Esses intercâmbios não podem acontecer quando o professor corrige, de imediato, os erros, oferecendo a resposta correta, ou confirma, de início, as afirmações válidas. É provável que esta atitude diante dos erros e das respostas corretas obedeça ao fato de que, no ensino usual, se consideram os primeiros como indicadores de *ausência* de conhecimento e as segundas como *garantia* de conhecimento. Consequentemente, nesta perspectiva, faz-se necessário corrigir logo os erros para evitar que "se fixem" e estabelecer em seu lugar a versão oficial.

Compreender a natureza desses erros, quais são os conhecimentos parciais que os estão sustentando e em que medida participam da abordagem progressiva ao sistema de numeração tornará possível talvez permitir aos erros que "vivam" provisoriamente nas aulas e intervir, aos poucos, na direção de sua superação.

DISCUSSÃO

Ao longo do trabalho, fizemos referência a diferentes relações que as crianças vão estabelecendo em suas tentativas por se apropriar do sistema de numeração. Queremos retomar agora algumas das questões que fomos apresentando para apoiar nossas reflexões relacionadas com o ensino dos números na escola.

Os dados apresentados permitem afirmar, mais uma vez, que os números não são aprendidos de um em um e seguindo a ordem da série, que muitos erros que as crianças cometem estão sustentados por conhecimentos – parciais – sobre o sistema de numeração e que o significado multiplicativo dos algarismos não faz parte das aprendizagens iniciais sobre este sistema. Nesta discussão final, queremos basear-nos nesses resultados relativos

à aprendizagem dos números escritos para esboçar algumas reflexões sobre o seu ensino.

Em primeiro lugar, os exemplos citados, além de nos mostrar as relações que os alunos vão estabelecendo entre os números, permitem-nos perceber que, se a escola se limitasse a propor aos alunos trabalhar somente com margens delimitadas de números (até 10, 20, 30), as diferentes relações entre a numeração falada e a numeração escrita que mencionamos (relação entre o nome dos algarismos e das dezenas, relações entre o raso e o resto da dezena, relações entre números de uma mesma dezena, categorias de palavras para as dezenas, etc.) não poderiam ser colocadas em prática. Como vimos, não acontecem todas essas relações com a mesma regularidade nas primeiras dezenas e nas restantes e, por outro lado, se somente se trabalhasse com algumas dezenas, essas regularidades não seriam manifestadas porque, justamente, são percebidas quando se comparam diferentes escritas numéricas e suas denominações e se estabelecem semelhanças e diferenças entre elas.

Sobre a apresentação dos números em ordem, por outro lado, vimos como não necessariamente os números maiores apresentam mais dificuldades do que alguns menores na série. Também não se trata, certamente, de evitar que os alunos enfrentem estas dificuldades; serão ocasiões, justamente, para progredir em suas reflexões sobre a numeração escrita.

Se somente se propusesse interpretar números cuja denominação e/ou escrita convencional estamos seguros de que os alunos já conhecem, não haveria ocasiões de recorrer a estas relações para fazê-lo. O interesse para que o façam consiste em que, desse modo, constroem conhecimentos sobre o sistema de numeração, e não somente da escrita numérica particular que devem interpretar.

Em segundo lugar, preocupa-nos que possam ser interpretadas as ideias infantis das quais estamos nos apercebendo como conformando uma psicogênese em sentido estrito, isto é, em termos de níveis que têm uma relação de inclusão hierárquica.[14] Se for no sentido de um processo dialético de formação que, a partir de pôr em prática os conhecimentos disponíveis pelo sujeito, na interação com este objeto de conhecimento que é o sistema de numeração e através de diferentes intercâmbios com usuários deste sistema, se transformarão, progressivamente para dar lugar a novos conhecimentos que, por sua vez, permitirão novos usos mais acertados e assim sucessivamente.

Em terceiro lugar, queremos advertir sobre o perigo de acreditar que, conhecendo quais são as ideias que as crianças vão construindo, podemos "tomar o atalho" de ensiná-las diretamente em vez de tentar apresentar situações didáticas que permitam usar e refletir sobre as relações que queremos que elas descubram.

Qual é a diferença entre lhes apresentar diretamente esses conhecimentos ou possibilitar que os alunos os utilizem para ajudar a interpretar números escritos? No segundo caso, estão descobrindo relações entre a numeração oral e a numeração escrita e realizando inferências a partir daí, as quais, por outro lado, poderão ser generalizadas para outros números, e não somente serem utilizadas em casos particulares que devem interpretar em um momento determinado. Esses conhecimentos, por sua vez, lhes permitirão não apenas progredir na leitura e na escrita de números, mas também na compreensão progressiva sobre o sistema de numeração. Em poucas palavras, trata-se da diferença entre (a) transmitir diretamente um conhecimento cujas relações subjacentes nada nos garantem que os alunos possam reconstruir e (b) promover a descoberta de relações que permitam progressos no uso dos números e na compreensão de sua organização.

Não se trata tampouco de relações que deverão ser apresentadas em uma ordem determinada. A heterogeneidade de conhecimentos que coabitam em uma classe tornará possível e necessária a utilização de diferentes relações. Alguns alunos poderão se apropriar de umas, outros de outras. Além disso, os intercâmbios na classe serão uma oportunidade para que as regularidades descobertas por alguns possam circular e se difundir para o resto do grupo, dentro do qual haverá aqueles que poderão levá-las em conta. Outros poderão fazê-lo mais adiante, mas esses conhecimentos já terão começado a viver dentro da classe e já estarão instalados de algum modo, ficando, por isso, disponíveis para que o professor ou outros colegas possam remeter-se a eles em ocasiões futuras.

A situação do bingo apresenta problemas de busca da designação oral de números escritos e de busca de escrita de designações orais de números. Contudo, os alunos podem buscar respostas para esses problemas de diversas maneiras, pondo em prática diferentes relações numéricas – isto é, diferentes conhecimentos numéricos – e, no contexto de intercâmbio que se tenta promover, todos po-dem progredir na elaboração de seus conhecimentos.

Isso nos leva, em quarto lugar, a outro ponto ao qual queremos nos referir. Nesta situação, todos os alunos têm possibilidade de aprender diferentes aspectos sobre o sistema de numeração. Embora para aquelas crianças que leem convencionalmente todos os números envolvidos no jogo desde o início da sequência, a condição de dar pistas ou também a de argumentar a favor ou contra a interpretação de algum número ou alguma relação mencionada lhes exige analisar a numeração explicitando regularidades relativas à sua organização. Isto é, permite-lhes também progredir em sua compreensão do sistema.

Em quinto lugar, e em íntima relação com o anterior, é necessário ressaltar que, mesmo quando dois alunos leem convencionalmente um número, não necessariamente sabem a mesma coisa sobre o sistema de numeração. Ou, em outros termos, a leitura (e, poderíamos acrescentar, também a escrita) convencional de um número não é um ponto de chegada terminal – é claro que nenhum é – em relação à compreensão dos números. Ao mesmo tempo em que progridem suas possibilidades de uso dos números, está se apontando para estabelecer regularidades que permitam explicitar aspectos relativos à organização do sistema de numeração. A busca das razões dessas regularidades os levará a se introduzir nas operações aritméticas subjacentes no sistema de numeração.

Embora não seja um objetivo didático dessa situação, uma vez que a sequência do jogo do bingo foi planejada como situação de *uso* do sistema – e não especificamente orientada para a explicitação de regularidades –, deu lugar, apesar disto, a explicitações por parte das crianças referidas a alguns aspectos da organização do sistema de numeração.

Como se pôde observar ao longo deste trabalho, a participação das crianças em situações de uso da numeração escrita lhes possibilita detectar regularidades que desempenham um importante papel no caminho para o conhecimento do sistema de numeração. No entanto, essas regularidades são insuficientes para a conceitualização: é necessário encontrar as razões que as explicam, objetivo didático que fica aberto a futuras situações que devem ser planejadas nos anos seguintes da escola. Será necessário, então, propor também situações que apontem para que, uma vez descobertas as regularidades, tentem explicar as razões que as configuram, isto é, situações que permitam progredir na reflexão sobre as relações aditivas e multiplicativas que subjazem na numeração escrita.

Em sexto lugar, podemos nos perguntar por que é importante incluir nas aulas a análise dos erros. É muito comum o professor validar rapidamente a resposta correta e reprovar, por outro lado, as respostas que considera incorretas. Seguramente este tipo de intervenção está guiado pela ideia de que os erros são indicadores de ausência de conhecimento e que é necessário corrigi-los imediatamente para que o aluno que os cometeu não os repita. Verifica-se aqui, em relação com a apropriação do sistema de numeração, o olhar sobre os erros construtivos que Piaget nos transmitiu: estes são fruto de abordagens sucessivas que as crianças fazem sobre o objeto do conhecimento.

Poderíamos nos perguntar o que muda quando é o professor quem diz a resposta correta, ou quando são os alunos os que, por meio de um processo de reflexão, tratam de justificar porque um conhecimento é válido ou não. Quando a professora corrige diretamente – por exemplo, um número *interpretado* de maneira não convencional –, sua intervenção somente serve para esse número particular e essa situação particular. Em contrapartida, quando se promove a análise desse erro e a discussão por parte das crianças, propiciase o estabelecimento de relações numéricas que servem não somente para o aluno que cometeu o erro, como também aos outros, nem fica restrito somente a esse número.

Finalmente, queremos contrastar a proposta que aqui se apresenta em relação ao jogo do bingo e outras modalidades nas quais o mesmo jogo costuma ser utilizado em aulas da 1ª série. Não é uma condição para julgar que as crianças já sabem ler os números. Ao contrário, a riqueza dessa sequência reside precisamente na possibilidade de que os alunos progridam no conhecimento das interpretações numéricas e das relações que possam estabelecer. Por isso, a proposta implica trabalhar, desde a primeira aula, com todos os números que aparecem nos bingos convencionais. Não propomos ir acrescentando um número novo por vez, nem trabalhar com bingos parciais até determinada dezena somente depois de tê-la "ensinado". Insistimos, o projeto da situação (o dar e receber pistas, a análise dos erros, o trabalho com a cartela) aponta justamente para que os alunos avancem em sua interpretação de escritas numéricas, detectando regularidades que desempenham um papel importante no caminho para o conhecimento de nosso sistema de numeração, regularidades que, como já explicamos, dificilmente podem ser estabelecidas quando se trabalha com uma porção limitada da série numérica.[15]

Apresentamos aqui uma série de resultados sobre as relações que as crianças estabelecem entre a numeração falada e a numeração escrita em suas interpretações numéricas, resultados que nos permitem questionar algumas práticas habituais relacionadas com o ensino da numeração escrita.

NOTAS

1 Por interpretação numérica entendemos toda atividade de leitura de números, independentemente de as crianças fazerem ou não da maneira convencional.

2 Esta pesquisa vem desenvolvendo-se com subsídio da UBACyT, no Instituto de Pesquisas em

Ciências da Educação da Faculdade de Filosofia e Letras, por meio dos seguintes projetos: "A aprendizagem do sistema de numeração: conceituações infantis e intervenções didáticas (1998-1999), "A aprendizagemn do sistema de numeração: intervenções docentes em diferentes contextos didáticos" (2000), ambos dirigidos por Delia Lerner, e "O sistema de numeração: ensino, aprendizagem escolar e construção de conhecimentos", dirigido por Delia Lerner e Flavia Terigi, em andamento. A equipe de trabalho está integrada, além delas, por Susana Wolman, Sofía Allami, Claudia Broitman, Cinthia Kuperman, Héctor Ponce, Fabiana Tasca, Paola Tarasow e María Emilia Quaranta. Participaram também Mercedes Etchemendy e Verona Batiuk.

3 A sequência planejada e estudada consta de diferentes momentos que oferecem aos alunos sucessivas oportunidades de enfrentar o problema de interpretar números neste contexto e reutilizar as relações que vão sendo estabelecidas.

4 Trata-se do jogo usado na sociedade (loteria ou bingo) que apresenta os números escritos do 1 ao 90. A sequência foi planejada e posta à prova no marco do Projeto UBACyT "AF 16".

5 Múltiplos da potência da base ou "números redondos".

6 Múltiplo da potência da base imediato anterior (por exemplo, 40 para o 45).

7 Por outro lado, na numeração oral essa semelhança entre a denominação dos algarismos e das dezenas não é respeitada para as dezenas do 10 e do 20. Por exemplo: a palavra doze não tem semelhança sonora com a palavra um nem vinte com dois. Portanto, restringir o trabalho escolar somente a estas dezenas não permite que os alunos ponham em prática a relação mencionada.

8 O tabuleiro de controle dos números extraídos foi introduzido de acordo com duas modalidades diferentes: com a cartela completa, com todos os números escritos, em que os alunos deviam localizá-los e marcá-los; com a cartela vazia, em que os alunos deviam localizar os lugares e escrever aí os números que tinham saído.

9 Mesmo assim, aparecem as dificuldades que este trabalho acarreta sobre a compreensão das operações: as crianças acabam pensando nos números como se fossem feitos por algarismos isolados e perdem o controle da globalidade dos mesmos. Com o tabuleiro completo, com todos os números escritos, onde os alunos deviam localizá-los e marcá-los; com o tabuleiro vazio, onde os alunos deviam localizar os lugares e escrever aí os números que tinham saído.

10 Scheuer e colaboradores (2000) expõem que as crianças fazem substituições de dezenas ao escrever números no ditado.

11 No México, os números telefônicos são apresentados e lidos em grupos de dois algarismos.

12 Estes resultados são marcados no contexto do jogo do bingo. Ressaltamos este fato porque é fundamental poder entender as condições que cada contexto particular impõe e vincular com elas também as respostas das crianças. No caso do jogo do bingo, por se tratar precisamente de um jogo, o interesse por ganhar pode predominar sobre o desejo de compreender, então, muitas das respostas – sobretudo, quando marcam nas cartelas – podem ser devidos à intenção de ter mais números marcados.

13 Por esta razão, não nos deteremos em analisar esta terceira classe de substituições de dezenas.

14 Além disso, os resultados que são enunciados aqui foram obtidos no marco de uma intervenção didática.

15 A situação do bingo é uma situação de interpretação de números escritos que não põe em jogo o valor cardinal. Percebem-se com clareza os limites desta situação e a necessidade de propor paralelamente outras situações nas quais o valor cardinal seja colocado em primeiro plano (Lerner, 2000). Sobre outros aspectos dos conhecimentos numéricos, podem ser consultados, neste mesmo livro, os Capítulos 1, 3 e 4.

REFERÊNCIAS

ALVARADO, M.; FERREIRO, E. El análisis de nombres de números de dos dígitos en niños de 4 y 5 años. *Lectura y Vida. Revista Latinoamericana de Lectura*, ano 21, n° 1. Buenos Aires, março de 2000.

HIGINO DA SILVA, Z. M. A criança e a escrita numérica, *Revista Brasileira de Estudos Pedagógicos*, vol. 71, n° 168. Brasília, maio-agosto de 1990.

KAMII, C. El valor posicional: una explicación de su dificultad y de sus implicancias educativas. *Journal of Research in Childhood Education*, vol. 1, n° 2, 1986.

LERNER, D. *La matemática en la escuela aquí y ahora*. Buenos Aires: Aique, 1992a.

_____. Constructivismo y escuela. *Cuadernos de la Fundación EPPEC*, Buenos Aires: 1992b.

_____. *El sistema de numeración: del uso a la conceptualización*, conferência pronunciada no marco da "Homenagem Latinoamericana a Piaget no Centenário de seu Nascimento", organizada pela Faculdade de Educação e pelo Instituto de Psicologia da Universidade de São Paulo. Brasil, junho de 1996.

_____. *Informe final del proyecto anual AF 16 "El aprendizaje del sistema de numeración: situaciones didácticas y conceptualizaciones infantiles"*. Secretaría de Ciencia y Técnica, Universidade de Buenos Aires, 2000.

_____. *Informe final del proyecto anual AF 41 "El aprendizaje del sis-tema de numeración y la intervención docente en diferentes contextos didácticos"*. Secretaría de Ciencia y Técnica, Universidade de Buenos Aires, 2001.

LERNER, D.; SADOVSKY, P.; WOLMAN, S. El sistema de numeración: un problema didáctico. In: C. Parra e I. Saiz (comps.), *Didáctica de matemáticas. Aportes y reflexiones*. Buenos Aires: Paidós, 1994.

NUNES CARRAHER, T. O desenvolvimento mental e o sistema numérico decimal. In: T. NUNES CARRAHER (comp.): *Aprender pensando*. Petrópolis, Vozes, 1989.

SCHEUER, N.; BRESSAN A.; BOTTAZZI, C.; CANELO, T. Éste es más grande porque... o cómo los niños comparan numerales. *Revista Argentina de Educación*, n° 24, outubro de 1996.

SCHEUER, N.; SINCLAIR A.; MERLO DE RIVAS, S.; TIÈCHE CHRISTINAT, C. Cuando ciento setenta y uno se escribe 10071: niños de 5 a 8 años produciendo numerales. *Infancia y Aprendizaje,* n° 90. Barcelona, 2000.

SERON, X.; VAN LIT, M.; NÖEL, M. La lecture de numéraux arabes chez des enfants en première et en deuxiéme années primaires: recherche exploratoire. *Archives de Psychologie*, n° 63, Genebra, 1995.

SINCLAIR, H. (dir.). *La production de notations chez le jeune enfant*, Paris, PUF, 1988.

SINCLAIR, A.; TIÈCHE CHRISTINAT, C.; GARÍN, A. Comment l'enfant interprète-t-il les nombres écrits à plusieurs chiffres?. In: M. ARTIGUE, R. GRAS, C. LABORDE E P. TAVIGNOT (eds.), *Vingt ans des mathématiques in France*. Grenoble: La Pensée Sauvage, 1994.

WOLMAN, S. Los algoritmos de suma y resta: ¿por qué favorecer desde la escuela los procedimientos infantiles? *Revista del Instituto de Investigaciones en Ciencias de la Educación*, IICE, ano VIII, n° 14, Buenos Aires, agosto de 1999.

Discussões nas aulas de matemática: o que, para que e como se discute

6

María Emilia Quaranta e Susana Wolman

INTRODUÇÃO

Segundo a opinião de muitos professores, assim como também para grande parte da literatura didática, é necessário criar, em algum momento das aulas, uma "apresentação". Esse conceito recebeu as mais díspares explicações e, inclusive, as mais variadas denominações (confrontação, discussão, reflexão, debate, etc.). Habitualmente se define a "apresentação" como uma exposição, por parte de todos ou alguns dos alunos, dos resultados de uma tarefa ou dos caminhos que conduziram a esses resultados.

Contudo, mesmo quando não se questiona a necessidade ou a importância desses momentos, não fica nada claro por que ou para que são tão relevantes. Menos claro ainda é o modo como devem ser organizados e conduzidos. Consideramos que a didática da matemática é uma fonte de conhecimentos essencial para a tarefa do professor. Tentaremos, pois, precisar o significado desses momentos a partir do enfoque do ensino da matemática que afirmamos e nos referiremos a algumas condições didáticas da urbanização e gestão de instâncias de discussão na sala de aula.

O QUE SÃO OS MOMENTOS DE DISCUSSÃO?

Na didática da matemática, os momentos de discussão envolvem muito mais do que uma simples explicitação diante de toda a turma das produções individuais. Seu valor central residem no fato de serem potencialmente frutíferos para a geração de confrontações, de reflexões e de argumentações (ERMEL, 1993, 1995).[1] Consequentemente, não se trata somente de dar publicidade a uma série de enunciados; é necessário, além disso, buscar razões, argumentar tentando defender sua verdade ou falsidade.

Os momentos de discussão conformam uma das modalidades que adquire a interação entre pares na sala de aula: trata-se de um intercâmbio entre todos os alunos da turma orientado pelo professor. De nenhuma maneira são "eventos naturais" da vida na aula: as discussões não podem ficar restritas às contingências de uma classe ou à espontaneidade dos alunos. Pelo contrário, devem ser organizadas intencional e sistematicamente pelo professor, a quem cabe um papel central e insubstituível no seu desenvolvimento: "Tudo isso não se realiza espontaneamente, a intervenção do professor é decisiva e, justamente, organizar com êxito o momento do confronto é uma das maiores dificuldades dos professores" (Saiz, 1995).

O grupo ERMEL (1995) observa que corresponde ao professor fazer vir à luz – explicitar ou tornar público –, fazer circular e, se for possível, analisar e submeter à discussão, por toda a classe, as produções de um aluno ou de um grupo de alunos. É o momento, sob a orientação do professor, de comunicar os procedimentos e os resultados, de difundi-los, de tentar compreender os procedimentos de outros, de compará-los, de poder reconstruir aqueles que parecem mais eficazes, de valorizar os aspectos positivos das diferentes produções, de considerar quão generalizáveis são as outras situações, de confrontá-las, questionar e de defender as diferentes proposições utilizando argumentos vinculados com os conhecimentos matemáticos em questão.

Também compete ao professor tomar os conhecimentos construídos, inicialmente contextualizados em relação com alguns problemas, em certa medida, nessas instâncias de discussão, descontextualizados e generalizáveis. As discussões têm um papel muito importante neste desprendimento dos procedimentos e conhecimentos daquelas situações nas quais surgiram.[2]

MOMENTOS DE DISCUSSÃO E CONCEPÇÃO DIDÁTICA

Quando proponho aos meus alunos que comparem os resultados obtidos depois de resolver um problema, a maioria rapidamente comprova que acertou, e os que não... bem, já sabemos, são os mesmos de sempre..."

Daniela, professora da 3ª série.

Eu sim os faço trabalhar em grupo, porque todos sempre aprendem alguma coisa.

Natália, professora da 2ª série.

Propor que os alunos de uma turma discutam e façam intercâmbio de ideias não é novidade em educação. No entanto, para muitos professores, a organização de momentos particulares nos quais se discuta sobre conteúdos específicos é dificultosa. Outras vezes, e talvez desconhecendo ou duvidando de sua importância para conseguir a evolução dos conhecimentos, esses momentos ficam restritos a "somente alguns minutos e de vez em quando". Em ambas as circunstâncias, o sentido último das situações de discussão entre os alunos permanece difuso. Não se trata, adiantamos, de uma habilidade pessoal de alguns professores para conduzir de determinada maneira uma classe. Considerare-

mos a proposta de organizar momentos de discussão, de confrontação e de reflexão no ensino da matemática a partir de um determinado enfoque, uma concepção da didática da matemática caracterizada, entre outras coisas, pelo tipo de trabalho em relação à resolução de problemas e a reflexão sobre o que foi realizado (conforme o Capítulo 1, deste livro).

No campo da aprendizagem e do ensino desta disciplina, constantemente se destacou a importância da resolução de problemas. No entanto, a função que lhes foi atribuída nem sempre foi a mesma. Na versão mais generalizada, são considerados como momentos propícios para a "aplicação" daqueles conhecimentos recentemente ensinados: o famoso "problema-tipo" que, embora diante das críticas recebidas tenha variado em sua formulação, não o fez na sua função no ensino. Outras vezes, o problema aparece como motivação e introdução de um "tema" que o professor explica aos seus alunos. Em outras concepções supõe-se também que a resolução de problemas por si só gera automaticamente aprendizagem matemática, pondo em prática e desenvolvendo habilidades lógicas e matemáticas envolvidas nos processos de resolução. Nenhuma dessas posições corresponde ao modo como nós entendemos o lugar dos problemas no coração da aprendizagem matemática.

Por outro lado, frequentemente se diz que os alunos não sabem resolver problemas. Assim expressam as perguntas sobre a operação que deve ser feita e que formulam diante de um enunciado: "É de mais? "Que conta tenho de fazer?", "Tem de dividir?". Essas perguntas surgem especialmente quando faltam as palavras-chave que "dão pistas" ou sugerem a operação que deve ser feita. Encontramos, assim, uma cena repetida na sala de aula: os alunos sabem "fazer contas", mas não reconhecem em que situações é pertinente usá-las. Um exemplo disso é quando "conhecem" algumas tabuadas de multiplicação, mas não reconhecem as situações em que a multiplicação pode ser o caminho para a solução. Finalmente, esses conhecimentos permanecem vazios de sentido enquanto não são ferramentas mobilizáveis para resolver problemas.[3]

A partir da concepção didática que adotamos aqui, destaca-se que o essencial na aprendizagem da matemática é construir *o sentido dos conhecimentos* e que a resolução de problemas é uma atividade indispensável para isso. Os problemas aparecem, pois, como o meio fundamental para o ensino de um conceito. Não se trata de qualquer problema, mas daqueles aos quais respondem os conteúdos que se quer transmitir. Por meio deles, os alunos constroem seus conhecimentos, posto que promovem atividades de busca nas quais se põem em prática os conhecimentos já construídos adaptando como ferramentas de solução para esta nova situação. Isso é uma mudança de enfoque radical, uma vez que a resolução de problemas não se reduz ao momento da "aplicação" daquilo que foi previamente "ensinado" (contas, fórmulas, procedimentos de medição, de construção de figuras, etc.).

Neste sentido, Charnay (1994) afirma que a atividade deve propor um verdadeiro problema para resolver, deve permitir utilizar os conhecimentos anteriores e, ao mesmo tempo, oferecer uma resistência suficiente para levar o aluno a fazer evoluir esses conhecimentos anteriores, a questioná-los, a conhecer seus limites, a elaborar novos.

Nessa perspectiva, colocam-se diversos problemas, buscando ampliar o sentido de um conceito. Outros problemas podem ser apresentados para sistematizar determinados conhecimentos e também, por que não, para exercitá-los – exercício que se realizam compreendendo o que se faz e por que se faz. Encontramos aqui uma das diferenças com a ideia de "aplicação" que já observamos, uma vez que cada novo problema oferece a oportunidade de enriquecer o significado do que se aprendeu.

a) João tinha 5 figurinhas e ganhou 7. Quantas tem agora?

b) João tinha algumas figurinhas e perdeu 5. Agora tem 7. Quantas tinha antes?

Esses enunciados se situam no amplo campo dos problemas aditivos que Vergnaud (1979, 1986) nos ensinou a distinguir. Provavelmente os alunos muito pequenos possam resolver o primeiro, mas duvidem ao tentar resolver o segundo – mesmo quando convencionalmente se resolva com o mesmo cálculo – ou, acostumados a "buscar pistas" no enunciado para descobrir a operação que devem fazer, considerem a palavra "perdeu" e realizem uma subtração. Podemos afirmar, então, que os alunos que resolvem o primeiro sabem somar? Se sabem resolver o primeiro, é suficiente, então, oferecer-lhes mais exercícios sobre o mesmo para que "guardem" o conceito? O que queremos resgatar é que não é suficiente saber desenvolver algum procedimento de soma, nem basta poder resolver um conjunto restrito de problemas. É necessário trabalhar sobre a ampla gama de situações que um conceito permite resolver.

Contudo, se resolver problemas é a condição necessária para aprender matemática, não é para nada suficiente. *A aprendizagem matemática*, como já mencionamos, *baseia-se na resolução de problemas e na reflexão sobre o que foi feito*: os procedimentos empregados e os conhecimentos envolvidos devem converter-se em objeto de reflexão. Os intercâmbios com os colegas e o professor são aqui cruciais, isto é, as explicitações, as confrontações e as justificativas entre os alunos são um fator de progresso para todos. Permitem ir construindo o caminho que os levará a validar o trabalho feito. Essa atividade reflexiva enriquecerá, reciprocamente, as futuras resoluções de todos os alunos.

Colocar a resolução e a reflexão sobre problemas no centro da aprendizagem e do ensino da matemática não implica, em absoluto, "apagar" o papel do professor na atividade. Longe disto e muito ao contrário. Sua participação é altamente determinante. Como veremos "ao vivo" nos exemplos que vamos analisar mais adiante, os momentos de discussão exigem também uma participação ativa do professor, que não se limita somente a propô-los: deve conduzi-los e, para isso – como já mencionamos –, é necessária uma intervenção que incite as crianças a explicitar o que foi feito, aceitando todas as respostas sem validar, de começo, a resposta correta, retomando para todo o grupo o que alguns alu-nos dizem, apresentando contra-exemplos, ajudando a estabelecer acordos, recordando acordos anteriores relacionados com os conhecimentos, etc.

Em síntese, as crianças constroem os conhecimentos partindo de seu uso diante dos problemas e da reflexão sobre eles; a organização sistemática de instâncias de discussão na aula ocupa um lugar insubstituível neste processo.

POR QUE AS DISCUSSÕES GERAM PROGRESSOS? ALGUMAS RAZÕES PSICOLÓGICAS E DIDÁTICAS

Eu não proponho muito trabalho em pequenos grupos, porque percebo que aprender, não aprendem. A única coisa que fazem, além de muito barulho, é copiar dos que sabem mais.

Laura, professora da 2ª série.

Quando lhes proponho um problema, primeiro lhes peço que resolvam sozinhos, depois lhes peço que comparem com um colega para que pensem e discutam por que cada um resolveu desta maneira e que juntos vejam se estão de acordo.

Cecília, professora da 2ª série.

Já há muitos anos se reconhece a importância da interação social entre os alunos, o trabalho com "os outros". Um dos modos mais habituais que o ensino da matemática assume é o trabalho em grupos, especificamente no momento da resolução de um problema.

Embora já fosse conhecida sua impor-tância e se recomendasse propiciar o trabalho em grupos em uma dimensão educativa, isto é, independentemente de se tratar ou não de resolução de problemas, são os estudos da psicologia social genética[4] que progrediram, mostrando os efeitos positivos da cooperação na busca comum da solução de um problema.

A situação de resolução conjunta entre alunos é positiva, porque facilita coelaborações no processo de buscar juntos soluções, mediante a coordenação dos procedimentos para alcançar um objetivo determinado. Este processo exige levar em consideração o que os outros colegas dizem, as sugestões que fazem, explicitar e justificar as escolhas, provocando intercâmbios cuja riqueza está em possibilitar a tomada de consciência sobre algum aspecto não considerado do problema, reformulá-lo, descobrir novos aspectos, questionar outros, etc.

Apesar de sua riqueza, na hora de implementar na aula a solução conjunta de problemas – que não é a única maneira de propiciar a interação social –, aparecem limitações como, por exemplo, que um dos alunos do grupo assuma a "direção da solução" e os outros aceitem – talvez por sua "fama de bom em matemática" –, mas sem poder reutilizá-la por sua própria conta em outra situação,[5] ou que algum participante, sem empregar argumentos de ordem matemática, esteja sistematicamente em desacordo com as propostas dos outros. Por outro lado, os professores não podem chegar a conhecer a maioria das argumentações que os alunos empregam nos pequenos grupos. Essas dificuldades são salváveis a partir da organização das situações de ensino e não anulam o caráter produtivo das interações.

Mas, em nosso caso particular, não estamos enfocando o trabalho de resolução em pequenos grupos, mas a apresentação e as discussões que devem originar, e, embora estes momentos se organizem para cumprir diferentes funções, partilham alguns princípios quanto aos benefícios da interação da aprendizagem, uma vez que têm como dimensão transversal o tratar-se de momentos de intercâmbio, explicitação e debate que, como afirma o grupo ERMEL (1995), são um "poderoso incentivo de progresso na aprendizagem".

Existem, além disso, razões de ordem estritamente didática para proporcionar momentos de discussão de toda a classe. Aqui é necessário referirmo-nos à teoria das situações didáticas elaborada por Guy Brousseau (1986, 1994), que propõe associar os conhecimentos matemáticos a distintos tipos de situações suscetíveis de fazer funcionar diferentes dinâmicas sociais. Mencionemos brevemente que as situações concebidas para fazer evoluir os conhecimentos dos alunos se denominam situações adidáticas. São constituídas por problemas com os quais são confrontados os alunos. A organização dessas situações permite a evolução de seus conhecimentos matemáticos. A denominação de adidáticas responde a que desaparece delas – momentânea e aparentemente – a intencionalidade didática. É o aluno, e não o professor, quem põe em cena o conhecimento em função das exigências da situação.

Estes problemas, escolhidos de modo tal que o aluno possa aceitá-los, devem fazê-lo agir, falar, refletir, evoluir por seu próprio movimento. Entre o momento em que o aluno aceita o problema como seu e aquele em que produz sua resposta, o professor se recusa a intervir na qualidade de oferente dos conhecimentos que quer ver aparecer (Brousseau, 1986).

As diferentes situações adidáticas elaboradas por Brousseau têm relação, por um lado, com a ideia de proporcionar ao aluno um trabalho autônomo – que lhe permitirá construir seu próprio conhecimento – e, por outro lado, veiculam-se com os diferentes *status* de um conceito matemático. Nosso autor distingue diferentes classes de situações adidáticas ligadas aos diferentes níveis de sentido dos conhecimentos: de ação, de formulação e de validação, de acordo com as interações do sujeito com o meio, a função que nelas cumpre o conhecimento para o qual se aponta (uso, representação, demonstração), etc.

Para que os alunos possam evoluir em seus conhecimentos, é necessário, então, que *atuem* para resolver problemas (situações de ação), isto é, que as situações propostas provoquem a elaboração e a colocação em funcionamento de conhecimentos implícitos; que *possam explicitá-los*, que os *expressem em uma linguagem* compreendida por todos (situações de formulação) e que *validem* sua utilização por meio de provas (situações de validação).

Contudo, Laborde (1991) afirma que

> [...] são finalidades de tipo social as que permitem a passagem de uma fase de ação para uma fase de formulação e desta última para uma fase da validação. Colocar

em ação uma finalidade de tipo social é o instrumento utilizado aqui para modificar a significação dos conhecimentos nos alunos.

Vemos, assim, que estas situações são, em grande parte, determinadas pelas interações sociais que as constituem. Neste sentido, observamos que as situações de formulação e de validação exigem "um outro" (real ou hipotético) a quem se destina a produção. Nas situações de formulação exige-se a expressão de informações pertinentes em uma linguagem ou código que a criança conhece ou cria. A linguagem simbólica serve, então, para expressar informações em situações que justificam seu emprego. Tais situações contribuem, por outro lado, para *tornar explícitos modelos* que as crianças usam na resolução dos problemas.

As situações de validação, por outro lado, dão lugar a debates entre alunos que, organizados pelo professor, possibilitam que se explicite e se argumente sobre o que foi realizado, constituindo, dessa maneira, um meio para estabelecer provas ou refutá-las. Trata-se, como diz Balacheff (1982) citando Piaget, de encontrar as "razões" para "responder à questão do porquê". Segundo esta teoria, então, as situações adidáticas fazem julgar diversas modalidades sociointerativas – nem sempre necessariamente conflitantes –, que entram em cena em situações de aprendizagem especificamente organizadas e necessariamente vinculadas com distintos aspectos dos saberes matemáticos. Isto é, as interações sociais estão incluídas no estudo do funcionamento da aprendizagem matemática na situação de classe.

Para que os efeitos dessas interações sejam benéficos, as participações dos alunos devem ter certas características, tais como: que comprometam suas próprias convicções, que explicitem seus pontos de vista sobre o problema considerado, que ofereçam explicações dos procedimentos realizados, que utilizem uma linguagem compreensível, apresentem argumentações de ordem matemática e não simplesmente opiniões. Tudo isso implica, por outro lado, uma tomada de distância e uma atitude reflexiva relacionada com os conhecimentos individuais.

Estes intercâmbios obrigam o aluno a descentralizar seu pensamento, seu próprio ponto de vista, abrindo-lhe o horizonte de possibilidades até chegar, às vezes, a perturbar a própria posição.

Trazemos aqui essas pesquisas, pois seus resultados nos permitem compreender por que os momentos de explicitação, de justificação e de debate nas salas de aula são tão propícios para gerar progressos nos conhecimentos de nossos alunos. Mesmo quando não se trabalha com situações didáticas no sentido forte em que as define Brousseau, as instâncias de discussão possibilitam momentos de reflexão conjunta na classe a propósito do que foi realizado. No entanto, parece-nos condição necessária que os alunos tenham enfrentado previamente a tarefa de maneira relativamente autônoma; caso contrário, sobre o que se discutiria se não houvesse uma resolução dos alunos por si mesmos?

COMO ORGANIZAR MOMENTOS DE DISCUSSÃO NAS AULAS?

No começo, cada vez que um aluno participava, as crianças esperavam que eu indicasse se estava certo ou errado.

Alessandra, professora da 2ª série.

Não é possível definir um modo geral de organizar estes espaços válidos para todas as ocasiões, porque os momentos de discussão dependem, entre outras coisas, dos diferentes objetivos do ensino, do conteúdo matemático em questão e dos conhecimentos dos alunos. Optamos, então, por analisar fragmentos de registros de aula das séries iniciais, centrando-nos em algumas condições didáticas das discussões na sala de aula, particularmente relacionadas com as intervenções do professor. Apresentaremos quatro exemplos: os dois primeiros correspondem a diferentes problemas de adição em diversos contextos didáticos, o terceiro, a um problema de divisão, e o último, a uma busca de diferentes maneiras de resolver uma soma.[6]

Primeira situação: resolução de problemas de adição

Contexto didático

A primeira situação corresponde a uma 2ª série na qual a professora está começando a instalar em suas classes de matemática um novo modo de funcionamento vinculado ao enfoque didático que desenvolvemos anteriormente, particularmente relacionado com a resolução de problemas. Está levando os seus alunos a, diante dos problemas que lhes são apresentados, desenvolverem um determinado trabalho autônomo. Isto é, que enfrentem o desafio de resolvê-los, pondo em prática os conhecimentos que possuem, sabendo que isso não implica necessariamente aplicar uma determinada operação, mas que é legítimo e necessário propiciar a busca de diversos caminhos pessoais de resolução, provando, equivocando-se, ajustando seus procedimentos, controlando os passos que vão dando. Trata-se de um trabalho em que o professor não é o único que estabelece se é correto ou incorreto o que o aluno faz.

A professora propõe, então, aos seus alunos o seguinte problema:

Na 2ª série A, há 27 alunos e, na 2ª série C, há 18. Quantos alunos há a mais na 2ª série A do que na 2ª C?

A professora escolheu este problema, porque considerou importante ampliar o campo dos problemas de somas e subtrações que seus alunos vinham trabalhando. Sabia que os problemas de comparação, referentes a uma diferença entre duas medidas (em nosso exemplo, a quantidade de alunos de cada grau), oferecem certas dificuldades para as crianças pequenas e que era necessário iniciar seu ensino. Ao planejar a classe, havia previsto – inspirando-se em estudos didáticos – quais eram as resoluções possíveis para este problema:

• Fazer uma subtração (27 – 18) corresponde à solução canônica. No entanto, não se espera que os alunos vinculem, de começo, este problema com uma subtração, dado que o enunciado não menciona a diminuição de qualquer quantidade.

- Contar para trás desde 27 até 18, controlando – com os dedos, com marcas de papel, etc. – a quantidade de números que são ditos: 26, 25, 24, 23, 22, 21, 20, 19, 18.
- Calcular o complemento de 18 a 27 mediante uma soma: 18 + ... = 27, ou contando desde 18 até 27.
- No caso de utilizar a conta, alguns alunos podem recorrer a uma representação gráfica desenhando ambos os conjuntos – ou somente o mais numeroso – e compará-los, estabelecendo no mais numeroso até onde são equivalentes e qual é a diferença entre eles.

Essas previsões permitem ao professor um planejamento de sua classe que, certamente, poderá corresponder em maior ou menor medida à realidade e irá se ajustando em seu desenvolvimento de acordo com o que acontece efetivamente na sala de aula. São previsões que permitem tomar consciência de que não existe uma única maneira de resolver um problema – a canônica –, que permitem conhecer a variedade de caminhos possíveis para fazê-lo e que permitem compreender o que as crianças fazem quando apresentam procedimentos pessoais e antecipar como intervir.

Na organização da discussão, essas previsões permitem estabelecer os eixos em torno dos quais se tentará fazê-la girar, bem como elaborar intervenções possíveis para as diferentes questões que possam aparecer. Isso não significa que algumas das intervenções reais da classe não se governem a partir do que surge em seu desenvolvimento, mas este trabalho sempre será mais rico se o professor contar com todo um respaldo de possibilidades para orientar sua classe na direção daquilo que deve ensinar.

Desenvolvimento da situação

Voltando ao problema apresentado nesta 2ª série, a professora copia o enunciado no quadro, lê em voz alta e dedica alguns instantes para comentar de que se trata, se há alguma coisa que não é entendida, etc. Depois esclarece que há diferentes maneiras de buscar a resposta, que cada um pode fazê-lo como parecer melhor e que anotem o que precisam para resolvê-lo nas folhas que acabam de ser distribuídas.

Enquanto os alunos resolvem, a professora percorre as mesas, olhando como estão fazendo, respondendo dúvidas, cuidando sempre de não sugerir ou indicar o procedimento a ser utilizado e selecionando os que serão discutidos depois. Quando os alunos se aproximam para lhe perguntar se está certo o que fizeram ou como devem fazê-lo, responde, por exemplo: "Agora cada um resolve como quiser, depois vamos conversar todos juntos". Isso é importante porque se trata de um momento no qual os professores, habitualmente, dão muitas indicações para que os alunos façam o "certo".

Em muitos dos procedimentos que apareceram, as crianças apelaram para representações gráficas: desenharam o conjunto maior marcando de alguma forma (assinalando, riscando, etc.) nele até onde era equivalente ao outro e contando, a partir daí, a diferença. Outro procedimento, semelhante ao anterior, consistiu em escrever a série dos números até 27 e, nela, contar a quantidade de números desde 18 a 27, ou fazê-lo diretamente na banda numérica.[7]

Alguns alunos não podiam apresentar nenhum procedimento para começar a resolver este problema. Entre eles, alguns entendiam que lhes estava sendo perguntado qual era a turma mais numerosa, algo comum em relação com este tipo de problemas. Na sua caminhada por entre as mesas, quando percebeu esses bloqueios, a professora lhes propôs a mesma situação, mas com números menores, 3 e 5, por exemplo. Alguns puderam, assim, começar a busca, outros não. A discussão em grupos será depois uma instância na qual poderão perceber a existência de caminhos de resolução que não chegaram a descobrir sozinhos.

A maioria apelou para algum tipo de marca gráfica como apoio para poder contar e comparar a quantidade de alunos de ambas as turmas. Queremos destacar que se trata de apelações para os desenhos por decisão própria dos alunos. A professora não lhes sugeriu

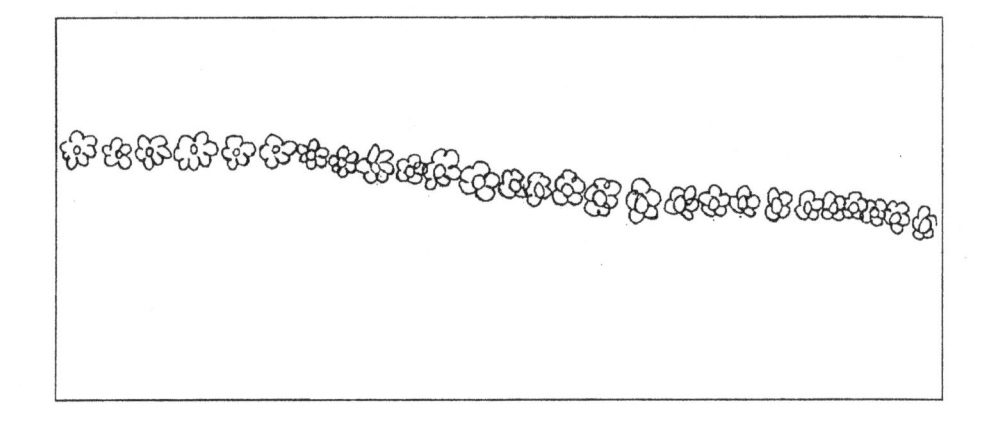

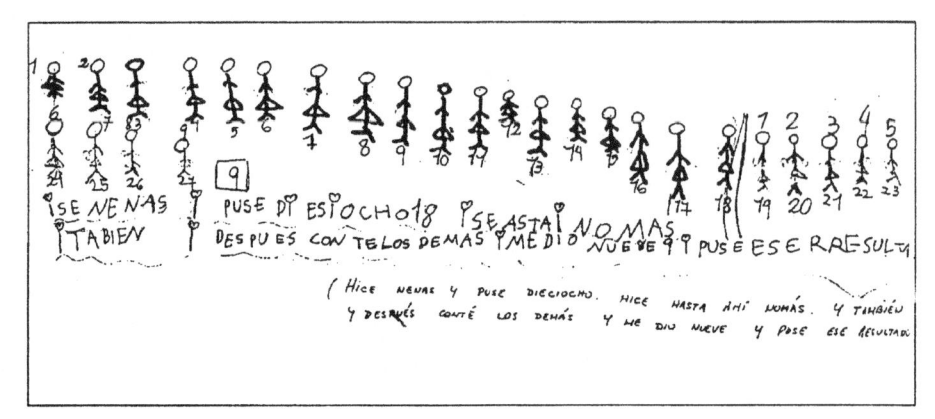

(Desenhei crianças e pus 8. Fiz até aqui, não mais. E também, e depois, contei as outras e deu nove e pus este resultado.

este procedimento, como também não sugeriu nenhum outro. Somente para algumas crianças que não podiam iniciar alguma resolução, propôs: "Não sabe o que fazer? Fazer um desenho, ajudará você a pensar?". No entanto, somente o fez com o objetivo de que pudessem imaginar de alguma maneira a situação não como condição prévia para uma resolução numérica. Ela sabe, como mostram as pesquisas atuais em didática da matemática, que os procedimentos de resolução não se iniciam necessariamente com uma representação gráfica, uma vez que, ao contrário de uma ideia bastante difundida, a resolução dos problemas não segue necessariamente uma progressão partindo de resoluções concretas para representações gráficas e, finalmente, representações simbólicas.

Este contraste entre o que a professora havia previsto e os procedimentos que de fato apareceram nos mostra como os planejamentos são esboços de classes, que depois se adaptam ao que aparece no caminho. Realmente, neste caso, não apareceram procedimentos que recorressem ao cálculo,[8] mas baseados na conta.

Para observar o que os alunos faziam, a professora escolheu dois procedimentos que submeteria à discussão: o de Daiana, que desenhou somente o conjunto maior e contou nele a diferença entre ambos os conjuntos, e o de Nerina, que se apoiou na cartela numérica. A discussão em comum se concentraria, por um lado, na difusão do procedimento consistente em se apoiar na série numérica, de modo que os alunos que não a haviam utilizado não pudessem se apropriar dele, ou pelo menos tomar consciência da existência de outro procedimento além do próprio. Por outro lado, a professora queria que os alunos explicitassem ou refletissem como se realizava a comparação, qual parte do conjunto maior era equivalente à menor e como se estabelecia, então, a diferença entre ambas e em que se distinguiam os dois procedimentos selecionados para realizar essas ações. Quando os alunos terminaram de resolver o problema, a professora começou a apresentação.

P.[9]: *Muito bem. Agora vamos conversar todos juntos sobre o que estivemos fazendo. Daiana, quer contar aos colegas como você pensou? Venha com sua folha, faça bem grande aqui no quadro para que todos possam ver e conte como resolveu.*

Daiana: *Eu pus todas as flores e depois...*

P.: *Faça no quadro o que você disse, Daiana.*

(Daiana pede à professora que desenhe no quadro.)

P.: (Começa a desenhar uma fileira de flores na lousa.) *Vocês viram que alguns desenharam palitinhos? Muito bem. Ela, em vez de palitinhos, desenhou flores. Para cada aluno fez uma flor, e então pôs todos os alunos que havia na 2ª A. Quantos eram os da 2ª A?*

(Vários alunos dizem que eram vinte e sete.)

P.: *Bom, vamos ver. Fiquem quietos, se não posso me enganar.* (Continua desenhando a fileira de flores, enquanto os alunos contam em voz alta.) *E depois, Daiana, o que você fez? Conte as flores.*

Daiana: *Depois contei quantos havia na outra.*

P.: *Quantos havia na outra classe?*

A.: *Dezoito.*

P.: *Contou dezoito. Vocês me ajudam?*

Alunos: *Sim.* (Contam à medida que a professora indica.)

P.: *Por que contou dezoito aqui?*

A.: *São os da 2ª C; nas outras classes tem mais.*

A.: *E sobram nove.*

A.: *Contou os que sobraram.*

P.: *Claro, contou os que sobraram, né? Quantos sobraram aqui?*

A.: *Nove.*

P.: *Sobravam nove. Assim verificou quantos alunos havia a mais na 2ª A do que na 2ª C. Houve vários que usaram esta maneira de verificar, né? Alguns, em vez de flores, fizeram corações; outros, palitinhos para cada criança. Outros, sabem o que estavam fazendo? Em vez de contar somente os 18 da 2ª C, riscavam-nos.* (Faz gesto de riscar algumas das flores que estavam desenhadas no quadro.) *Agora eu quero lhes perguntar uma coisa: o que estas formas de resolver têm de parecido?*

A.: *Os vinte e sete.*

P.: *Os vinte e sete, quem eram?*

A.: *Os alunos da 2ª A.*

P.: *E como fizeram para verificar quantos alunos tinham a mais na 2ª A do que na 2ª C?*

(Alguns alunos respondem que contando, outros, riscando.)

P.: *O que é que contaram ou riscaram?*

A.: *Dezoito alunos.*

A.: *Os da 2ª C.*

P.: *Da 2ª C. Sabem uma coisa? Eu não entendo como, se eram da 2ª C, marcaram aqui onde estavam estes 27 que são os da 2ª A.*

A.: *Da 2ª A quis tirar 18 da 2ª C, para ver quantos sobravam. Os que sobraram são os que dão o resultado.*

Fernando: *Porque até aqui* (fazendo uma marca na 18ª flor) *eram iguais nas duas séries.*

P.: *Ah! O Fernando disse que até aqui eram iguais nas duas séries, que tinham a mesma quantidade de alunos. E estes?* (Indica os outros.)

A.: *Nove, contou os que sobraram.*

A.: *Os que tem mais, os que não são iguais.*

P.: *Outros resolveram de outra maneira. Por exemplo, Nerina, conte para os seus colegas como você resolveu.*

Nerina: (Aproxima-se da cartela numérica.) *Do dezoito, saí até o vinte e sete e deu dez porque eu contei o dezoito. Quando não contei o dezoito, deu nove. Aqui, a partir do dezoito, pus a mão aqui* (apoia a mão no 18 da cartela numérica).

Laura: *Professora, Nerina contou de dentro ou de fora?*

P.: *Nerina, Laura quer saber se você contou os de dentro ou os de fora. O que você quer dizer com os de dentro, Laura?*

Laura: *Do outro número* (indica entre o 1 e o 18).

Nerina: *Não. Eu contei estes* (indica os números entre o 18 e o 27). *Eu não contei nem estes* (indica os números do 1 ao 18 na cartela numérica) *nem estes* (indica os números do 27 em diante na mesma cartela); *contei estes* (volta a marcar os números entre o 18 e o 27).

P.: *E estes, por que não os contou?* (Indica os números até o 18).

A.: *Porque dá mais: dá um, dois, três, ... dezessete e então, como aqui havia nove, tinha que chegar até aqui.*

P.: *Mas, antes de resolver o problema, não sabíamos que a resposta era nove, podia ser mais ou menos.*

Paulo: *Eu contei estes e depois os tirei. Quanto terminei de contar até aqui* (indica o 18), *contei isto* (indica os números do 19 ao 27).

P.: *Paulo fez vinte e sete palitinhos. E ele disse que contou os primeiros dezoito e os riscou e depois contou o resto. É alguma coisa parecida com o que Daiana fez, aí sim tivemos que contar os dezoito para saber até onde havia o mesmo número de alunos que na 2ª C. E como Nerina fez, era necessário que contasse estes dezoito? Por que parece que começou aqui no dezenove e não voltou para contar estes aqui?*

A.: *Não voltou para contá-los outra vez, porque parece que já sabia que aí havia dezoito.*

P.: *As crianças dizem que aí, onde estão escritos os números, já sabem que há dezoito, que não precisam contar. Todos estão de acordo?*

Alguns alunos: *Sim.*

P.: *O que há de parecido e de diferente entre esta maneira de verificar e esta outra?* (Indica a resolução de Daiana no quadro e a cartela numérica na qual Nerina explicou a sua.)

A.: *Os vinte e sete e os dezoito.*

P.: *Vocês querem dizer que nos dois estão os vinte e sete e os dezoito?*

A.: *Os da 2ª A e da 2ª C.*

P.: *Mas neste* (indica a fileira de flores no quadro) *eu não vejo os números.*

A.: *Não, os números não, mas as flores, que são os alunos.*

A.: *Mas aí* (olha a cartela) *estão os números. Por isso, não tinha que contar os de dentro.*

P.: *Vocês estão dizendo que nos dois estão representados de alguma maneira os vinte e sete e os dezoito: em um com flores, palitinhos ou outras marcas; no outro, com números. E quando usaram os números não fez falta contar até o dezoito porque já sabiam que aí havia dezoito. Então, tinham somente que contar os que havia a mais. Muito bem, crianças, como trabalharam! Vimos que há diversas maneiras de resolver estes problemas. Em outro dia, vamos continuar trabalhando e conversando todos juntos com outros problemas...*

Como podemos observar, a discussão esteve centrada na explicitação, na análise e na comparação dos procedimentos selecionados.

A professora faz – como veremos também nos exemplos seguintes – uma seleção do que proporá para a discussão. Não se trata de que cada aluno se apresente e conte como resolveu. Isso tornaria a aula muito monótona e escutar intermináveis relatos da mesma coisa não levaria ao objetivo perseguido.

Uma dificuldade que costuma aparecer quando os alunos expõem seus procedimentos é que se dirijam ao professor, e não aos seus colegas. É preciso pedir-lhes que falem para toda a turma, que escrevam grande para que todos vejam, como também explicar aos outros que precisam entender o que um determinado aluno pensou, que se houver alguma coisa que não entendem ou com o que não estão de acordo, levantem a mão para lhe perguntar ou lhe dizer, etc.

A professora formula perguntas que são para seus alunos novos problemas relacionados com a resolução que estão analisando. Suas intervenções consistem em propor problemas ou perguntas; repetir ou reformular alguma coisa dita por um aluno para torná-la audível ou compreensível para todos; reperguntar, no caso, que isso não surja do mesmo grupo; recordar questões que tenham surgido em momentos anteriores da aula; fazer sínteses parciais ou conclusivas (momentânea) do que se tenha dito ou progredido na discussão, etc.

Como mencionamos, esta aula era uma primeira abordagem de um dos problemas de adição que consiste em estabelecer a relação quantitativa entre duas medidas, com o objetivo de começar a instalar este tipo de intercâmbio com toda a turma. Portanto, somente se pretendia abrir o jogo para que os alunos pudessem pôr em prática seus próprios procedimentos. Progrediu-se um pouco também na explicitação, na justificativa e na análise desses procedimentos.

Como continuar a partir daqui o trabalho com esses problemas? Volta-se a propor problemas semelhantes e outros do campo da adição, para lhes dar ocasião de reutilizar os progressos conseguidos graças às reflexões que aconteceram na discussão. Uma possibilidade para conduzir os alunos até à utilização de procedimentos numéricos é, em ocasiões futuras, sugerir-lhes, de começo, que tentem uma solução usando números. Será também necessário propor a mesma estrutura com números maiores e mais distantes entre si para desencorajar a utilização da conta tratando de estabelecer relações com o cálculo.

Segunda situação: resolução de outros problemas de adição

Contexto didático

A segunda situação que apresentamos também se desenvolve em uma 2ª série, mas, diversamente da anterior, os alunos já estão usando esta modalidade de trabalho desde o começo do ano. A professora propõe para seus alunos resolver individualmente o seguinte problema:

"Nesta caixa já há alguns cubos. Ponho mais 12. Agora há 25. Quantos havia no começo?"

É outro problema que corresponde ao amplo campo dos problemas de adição. Envolve uma transformação que vincula um estado inicial com um estado final.[10] Aqui se trata de verificar o estado inicial. Convencionalmente se resolve subtraindo do total de cubos (25), os que foram acrescentados (12) para saber quantos cubos havia inicialmente na caixa. A professora, no entanto, não lhes adianta nem espera que todos seus alunos efetuem uma subtração; sabe que, usando procedimentos próprios, eles têm possibilidades de resolver o problema. Para este grupo de alunos, não é novidade trabalhar desta maneira, estão acostumados a que sejam aceitos diversos modos de resolução do mesmo problema e a que possam provar, ensaiar, fazer rascunhos e também se equivocar.

Os procedimentos de resolução numérica não convencionais possíveis para resolver este tipo de problemas são por meio da busca de *complemento*,[11] isto é, ir agregando à quantidade que se acrescenta mais elementos até chegar ao total, ou ir tateando por meio de um estado inicial hipotético, isto é, antecipando um número possível e ir controlando se, somado à quantidade que se acrescenta, se obtém a quantidade total de cubos. As crianças desse grupo, embora fosse uma estratégia de resolução possível, não utilizaram aqui o desenho.

Quando algumas delas perguntam como se faz, a professora responde que podem resolver como cada um pensa, mas que é importante que anotem no papel como estão fazendo. Pedir-lhes que anotem, isto é, que realizem uma produção escrita, é importante por várias razões, entre elas porque contribui para organizar as ideias e também porque as ideias escritas permanecem e, se a resolução ocupou muito do seu tempo, pode-se deixar a discussão para outro momento.

Desenvolvimento da situação

Como mencionamos na situação anterior, enquanto as crianças resolvem o problema, a professora passa pelas mesas observando aquilo que estão fazendo. Desta maneira, tem uma ideia aproximada dos diferentes procedimentos empregados. Por que é aconselhável que a professora conheça previamente os procedimentos de seus alunos? Porque é em função da produção deles que se tentará fazer evoluir seus conhecimentos para os conteúdos que se quer ensinar. Por outro lado, reiteramos, devem ser selecionados os procedimentos que serão discutidos de acordo com os aspectos que o professor deseja trabalhar. Não se trata de fazer vir à frente todos os alunos transformando os momentos de discussão em uma tarefa de apresentação exaustiva de procedimentos, como simples rotina, na qual as crianças estejam mais interessadas em passar do que em compreender, defender, argumentar e discutir. Um certo trei-

namento neste tipo de intercâmbio talvez evite ouvir nas aulas: "Mas, professor, eu não passei". Outra alternativa é que a professora recolha os trabalhos, analise-os e decida quais vão ser discutidos pelo grupo. Desta maneira, se poderia favorecer a "despersonalização" do trabalho, centrando a discussão nos procedimentos.

Uma vez que a maioria resolveu o problema, a professora propõe analisar as maneiras que encontraram de solucioná-lo. Para isso, convida a vir à frente algumas crianças e também – como veremos mais adiante – propõe ela mesma resoluções de algumas crianças para serem analisadas. Seu objetivo é a difusão de diferentes procedimentos de resolução, inclusive a subtração, se aparecesse como um procedimento a mais.

A seguir, mostraremos os trabalhos selecionados pela professora.[12]

Trabalhos dos alunos

Juan Manuel – como se pode observar na ilustração – escreveu em seu papel uma soma e o desenvolvimento para obter o resultado, mas não se deu conta da maneira como encontrou o primeiro dos termos da soma, justamente o que é a resposta do problema, e isso era interessante.

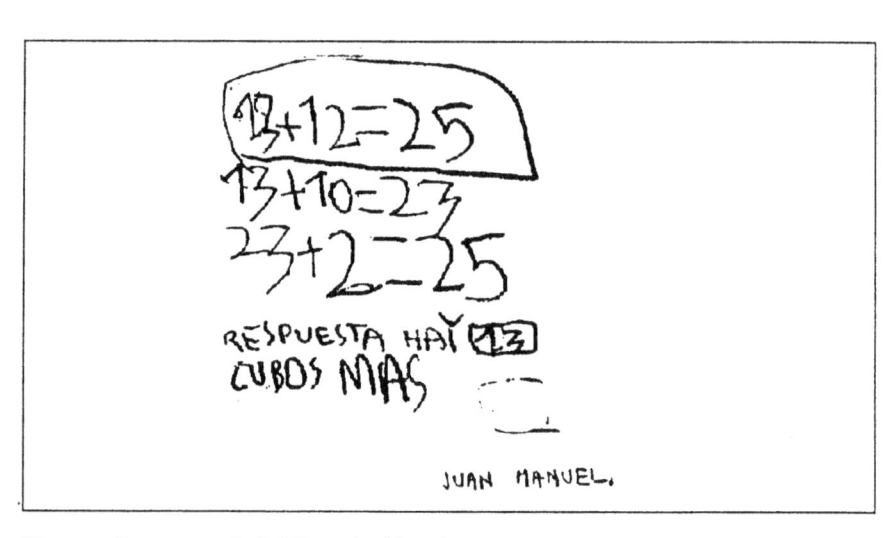

(Manuscrito no quadro): Há mais 13 cubos
Juan Manuel

Flor também apresentou um trabalho semelhante ao de Juan Manuel, só que ela explica como é que obteve o 13. Em sua folha podemos ler:

(Manuscrito do quadro): Fui tentando com cada número e com o 13 fiz...
Resposta: havia 13.
Flor

O interessante era constatar estes trabalhos porque, apesar de ambos empregarem uma soma com os mesmos termos, não são iguais: Flor explicita como chegou ao número 13. Outras crianças também somaram. O trabalho de Morena o testemunha:

(Manuscrito do quadro): Morena
No começo havia 13 cubos

Observe-se que 13 é o resultado que Morena obtém ao ir se aproximando de 25 (número total de cubos) a partir de 12 (os cubos que foram acrescentados) mediante somas parciais. Isto é, para chegar aos cubos que já havia na caixa, Morena acrescenta primeiro 10 e depois 3, obtendo por complemento o resultado esperado.

A professora também sabia que outras crianças haviam empregado somas, mas o que somavam eram as duas quantidades que figuram no enunciado do problema, fazendo, obviamente, um procedimento equivocado. Decidiu, então, que seria muito apropriado analisar com seus alunos ambos os tipos de somas. Decidiu também que seria ela quem apresentaria estas últimas para não identificar o autor. Finalmente, submeteria à discussão do grupo trabalhos como os de Juan Ignácio e Guido, nos quais figura uma subtração.

J.M.: *Treze, mas não anotei a resposta aqui.* (Indica o quadro.)

(Muitas crianças dizem que está certo, que antes havia 13 cubos.)

P.: *Mas eu não entendo como Juan Manuel fez para saber que eram treze.*

J.M.: *Porque treze mais doze são vinte e cinco.*

P.: *Está certo, mas como você sabia que tinha que somar treze?*

J.M.: *Eu já disse...*

(Manuscrito do quadro): Resposta: Havia 13 cubos
Juan Ignácio

Como podemos observar neste trabalho, seu autor começa escrevendo a operação a realizar que desenvolve abaixo através de subtrações parciais baseadas na decomposição decimal do subtraendo.

Descrevemos a seguir fragmentos do registro da classe.

P.: *Muito bem, crianças, agora vamos ver as diversas maneiras que encontraram para resolver o problema. Eu ia olhando enquanto vocês resolviam e parece que é interessante partilhar as soluções. Vamos ver, Juan Manuel (J.M.), quer contar-nos como você resolveu?*

(Juan Manuel vai à frente e copia no quadro somente o cálculo que tinha escrito em seu papel.)

P.: *Muito bem, mas quantos cubos havia na caixa?*

P.: *Vamos ver. Olhem o que Flor fez.* (Escreve no quadro o cálculo que Flor havia feito em seu papel.) *Ela também fez treze mais doze, mas esclarece alguma coisa mais. Flor, quer ler ou nos contar de onde você tirou o treze?*

Flor: *Eu fiz como Juan Manuel.*

P.: *Sim, mas como você fez para saber que era o treze que você tinha que somar?*

Flor: *Porque fui pensando com outros números...*

J.M.: *Ah! Eu também, eu sabia que era um número dos dez, porque se não ia passar de vinte e cinco. Primeiro experimentei com o dezessete e deu outro número, depois com o quinze e deu outro número e depois percebi que podia ser com o treze.*

Lucas: *Eu também pensei assim, fui experimentando...*

P.: *E experimentaram com qualquer número?*

(Várias crianças falam, cada um na sua vez, dizem que não é qualquer número, que "você tem que ir marcando mais ou menos qual pode ser".)

P.: *Vamos ver Morena. Você pode nos contar como fez?*

Morena: *Eu não experimentei, eu fui acrescentando, porque eu sei que, até o vinte, tinha que acrescentar dez, não é? Muito bem, acrescentei e deu vinte e dois e aí já percebi que faltavam três. Eu não experimentei, fui pondo.*

P.: *O que vocês acham?*

(Muitas crianças dizem que está certo, que Morena foi acrescentando, "um pouco por vez", o número que tinha de somar para chegar a 25.)

P.: *Outras crianças também fizeram uma soma. Olhem, vou escrever no quadro o que fizeram para ver o que vocês acham.*

(Escreve o trabalho de uma criança que soma 12 + 25 e o desenvolvimento da decomposição decimal que faz para obter o resultado:

20 + 10 = 30
30 + 2 + 5 = 37)

Guido: *Mas tem mais do que (o problema) diz que tem.*

Morena: *Se você quer somar, pode somar, mas nem todos. Assim você tem mais de vinte e cinco.*

J.M.: *Você tem que pensar qual é o número que você soma.*

P.: *O que será que pensou quem fez assim?*

Guido: *que tinha doze e acrescentam vinte e cinco, mas isso não quer dizer...*

P.: *Vamos ver: O que diz o problema?*

(Várias crianças afirmam que o problema diz quantos há no final, que não devem ser somados estes números, que se deve somar os que alguém pensa que já há na caixa.)

P.: *Vocês dizem que já sabemos quantos temos depois de acrescentar doze, temos vinte e cinco, ou seja, que se deve buscar quantos havia no começo. Algumas crianças pensaram em um número e experimentaram se, ao somá-lo com doze, dava vinte e cinco, outros foram acrescentando a partir de doze até chegar a vinte e cinco* e aí se davam conta de quantos tinham acrescentado.

Morena: *Sim, eu fiz assim.*

P.: *Sim, pode-se pensar em algum número e experimentar se se consegue chegar ao resultado ou ir acrescentando aos poucos, como fez Morena, para chegar a vinte e cinco. O que vemos é que não se pode somar os dois números que estão no enunciado do problema, porque não foram colocados na caixa primeiro doze e depois vinte e cinco.*

J.M.: *Pode-se, mas esse é outro problema...*

P.: *De acordo, mas neste caso não. No entanto, outras crianças fizeram uma subtração. Vejam, crianças, assim fizeram Juan Ignácio e Guido.* (Escreve no quadro a subtração 25 – 12 e o desenvolvimento para obter o resultado.)

Morena: *É de menos?*

P.: *Quer dizer, Guido, por que você fez uma subtração?*

Guido: *Como pus cubos, não podia continuar pondo cubos. Para saber quanto tinha antes, tinha que tirar cubos, como os que pus, porque, se acrescentasse cubos, ia dar cada vez um total maior que vinte e cinco.*

P.: *Ele tirou os cubos que havia no total os cubos que acrescentou para saber quantos cubos havia no começo.* (Algumas crianças dão a impressão de não acompanhar esta última explicação, outras se espantam ao saber que se pode resolver com uma subtração.) *Então, este problema pode ser resolvido como fizeram Flor, Juan Manuel ou Morena que foram acrescentando aos poucos ou experimentando com números diversos, ou como o que fizeram as outras crianças.*

Analisemos este fragmento. Uma primeira questão, que na realidade é uma condição didática necessária já mencionada no exemplo anterior, é que a professora não esclareça nem dê nenhuma pista sobre o tipo de cálculo que resolve este problema. Na verdade, diferentemente do que habitualmente se acredita, se assim o fizesse, não estaria ajudando seus alunos. Em outra situação semelhante, uma vez apresentado o problema e antes da resolução, uma das crianças disse que "era de menos", afirmação que a professora ratificou. A maioria das crianças resolveu o problema empregando uma subtração, embora depois não conseguisse justificá-la. Às vezes, não se trata de que o professor dê diretamente a informação; com efeito, validar de começo o procedimento que um de seus alunos sugere em voz alta funciona como uma pista do que o professor espera que todos façam. Evitar dar estas "pistas" é uma condição para todas as situações em que se queira que os alunos exibam procedimentos de resolução próprios, desenvolvam modos de pensamento conforme os problemas apresentados e nas quais tenham sentido os momentos de discussão.

Vejamos agora as intervenções do professor neste momento, embora julguemos que possam ser válidas para outras ocasiões.

- Expõe ou faz expor alguns dos trabalhos dos alunos sem fazer uma apresentação exaustiva de todos. Em princípio, porque não se encontram tantos procedimentos diferentes; como acabamos de ver, é possível agrupá-los uma vez que alguns são semelhantes. Desta maneira, focaliza a atenção dos alunos sobre os aspectos que tenta trabalhar e situa as diferentes soluções dentro de sua especificidade.

- Apresenta os procedimentos "bons", os pertinentes para solucionar o problema e também os que não o são, sem por isso transformar esta situação em um momento de correção.[13] Não indica os errados como tais, mas propõe analisá-los e descobrir como pensaram seus autores. Desta maneira, permitirá aos seus autores modificar seu ponto de vista. Os "outros" fornecem informações que podem ajudar a elaborar uma resposta nova e descartar as erradas. Como veremos mais adiante, a análise de erros não se destina a beneficiar somente quem os produziu, mas toda a classe.

- Reformula e faz sínteses parciais do que os alunos vão dizendo, para torná-lo compreensível para todos e, ao mesmo tempo, centralizar a discussão.

- Nesta apresentação também não se indica qualquer procedimento como "o melhor" ou o "convencional". Não é esse o objetivo; comparar não é aqui sinônimo de escolher o melhor, mas a oportunidade de saber que é possível que existam outras respostas diferentes e analisá-las.

- Pergunta como fizeram, ajudando desta maneira a tomar consciência do que pensaram. Notemos que, no começo do registro, Juan Manuel afirma que somou 13 porque, se somar com 12, dá 25. Apesar da reiteração da pergunta por parte da professora, sua justificativa não esclarece o que pensou para chegar a obter o 13. Isto acontece quando outra colega, indicada pela professora, explica o procedimento que consiste em ir tentando com diversos números,[14] que ele, então, pode retomar seu procedimento e justificá-lo não somente porque "a conta dá". Para isso, é fundamental que a professora não feche a possibilidade de continuar a discussão convalidando afirmações corretas dos alunos, mas que também as ponha em dúvida. A professora intervém para favorecer a tomada de consciência sobre o que foi feito, uma vez que, no momento de resolução, prevalece "o fazer" e nos momentos de discussão tenta-se tornar explícitas "as razões do fazer".

Outra intervenção possível é a de propor escritas aos procedimentos que os alunos relatam quando não chegaram a produzi-las eles mesmos. Por exemplo, quando Juan Manuel relata como foi tateando até chegar ao número buscado, a professora poderia ter escrito os cálculos correspondentes no quadro, servindo de apoio para o que segue na discussão.

Terceira situação: resolvendo um problema de divisão[15]

Contexto didático

Este exemplo corresponde a uma turma de terceiro ano da EGB. A professora está trabalhando problemas de divisão. Seu objetivo é fazer evoluir os procedimentos dos alunos em direção ao algoritmo desta operação. Dentro da variedade de problemas multiplicativos,[16] escolhe o seguinte para esta classe:

"Uma padaria fabrica 180 tortas por dia e as entrega a cada uma de suas 15 filiais de modo que todas recebam a mesma quantidade de tortas. Quantas tortas chegam a cada filial?"

Esse problema se resolve canonicamente com a operação 180 : 15. Os alunos, no entanto, antes de conhecer ou dominar o algoritmo que permite este cálculo, podem recorrer a diversos caminhos possíveis:

- Mediante representações gráficas. Podem representar o conjunto de 180 tortas e as 15 partes nas quais vão distribuí-las e marcar com flechas, ou somente representar as 15 partes e ali colocar marcas representando as tortas. Em ambos os casos, existe a possibilidade de distribuir uma ou várias tortas por vez. A quantidade a ser distribuída torna cansativa a tarefa e difícil a organização gráfica, gerando muitas possibilidades de "se perder" ou errar na conta.
- Outros procedimentos para o mesmo problema se baseiam em cálculos aditivos.
  - Estimar uma quantidade para cada parte. Estas estimativas podem seguir duas orientações diferentes.
    a) Tentar com um quociente hipotético e repeti-lo 15 vezes: por exemplo, tentam com 8, "se desse 8 tortas para cada um...", somam 15 vezes 8, 120. Então, ajustam a estimativa, tentando com um número mais alto, por exemplo, 10. Continuam ajustando a estimativa, por exemplo, tentando com 15. Aí percebem que "passaram" e diminuem o número até atingir uma quantidade que, somada 15 vezes, dê 180.
    b) Composição progressiva do quociente a partir de sucessivas aproximações. Por exemplo: começam com 5 que, repetido 15 vezes, com-

provam que dá 75; acrescentam outros 5 e aí chegam a 150; acrescentam 2 para distribuir os 30 restantes.
  - Também seria possível fazer um caminho semelhante por meio de subtrações repetidas.
  - Adicionar repetidamente 15 até atingir 180 e depois contar a quantidade de vezes que se soma 15. No entanto, não é um procedimento majoritário para esta classe de problemas[17] porque cada um desses 15 representa "uma torta por filial", enquanto, no enunciado, o 15 representa "filiais". Pode-se dizer a mesma coisa para a subtração repetida de 15.

  Para estes procedimentos aditivos, também é possível ir fazendo somas parciais, ou utilizar o resultado da soma de várias parcelas, no último caso, por exemplo, de vários 15 (30, 60, etc.). Em qualquer dos procedimentos que utilizam somas ou subtrações repetidas, a resposta para o problema não é dada no resultado. E é justamente o controle do sentido dos diferentes passos de sua resolução que permite aos alunos compreender onde se encontra a resposta procurada.

- Outro procedimento consiste em fazer aproximações multiplicativas, buscando um número que, multiplicado por 15, dê 180. Esta aproximação multiplicativa pode ser realizada de duas maneiras diferentes:
  - Estimando um quociente hipotético e, aproximando em função das comprovações sucessivas. Por exemplo, um aluno que tenta multiplicar por 8, não chega a 180; busca, então, um quociente maior e torna a multiplicar até encontrar o número que dê ou se aproxime o máximo possível de 180.
  - Compondo progressivamente este quociente por meio de multiplicações parciais. Por exemplo, um aluno que faz "8 tortas para cada filial, são 120; outras duas, são mais 30; outras duas, mais 30; então, são 12 para cada filial".

Em ambos os casos, a multiplicação por 10 é um recurso poderoso pela economia que proporciona. Realmente, em um procedimento multiplicativo os alunos podem apoiar-se no conhecimento da "regra dos zeros", partir de 15 x 10, e continuar a resolução a partir daí.

Desenvolvimento da situação

Esta análise corresponde às antecipações relacionadas com as soluções possíveis para o problema que a professora apresentará aos seus alunos. Vejamos agora o desenvolvimento da turma. A professora apresenta o problema e indica aos seus alunos que o leiam somente alguns instantes. Depois, pergunta se há alguma coisa que não tenham entendido, esclarecendo que não deveriam dizer nada neste momento sobre como resolver ou sobre o resultado, que isso deveriam pensar sozinhos e depois conversariam todos juntos. Esclarece, especialmente, o significado do termo "filial". Este instante somente é dedicado para esclarecer questões do enunciado, de nenhuma maneira implica um início de resolução conjunta com toda a classe.

Como nos exemplos anteriores, a professora, enquanto os alunos resolvem, observa os procedimentos que estão sendo utilizados e seleciona os que depois serão submetidos à discussão. Também, nos casos em que seja ne-cessário, relê e explica o enunciado, esclarece dúvidas, sugere como começar a fazer alguma coisa para aqueles alunos que ficam bloqueados. A uma aluna, Alma, que tinha feito a representação gráfica da distribuição de cada um dos elementos, sugere que tente, para resolver o problema mais rapidamente, usar números em lugar do desenho. A outros alunos que haviam terminado muito antes do que os outros, pediu-lhes que buscassem outra maneira diferente de resolvê-lo.

A grande maioria das resoluções foram aditivas, aparecendo algumas multiplicativas. A professora decidiu centralizar o debate na comparação entre ambos os procedimentos. Escolhe para a discussão os procedimentos dos seguintes alunos:

- Alma: uma representação gráfica e depois uma soma repetida de 15, baseada na organização gráfica inicial.
- Laura: baseado em adições repetidas que compõem o resultado progressivamente.
- Lautaro: baseado em estimativas aditivas.
- Agostinho: baseado em estimativas multiplicativas.

A seguir, transcrevemos a discussão que, por sua extensão, precisou ser interrompida e continuada no dia seguinte.

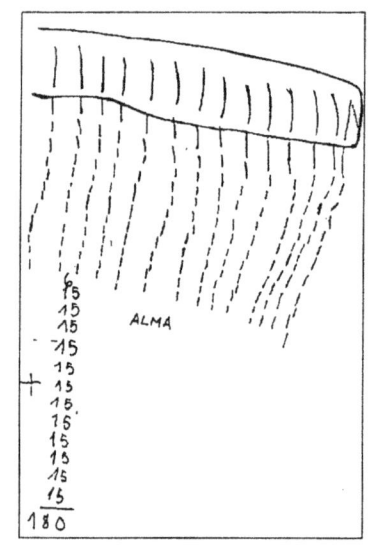

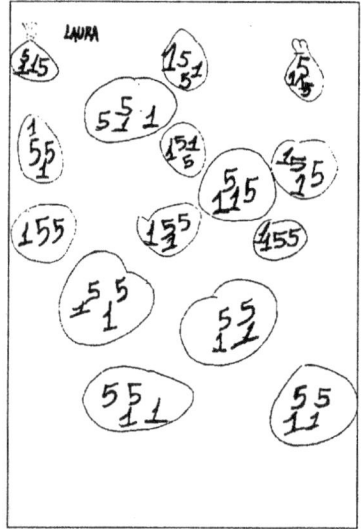

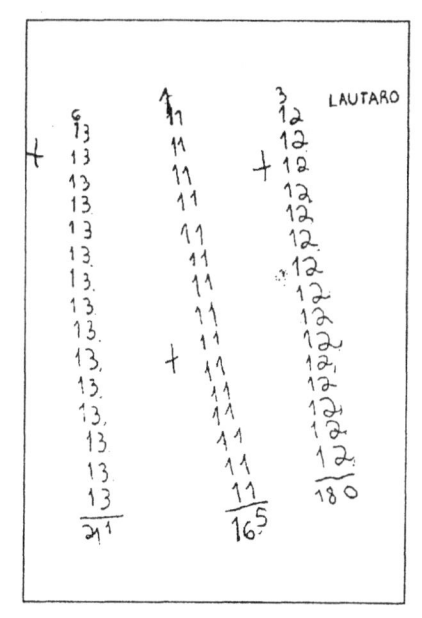

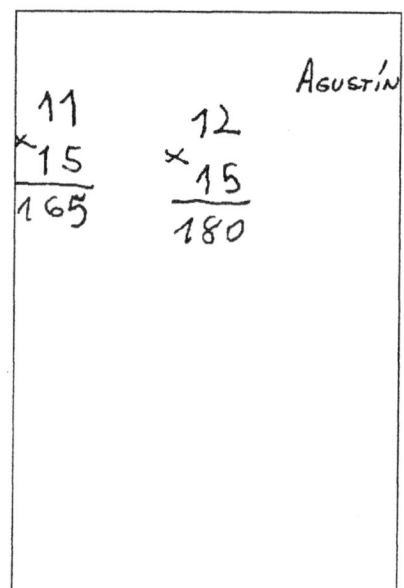

P: *Vamos ver, Alma. Eu vou fazer no quadro o que você fez em sua folha. Enquanto eu faço, você explica para os colegas.* (Transcreve no quadro a distribuição gráfica de Alma.)

Alma: *Eu ia fazendo uma torta para cada loja. Depois, contei-as assim* (conta uma coluna de marquinhas) *e eram doze.*

P: *Todos entendem como Alma pensou?*

Alunos: *Sim.*

P: *Muito bem. Quando passei pelas mesas, vi que Alma estava muito cansada de tanto fazer palitinhos e lhe perguntei se não havia alguma maneira de fazê-lo usando os números, que não levasse tanto tempo, e ela fez isso. Quer fazer, Alma?*

Alma copia no quadro:

```
  15
+     15
  15
  15
  15      (12 vezes 15)
  15
  ...
_____
  180[18]
```

P: *O que vocês acham disso que Alma fez? Vai servir para pensar este problema?*

A.: *Sim, é mais rápido do que fazer os palitinhos.*

P: *Mas eu não entendo uma coisa, aqui* (indica a soma), *como posso saber a resposta do problema?*

Alma: *Aqui, está vendo? São doze: um, dois, ..., ..., doze.* (Conta a quantidade de parcelas).

P: *Doze de que coisa?*

A.: *Tortas.*

A.: *Lojas.*

P: *Tortas ou lojas?*

Alguns alunos dizem tortas e outros, lojas.

P: *Estes cento e oitenta que dá o resultado da soma, o que são?*

A.: *Tortas, todas as tortas.*

P: *E estes quinze?* (Indica uma das parcelas.)

A.: *Tortas.*

A.: *Não. Leia o problema. São quinze lojas.*

P: *Ah! Por que será que Alma contou as vezes que havia somado o quinze para saber quantas tortas iriam para cada loja?*

Alma: *Este quinze é isto* (aponta uma fileira das marcas distribuídas), *são doze destas.*

Agostinho: *Cada quinze quer dizer que deu uma torta para cada loja, vê?* (Separa e indica a fileira que Alma tinha indicado.)

P.: *E isto, tem algo a ver com o que eu havia perguntado?*

Frederico: *Não lembro o que você tinha perguntado.*

P.: *Por que Alma tinha buscado a quantidade de tortas que iriam a cada loja contando a quantidade de vezes que somava quinze?*

Agostinho: (aborrecido) *Claro! Não lhe disse que em cada quinze há "uma" para cada loja, se há doze vezes quinze, há doze para cada loja?*

P.: *Vocês entendem o que Agostinho está dizendo?*

A.: *Não.*

P.: *Ele está dizendo que cada um destes quinze que Alma pôs aqui quer dizer uma torta para cada loja, então, uma, duas, três... doze tortas para cada loja.* (Aponta cada um dos "15" escritos na lousa.)

(Alguns alunos continuam com a expressão de não terem compreendido.)

P.: *Muito bem. Agora Laura vai nos mostrar como ela pensou. Mas, Laura, você se anima a fazer na mesma ordem em que foi fazendo na sua folha para que os colegas vejam bem como você foi pensando?*

Laura: (Desenha os 15 círculos e depois vai anotando, dentro de cada um primeiro um 5; depois, outro 5; e, finalmente, outro 1.) *Primeiro, experimentei com cinco para cada loja e era muito pouquinho, depois experimentei com mais cinco, eram dez para cada loja: dez, vinte, trinta* (enquanto vai indicando em cada círculo)... *Cento e cinquenta. Faltava ainda. Mais um para cada um e eram cento e cinquenta e um, cento e cinquenta e dois, ..., cento e sessenta e cinco. Mais um para cada um: cento e sessenta e seis, cento e sessenta e sete, ..., cento e oitenta. Então, para cada loja, cinco, dez, onze, doze tortas.*

P.: *Todos entenderam como Laura fez?*

A.: *Sim.*

P.: *Onde está a quantidade de tortas que foram para cada filial?*

Marisol: *Dentro de cada balão: cinco, dez, doze.*

P.: *Onde estão aqui as quinze filiais?*

Marisol: *Os quinze balões.*

Leo: *Mas não seria mais rápido se fizesse doze mais doze, mais doze...?*

P.: *E por que acham que não fez logo doze mais doze...? Quantas vezes deveria ter somado doze?*

André: (Conta no quadro a quantidade de círculos.) *Quinze.*

P.: *E por que acreditam que não somou logo quinze vezes doze?*

Laura: (aborrecida) *Eu não sabia que eram doze!*

P.: *Laura diz que ela, antes de resolver o problema, não sabia que eram doze as tortas para cada filial. Alguém sabia?*

Laura: (continua aborrecida) *Não! Se é o que está perguntando!*

P.: *Laura diz que ninguém sabia porque justamente é o que o problema pede que averiguemos. Estão todos de acordo?*

(Os alunos dizem que sim.)

P.: *Muito bem. Por hoje vamos parar aqui e amanhã vamos continuar conversando sobre como resolvemos este problema.*

No dia seguinte, antes de começar a aula, a professora copia no quadro os procedimentos que haviam sido discutidos na aula anterior.

P.: *Muito bem. Ontem resolvemos este problema (lê o enunciado) e começamos a conversar sobre diferentes maneiras de resolvê-lo. Tínhamos chegado a ver estas duas. Alguém nos conta como eram?*

As crianças relatam os dois procedimentos.

P.: *Agora vamos ver como Lautaro resolveu. Lauti, venha e copie como você fez.*

Lautaro copia:

$$
\begin{array}{l}
\quad 13 \\
+ \ 13 \\
\quad 13 \qquad \text{15 vezes} \\
\quad ... \\
\hline
\quad 211
\end{array}
$$

$$
\begin{array}{l}
\quad 11 \\
+ \ 11 \\
\quad 11 \qquad \text{15 vezes} \\
\quad ... \\
\hline
\quad 165
\end{array}
$$

```
   12
+  12
   12      15 vezes
   ...
_____

   180
```

Lautaro: *Primeiro, experimentei com treze para cada filial, e passou; depois, com onze, eram poucas. Então, tinha que ser doze, e deu certo.*

P.: *Todos entendem o que Lauti fez?*

A.: *Sim.*

P.: *Percebem que ontem vocês perguntavam por que aqui não havia sido feito diretamente quinze vezes doze?* (Indica o procedimento de Laura.). *Bom, aqui* (indica o procedimento de Lautaro), *sim foi feito quinze vezes doze. Isto quer dizer que ele já sabia que eram doze?*

Leo: *Não, porque ele foi vendo, o treze não era, o onze também não e aí descobriu que era o doze.*

P.: *E neste que Lauti fez aqui* (indica a soma repetida de "12" no quadro), *como sei que eram quinze as filiais?*

Lautaro: *Porque eu experimentava sempre quinze vezes, doze para cada filial.*

P.: *Vejam, Lauti aqui somou doze, quinze vezes, não é? O que tem de parecido e o que tem de diferente com o que Laura fez?*

A.: *Laura não pôs diretamente doze, experimentou cinco, depois mais cinco, dez; depois mais dois, doze. E aí ficou 12.*

P.: *Doze, o quê?*

A.: *Tortas para cada loja.*

P.: *Ah! E têm alguma coisa de parecido?*

A.: *Sim, os dois fizeram com 12, mas chegaram diferente. Laura experimentou cinco mais cinco mais um mais um, e Lautaro experimentou com treze, onze e depois doze.*

P.: *Muito bem. Agora vamos ver como Agostinho fez.*

Agostinho: (Vai o quadro.) *Eu já sabia que quinze vezes dez era cento e cinquenta, então, tinha que ser um pouquinho mais, fiz onze vezes quinze e deu cento e sessenta e cinco, então era um pouquinho mais, doze.*

P.: *Faça no quadro.*

Agostinho escreve:

```
   11           12
x  15        x  15
_____      _____
  165          180
```

Agostinho: *Era doze, porque doze vezes quinze é cento e oitenta.*

P.: *Como você fez para saber quanto era onze vezes quinze ou doze vezes quinze?*

Agostinho: *Porque onze eram quinze a mais do que cento e cinquenta; e doze, mais quinze.*

P.: *Agostinho diz que ele já sabia que dez vezes quinze era cento e cinquenta* (escreve 150 no quadro), *então onze vezes quinze eram mais quinze* (escreve na lousa 150 + 15 = 165 e 165 + 15 = 180). *Vocês entendem como Agostinho fez estas contas?*

A.: *Sim.*

P.: *Agora, eu pergunto: o que têm de parecido e o que têm de diferente o que Agostinho e Lautaro fizeram?*

Agostinho: *Um fez de vezes, e o outro, de mais.*

P.: *Agostinho diz que um fez uma multiplicação e o outro uma soma. O que vocês acham?*

A.: *Que sim.*

P.: *Ah! E encontram alguma coisa parecida?*

A.: *Não.*

A.: *Que nos dois está o doze, e o onze.* (refere-se aos resultados possíveis que foram estimando).

A.: *Mas o treze não está.*

Agostinho: *Porque estávamos experimentando. Eu não experimentei com o treze.*

P.: *Ah! E na soma de Lauti não aparece o quinze.*

Laura: *Não, porque está nas quinze vezes que pôs o doze.*

P.: *Laura diz que o número quinze não aparece, mas está nas quinze vezes que o doze aparece aqui. Todos estão de acordo?*

Vários alunos: *Sim.*

P.: *E por que será que o doze aparece aqui somente uma vez* (indica a multiplicação) *e aqui muitas vezes* (indica a soma repetida)?

Laura: *Porque o quinze na conta de vezes quer dizer que se repete quinze vezes. Na soma o número está quinze vezes.*

P.: *Laura diz que na multiplicação basta pôr uma só vez o número porque o outro número me diz quantas vezes se repete. É assim?* (Vários alunos dizem que sim.)

P.: *E aqui* (indica a soma), *posso perceber, com uma olhadela rápida, quantas vezes se repete o número doze?*

Leo: *Não, é preciso contar.*

P.: *Claro, Leo diz que é preciso contá-los. E aqui, na multiplicação, posso saber rapidamente, com uma olhadela, quantas vezes se repete o número doze?*

Leo: *Quinze.*

Johnny: *Viva! Aí você tem o quinze.*

P.: *E estas somas que estão aqui* (indica o procedimento de Lautaro) *poderiam ter sido pensadas com outra operação que fosse mais curta?*

Laura: *Sim, como esta.* (Indica o procedimento de Agostinho.) *Treze vezes quinze, onze vezes quinze, doze vezes quinze.*

P.: *Laura diz que estas somas eu poderia fazê-las com uma multiplicação, estão de acordo?*

(Muitos alunos respondem afirmativamente.)

P.: *Muito bem, crianças, vimos todas estas diferentes maneiras de resolver este problema, e também que a multiplicação às vezes nos serve para resolver de maneira mais curta algumas somas. Quando?*[19]

A.: *Quando os números que você soma são os mesmos.*

P. *Muito bem. Vamos anotar nos cadernos tudo isso que aprendemos.*

Nessa longa discussão, vemos a professora apresentar intervenções muito variadas. Por um lado, e como nos exemplos anteriores, pede aos alunos que explicitem seus procedimentos. Isso leva não somente a que os autores apresentem os seus, mas também a que os outros alunos possam considerar procedimentos diferentes dos próprios, isto é, desligar-se da solução que eles mesmos haviam pensado e conceber outras possíveis. Eventualmente, também, poderão se apropriar de modos de resolução diferentes dos que eles puderam desenvolver até o momento.

Durante a exposição, a professora pergunta pelo significado dos diferentes números, para ir trabalhando sobre o controle do sentido dos diferentes passos da resolução por parte de toda a classe, e não somente do autor do procedimento.

À medida que os procedimentos iam sendo expostos, eram comparados entre si. A comparação não se centrou neste caso, tanto na economia e confiabilidade dos procedimentos, mas em poder interpretar um procedimento em termos de outro. Isto é, em buscar como estavam os elementos e as relações do problema, formulados em um e em outro. Não queremos dizer com isto que, em outros casos, não seja crucial para o progresso dos procedimentos a comparação em termos dos critérios de confiabilidade e economia, só que não era o objetivo deste intercâmbio.

Vemos como a professora muitas vezes repete o que algum aluno disse para que toda a classe possa entender, ou o reformula para torná-lo compreensível. Em outras ocasiões questiona, pergunta novamente, recorda coisas que foram ditas antes e as contrasta com outras que dizem agora. Também, contra-argumenta algumas afirmações. Outra intervenção da professora consiste em oferecer a escrita aritmética do que os alunos dizem, para oferecer ferramentas que colaborem na objetivação dos conhecimentos. Finalmente, fecha com uma conclusão sobre os aspectos principais que foram discutidos, considerando necessário que os alunos reconheçam os conhecimentos aos quais se outorga um *status* oficial e que poderão – e deverão – ser reutilizados nas situações em que sejam pertinentes.

As observações que fazemos aqui correspondem simplesmente a uma análise da mesma professora *a posteriori* do desenvolvimento de sua classe, de maneira tal que possa ver em que medida se aproxima ou se afasta de suas previsões, vendo quais foram as intervenções mais pertinentes, quais não, quais outras teriam sido possíveis, com o objetivo de ajustar o previsto para futuros desenvolvimentos desta e de outras classes.

Quarta situação: encontrar diferentes maneiras de resolver uma soma

Contexto didático

Propõe-se aos alunos da 1ª série a tarefa de encontrar e "anotar" todas as maneiras possíveis de resolver um cálculo, 55 + 36. O objetivo do momento de discussão é apresentar algumas das distintas resoluções e analisá-las enfocando especialmente a comparação entre os diferentes procedimentos. O leque dos procedimentos abrange alguns que apresentavam a decomposição decimal das duas parcelas; outros, mais econômicos, certamente, a decomposição de somente um dos termos; outro procedimento, mais econômico ainda, consistia em considerar a soma das dezenas, como se fossem unidades, mas sem perder de vista que correspondiam às dezenas.[20]

Desenvolvimento da situação

Uma vez realizada a tarefa, a professora recolhe as folhas das crianças e analisa os trabalhos. Ao começar a apresentação, já tinha decidido quais procedimentos iam ser submetidos à discussão do grupo.

No começo da aula, a professora convida Gabriel para escrever no quadro o procedimento previamente selecionado.

Gabriel: (escreve no quadro)

55 + 36 = 91
50 + 30 = 80
80 + 6 = 86
86 + 5 = 91

P.: *Vejam se entendem o que Gabriel fez.*

Gabriel: (Antes que alguém pudesse dizer alguma coisa.) *Eu, primeiro, fiz cinquenta mais trinta, que é oitenta* (mostra no quadro).

P.: *Como você sabe?*

Gabriel: *Fiz cinco mais três, oito. Não, eu já sabia que cinco mais três é oito, então, cinquenta mais trinta é oitenta.*[21]

P.: *Diga-me, se fosse trinta mais quarenta, você também faria assim?*

Gabriel: *Sim, é setenta, três mais quatro é sete... Bom, aqui* (refere-se ao que escreveu no quadro) *depois, acrescentei seis.*

Guilherme: *Por que seis e não sessenta?*[22]

Gabriel: *Porque está atrás dos números que têm dez. Os que estão atrás são números comuns e correntes.*

Brian: *O três sozinho vale como três uns, mas o três de trinta, como três dez.*[23]

Gabriel (Continua com sua explicação.) *Bom, e no final o cinco do cinquenta e cinco. E o cinquenta e cinco, um (dos cincos) vale cinco dezes e o outro cinco uns.*

(Vem depois Facundo, e a professora lhe indica qual de todos os procedimentos que tem em sua folha deve copiar no quadro.)

Facundo: (escreve no quadro)

55 + 10 = 65
65 + 10 = 75
75 + 10 = 85
85 + 6 = 91

P.: *Estão entendendo o que ele fez?*

Guilherme: *Sim, mas o dez, você tirou de onde?*

Facundo: *Do trinta e seis.*

Denise: *Mas como você sabia que tinha que pôr este dez?*

Facundo: *Porque o tirei do trinta e seis, os três dez* (indica-os no seu procedimento).

P.: *Muito bem. Em que se parecem ou não se parecem estas contas?*

Julieta R.: *A maior é a de Facu, porque tem quatro e a de Gabriel tem três* (refere-se aos cálculos parciais).

Nicole: *Porque Gabriel não desmembra* (refere-se a desmembrar de dez algum termo da soma).

Julieta R.: *Facu e Gabriel desmembram, Facu desmembra o trinta e seis do dez.*

P.: *Vamos ver. Como é isto de dividir por dez?*

Denise: *Claro! Pode-se dividir de duas maneiras. Gabriel separa o cinquenta e cinco e o trinta e seis... mas não... o... o... a maior é a mais fácil porque vai dividindo os trintas nos dezes.*

Facundo: *Claro, é mais fácil porque de... de... cinquenta e cinco, se você tem mais dez, sabe que o da frente muda e o outro fica igual.*

P.: *E o que Gabriel fez?*

Facundo: (olhando o quadro) *Também é fácil, cinquenta mais trinta é oitenta.*

A professora convida Franco ao quadro e lhe indica qual é o procedimento que quer que escreva.

Franco: (escreve o seguinte no quadro):
10 + 10 + 10 + 10 + 10 = 50
10 + 10 + 10 = 80
80 + 5 + 6 = 91

P.: *Vamos ver. Como é isso?*

Franco: *Dez mais dez, vinte; trinta, quarenta e cinquenta* (e continuando com os de baixo) *sessenta, setenta e oitenta. Ponho o oitenta mais cinco e mais seis, é noventa e um.*

Gabriel: *Mas está escrito errado! Os dez de baixo formam 30, não oitenta. Você os colocou errado.*

Franco: *não, Gabriel, está certo. Os de cima são os do cinquenta e os de baixo, são os do trinta.*

(No calor da discussão, Gabriel e outras crianças vão se aproximando do quadro para tratar de convencer Franco de que assim não dá para entender.)

P.: *Bom. Voltem todos aos seus lugares, porque assim não se entende nada. Vamos ver, Brian, o que você estava dizendo?*

Brian: *Preste atenção. Você não vê que tem dez, vinte, trinta e você coloca oitenta?* (À medida que fala vai se aproximando novamente do quadro.) *Você tem que colocar de novo o cinquenta na frente, aqui em baixo* (indica no quadro), *antes dos dez.*

Franco: (exaltado) *Mas vocês não veem que vem desde cima, que já tenho cinquenta? Embaixo, aqui* (indica o lugar marcado pelos seus companheiros) *não pus o cinquenta, porque eu já sabia que tinha cinqüenta.*

Julieta: *Mas alguns não sabem...*

Franco: (irritado) *Mas como eu os tinha, eu já sabia...*

Guilherme: *Sim, mas o que você diz não se entende; três dez, não são oitenta, dão trinta.*

Franco: *Não, porque eu o tenho na cabeça.*

Santiago: *Quando você diz está certo, mas quando você escreve está errado.*

P.: *Muito bem. Parece que temos um problema de como se escrevem os cálculos que pensamos. Franco diz que o cinquenta ele o tem na cabeça, mas de verdade, aqui* (indica a soma dos três dez), *como dizem muitos de vocês, o resultado não dá oitenta, mas trinta. Se se pensa que o de cima continua embaixo, estamos de acordo, mas não basta tê-lo na cabeça, é preciso escrevê-lo para que todos entendam.*

Franco: *Está bem, mas eu entendo...* (A apresentação continua.)

Analisemos agora as intervenções da professora que este fragmento nos mostra:

- A tarefa implicava a busca de diferentes procedimentos para o mesmo cálculo. A produção das crianças foi abundante, mas a professora escolheu previamente alguns procedimentos. O repertório que se apresentava ia permitir-lhe tentar que todos os alunos tomassem contato com procedimentos que a maioria já empregava, bem como com outros que somente uns poucos dominavam. Referimo-nos especificamente ao procedimento – bem avançado, certamente – de Gabriel. Quase todos recorreram a procedimentos baseados na decomposição aditiva dos números. Considera-se, no entanto, importante que tenham contato com outros que superam essa possibilidade, porque estão baseados no reconhecimento do valor dos algarismos de um número como produto da multiplicação pela potência da base. Este tornar público um procedimento muito avançado não implica que todos se apropriem dele, mas que tomem conhecimento de sua existência e tentem compreendê-lo. Parece ser assim, pelo menos para algumas das crianças, uma vez que ao terminar a aula, Facundo responde, quando a professora pergunta se serviu para eles: "Para mim serviu muito a soma de Gabriel".

- A professora incita a comparar os trabalhos: "A mais longa é a mais fácil", alguns afirmam, afirmação que contraria a ideia da economia própria do algoritmo, mas necessária na construção do sentido. "Mais fácil", para os alunos, muitas vezes equivale a "mais compreensível" ou mais transparente. Em outros momentos, afirmaram que o cálculo mais longo é o mais difícil –

justamente porque é mais longo –, mas se entende melhor. O mais fácil ou o mais difícil, do ponto de vista das crianças, depende das possibilidades de compreender os trabalhos em questão.

- Algumas intervenções da professora apontam para generalizar afirmações dos alunos, instalando como problema quando elas ocorrem em outros casos. Por exemplo, quando pergunta "se fosse trinta mais quarenta, você também faria assim?".

- Intervém, mesmo assim, sobre a escrita matemática dos cálculos. Teria sido mais fácil que a professora indicasse a Franco a maneira correta de anotar seus cálculos e seguramente ele a teria obedecido, mas é mais importante e efetivo que o autor coteje com seus pares a "legibilidade" de sua produção. A professora avalia depois da discussão. Quando isso acontece, há motivos suficientes para trocá-la, embora em um começo se tente defendê-la acerrimamente, como faz Franco.[24]

CONCLUSÃO

Perguntávamo-nos, ao iniciar este trabalho, o que, para que e como se discute nas aulas de matemática. Retomemos agora, para finalizar, cada uma de nossas perguntas tratando de sintetizar que medida pudemos progredir em relação a elas ao longo do capítulo.

O que se discute nas mesas-redondas que acontecem nas aulas de matemática?

Antes de tudo, devemos ter presente que estes momentos são espaços didáticos. Isto é, espaços de ensino e de aprendizagem em que intervém um saber específico, e é precisamente em relação com este saber que se desenvolvem as discussões. Não se trata de conversas pelo intercâmbio em si mesmo que poderiam acontecer em outros momentos e com outros objetivos, como melhorar a comunicação ou o relacionamento grupal. Também não se trata de momentos anteriores ao trabalho didático a título de "motivação" nem necessariamente destinados à conclusão ou fechamento de um tema. A interação grupal, o modo de participar nos intercâmbios – aprender a respeitar o trabalho próprio e o dos outros, escutar sem interromper, respeitar a vez, poder revisar a própria posição, etc. –, é também um propósito mais geral da escola, que não pode desenvolver-se no vazio, mas relacionado com os conteúdos de ensino. Essas discussões são parte constitutiva dos processos didáticos e se desenvolvem sempre em torno de um objeto de conhecimento, indicando para um saber do qual queremos que nossos alunos se aproximem progressivamente. A organização desses momentos por parte do professor toma como eixos aspectos de conhecimentos matemáticos, propiciando a participação dos alunos em termos de comunicações e de argumentações relacionadas com esses saberes. Tanto o planejamento como o desenvolvimento das aulas cujos fragmentos apresentamos mostram claramente como o professor se centra, a partir de suas análises prévias, em determinados aspectos dos conhecimentos matemáticos sobre os quais considera necessário trabalhar e conduz os intercâmbios de acordo com eles.

Para que incluir espaços de discussão nas aulas de matemática?

Mostramos, por um lado, que as interações sociais, sob algumas condições, geram progressos nos conhecimentos. Mostramos também, por outro lado, como as discussões favorecem, em parte, a explicitação, a justificativa e a validação dos conhecimentos que os alunos utilizam na resolução de problemas, processos que são constitutivos do sentido dos conhecimentos. Não estamos querendo dizer que os níveis de formulação ou de validação sejam trabalhados somente a partir de apresentações. Esses níveis do sentido dos conhecimentos podem exigir outras situações específicas que apontem para eles. Os momentos de discussão geram condições que facilitam o progresso para a conceituação daqueles conhecimentos que os alunos possam usar nas resoluções.

> O desenvolvimento deste momento [de confrontação] obriga os alunos, por um lado, a retornar sobre os seus processos, sobre suas próprias ações, a descobri-las e a defendê-las e a tomar consciência dos recursos de que dispõem, de sua pertinência e de sua validez; mas também a tratar de compreender os processos dos outros, de seus argumentos e, se for possível, a se apropriar dos procedimentos de seus companheiros, ampliando o campo de suas possibilidades (Saiz, 1995).

As discussões permitem apresentar *novos problemas* que obriguem nossos alunos a refletir sobre o que foi feito, a explicitá-lo e justificá-lo. Consequentemente, se consideramos que, em toda resolução de problemas, se põe em prática algum nível de compreensão, menor ou maior, do conhecimento em questão, as apresentações abririam um espaço para que se progredisse nessa compreensão.

Gostaríamos de introduzir aqui um esclarecimento. Estamos nos referindo às discussões, com as explicitações e as argumentações que estes momentos tornam possíveis, como meio para o ensino e a aprendizagem dos conteúdos matemáticos nos diferentes níveis da educação infantil e do ensino fundamental. Essas discussões não seguem necessariamente as regras do debate matemático,[25] embora talvez sejam os seus precursores. Arsac e colaboradores (1992) desenvolvem uma série de situações didáticas cujo objetivo é que os alunos aprendam essas regras desde os 11 anos.[26] Isto é, que se ocupem das regras do debate matemático como objeto de ensino. Reconhecemos a importância de tomar, como fazem estes autores, os procedimentos próprios da demonstração matemática como objeto de ensino a partir de determinado nível da escolaridade. No entanto, é necessário esclarecer que, em nosso trabalho, estamos nos referindo às discussões a partir de uma perspectiva mais geral, para o ensino de todos os conceitos matemáticos e desde os níveis iniciais. Em outras palavras, o objetivo de introduzir esses espaços na aula não é, pelo menos em forma direta, a aprendizagem das regras do jogo matemático,

como mencionam os autores citados, mas a aprendizagem dos diferentes conteúdos matemáticos. Abordamos o modo como os intercâmbios e as reflexões produzidos nestes momentos são constitutivos do sentido desses conhecimentos.

Embora as discussões das quais nos ocupamos aqui não sigam os requisitos do debate matemático, são momentos nos quais se mobilizam provas. Sobre isso, Balacheff (1982) faz distinção entre explicações, provas e demonstrações. *Explicação* é todo discurso que aponta para comunicar o caráter de verdade de um enunciado matemático. *Prova* é uma explicação aceita por outros em um dado momento. Por isso, uma explicação pode constituir uma prova para um grupo enquanto não o é para outro. Finalmente, as *demonstrações* são provas aceitas por toda a comunidade de matemáticos, em que os enunciados se deduzem seguindo determinadas regras a partir de uns poucos enunciados considerados verdadeiros e, além disso, referem-se a objetos teóricos. Ao serem desenvolvidas com crianças menores, estas discussões respeitam algumas regras, mas estão longe das exigências de uma demonstração matemática, sobretudo quando esta última se apoia em uma estrutura formal hipotético-dedutiva. As regras que governam as discussões dessas classes são construídas e apropriadas progressivamente pelos alunos na medida em que participam nesses espaços didáticos. Seguindo a classificação mencionada, percebe-se que as argumentações de nossos alunos não são somente simples explicações, mas adquirem muitas vezes o caráter de provas, às vezes empíricas ou pragmáticas ligadas a casos particulares. Isto é, são explicações que, na discussão, são submetidas à aceitação ou rejeição racional, argumentado, dos companheiros.

Como organizar espaços de discussão nas aulas de matemática?

Mencionamos que um aluno não aprende matemática se não resolve problemas, mas, por sua vez, também não aprende matemática se somente resolve problemas (Brousseau, 1986). É necessário que os conhecimentos empregados, que aparecem como ferramentas eficazes para a resolução, possam ser explicitados, considerados como objetos de reflexão, tentando provar sua verdade e vinculando-os com os conhecimentos oficiais (ver o Capítulo 3, deste livro).

Em contraste com esta concepção aparecem dois modelos de ensino. Por um lado, o ensino habitual que consistiu – e em alguns casos ainda consiste – em que o professor explicasse, mostrasse um conhecimento, desses exemplos e depois os alunos o aplicassem resolvendo, da mesma forma que ele fizera, uma série de exercícios ou problemas semelhantes. Neste modelo de ensino, não cabem as verdadeiras discussões, com confrontações e argumentações; talvez, somente cotejar que os resultados obtidos sejam semelhantes ou descobrir e corrigir algum erro.

Por outro lado, opondo-se a essa concepção didática, desenvolveram-se práticas de ensino que se limitavam – ou se limitam – a apresentar problemas para que os alunos resolvam, supondo que o conhecimento surge "espontaneamente" pelo único fato de se enfrentar situações. Nesse modelo também não cabem discussões com o tipo de intervenções decisivas do professor como as que analisamos, que dirigem o intercâmbio na direção dos conhecimentos que se quer ensinar.

As discussões que tratamos apontam para que os alunos possam refletir ou reapresentar o que fizeram, superando unicamente a utilização dos conhecimentos. Para que possam acontecer, é necessário que previamente tenha existido uma atividade genuína por parte do aluno, algum tipo de trabalho autônomo diante do problema, o uso de algum caminho ou início possível de resolução, a partir do qual se possa dar determinado significado ao que se apresenta depois, a partir de onde se possa avançar na construção do sentido desses conhecimentos. Se o que o aluno fez foi indicado pelo professor, exclui-se a possibilidade de que compreenda por que é uma ferramenta para esse problema – uma vez que não foi mobilizado por ele mesmo, ou não pode reconstruir a relação entre o conhecimento e a situação. Consequentemente, carecerão de sentido os momentos de discussão posto que o aluno não terá onde ancorá-los, nem um ponto de partida para participar de seu desenvolvimento. Em poucas palavras, esses momentos e o modo como se desenvolvem se encontram intimamente ligados a uma concepção particular sobre a aprendizagem e o ensino da matemática.

A organização desses espaços não deixa de apresentar *deformações*, algumas das quais já foram relevadas (Saiz, 1995).

- Dar lugar a uma apresentação exaustiva dos procedimentos de resolução dos alunos.
- Utilizar esses momentos centrando-se na correção dos procedimentos e resultados obtidos.
- Admitir como verdadeira alguma coisa porque a maioria a afirma como se fosse um critério de verdade. Às vezes, são os alunos os que trazem este critério ("Está certo porque para a maioria deu igual"); outras vezes, esta confusão é instalada pelos próprios professores, por exemplo, quando propõem votações para decidir sobre um procedimento ou resultado. Não se trata somente de selecionar uma opção entre outras, mas, fundamentalmente, de dar razões.
- Confundir os momentos de discussão com a resolução conjunta de um problema.
- Depois de abrir um panorama de procedimentos utilizados, sugerir a preferência por algum.
- Transformar-se em uma nova rotina escolar. Não é necessário que toda atividade seja seguida de uma apresentação. De fato, algumas atividades são propostas depois de uma discussão grupal como situações em que os alunos possam reutilizar aquilo que aprenderam no intercâmbio. Quando essas práticas se tornam rotina também se corre o risco de esclerosar seu funcionamento, gerando tratamentos superficiais dos temas, por exemplo, quando se abre para uma exposição mínima e se fecha com a comunicação da versão "oficial".

Quanto ao desenvolvimento mesmo das discussões, vimos nas várias classes como as professoras propunham problemas diante dos quais os alunos podiam pôr em prática uma variedade de procedimentos, como incentivavam sua resolução e agiam em caso de bloqueios. Contudo, sua tarefa começava antes, analisando o conteúdo e a situação proposta, prevendo um inventário das respostas possíveis, e continuava depois da resolução dos alunos selecionando aqueles trabalhos – certos ou não – que agregassem elementos ricos para a discussão.

Nos momentos específicos da discussão, as intervenções das professoras foram variadas e dependiam da situação, mas podemos extrair algumas que estão presentes nos diferentes exemplos.

- Submetem à discussão algumas resoluções escolhidas em função dos objetivos do ensino e as possibilidades que o conjunto dos alunos mobilizou na resolução. Para isso, convidam seus autores – ou fazem elas mesmas – para expor os procedimentos ou as respostas. A discussão se desenvolve, em alguns casos, de um procedimento por vez, isto é, se apresenta o primeiro, discute-se sobre ele e, depois, passa-se a expor e discutir o seguinte, continuando com uma comparação entre ambos, etc.

- Aceitam as diferentes respostas dos alunos, tanto as corretas como as incorretas. É importante ter cuidado de não emitir avaliações das respostas, não somente por meio do que o professor diz aos seus alunos, mas também por meio de gestos, de atitudes, de tons, etc. É fundamental que não sancione a validade ou a não validade de uma resposta, mas que abra espaço de incerteza que obrigue os alunos a buscar por si mesmos critérios para estabelecer se uma solução ou uma afirmação são corretas ou não:

Quando o professor adota uma atitude de neutralidade – provisoriamente [...] – diante das posições dos alunos, quando não estabelece explícita nem implicitamente sua avaliação do que as crianças fazem, estas se veem obrigadas a argumentar em defesa de suas hipóteses, de suas interpretações ou de suas estratégias. Deste modo, a discussão se aprofunda e contribui efetivamente para o progresso do conhecimento (Lerner, 1996).

- Reformulam algumas explicações para que possam ser compreendidas por todo o grupo; pedem esclarecimentos e justificativas ("Eu não entendo porque marcam os 18 alunos da 2ª C aqui, nos 27 da 2ª A."); fazem perguntas, propõem contra-argumentações, etc. As perguntas da professora são dirigidas a toda a turma, não somente ao autor ou aos autores da resolução e, se um aluno pergunta ou diz alguma coisa à professora ou a outro aluno em particular, ela o remete para todo o grupo.

- Mostram a toda a turma a escrita aritmética correspondente ao que os alunos pensam quando eles mesmos não podem formulá-lo.

- Propõem a análise dos procedimentos selecionados, que pode implicar os seguintes aspectos:
  - Cuidar para que toda a turma possa compreender a sequência de passos desenvolvida.
  - Pedir que analisem momentos parciais de uma resolução: "Até aqui, o que constatamos? O que falta constatar?", etc.
  - Pedir justificativas da pertinência dos conhecimentos mobilizados. Por exemplo, quando as crianças dizem que 36 é igual a 30 + 6 ou a 10 + 10 + 10 + 6, é interessante explicitar de onde surge o 30 ou os 10. Uma contra-argumentação possível, neste caso, seria: "Por que não posso desmembrar o 36 em 3 e 60?". Essa análise implica o sentido dos números e operações que aparecem na resolução. Outras intervenções indicam a relação entre o procedimento proposto e a situação, isto é, de que maneira os cálculos modulam a situação: "Estes 15, de que coisa seriam?", "Por que uma multiplicação me permite averiguar a resposta?", etc.

– Fazer notar a diversidade de procedimentos, tratando de encontrar semelhanças e diferenças.

– Promover a análise de um procedimento em termos do outro, isto é, como está representado determinado aspecto da situação em um e outro procedimento. Por exemplo: "Nesta soma, como sei que eram quinze filiais?"; "E nesta multiplicação?"; "Por que o número treze aparece só uma vez na multiplicação e na soma aparece quinze vezes?".

– As resoluções erradas também se constituem em objeto de discussão do mesmo modo como as certas. Os procedimentos errados possibilitam um trabalho muito frutífero quando exigem uma análise e reflexão sobre os conhecimentos em jogo: poder perceber por que uma resposta está certa ou não e perceber onde está o erro demanda uma explicitação e justificativa relacionadas com os conhecimentos em questão. Sobre isto, Piaget (1976) dizia: "Um erro corrigido [pela mesma criança] pode ser mais fecundo do que um êxito imediato, porque a comparação de uma hipótese falsa e suas consequências proporciona novos conhecimentos e a comparação entre dois erros dá novas ideias". Além disso, esse trabalho possibilita, em parte, a rejeição que Brousseau (1986, 1994) aponta como substitutivo do sentido dos novos conhecimentos. Isso não'beneficia somente o autor do procedimento errôneo, mas também aqueles alunos que produziram outras respostas ou outros procedimentos, tanto corretos como incorretos. Às vezes, é o professor mesmo quem propõe uma solução errônea como produzida supostamente por uma criança de outra classe buscando desafiar onde está o erro e como fariam o suposto autor compreendê-lo, introduzindo-os assim em um jogo de argumentação em relação com o conteúdo que se está trabalhando.

– Propõem refletir sobre as diferenças em termos de economia e confiabilidade. Um procedimento é mais econômico quanto mais breve é seu desenvolvimento e mais confiável quanto menos possibilidades houver de cair em erros. A partir do ponto de vista de um adulto, que domina os procedimentos convencionais, estes, em vez de resultar em mais econômicos, resultam em mais confiáveis porque a menor extensão de seu desenvolvimento diminui as possibilidades de "se perder" ou de se equivocar e exigem menor atenção por sua automaticidade. No entanto, para uma criança que ainda não domina um procedimento, estes critérios não são os mesmos: procedimentos menos evoluídos podem ser para ela mais confiáveis embora mais custosos em extensão e tempo. De fato, para verificar um resultado obtido mediante algum procedimento novo, muitas vezes, os alunos recorrem a procedimentos anteriores. A confiabilidade de um procedimento depende dos conhecimentos disponíveis. A apropriação de procedimentos mais econômicos se realiza progressivamente, através de situações que permitam a utilização, a reflexão e a sistematização de diferentes estratégias de resolução.

Com esta análise pretendemos pontuar algumas orientações para que o professor possa abrir, guiar e sustentar esses momentos em suas classes, de modo que se aprofundem as discussões, em vez de se fechar em um tratamento superficial das respostas e dos procedimentos.

Reconhecemos que trabalhar a partir desta concepção não é uma tarefa fácil para os professores. Embora convencidos da importância da atividade do aluno na aquisição dos conhecimentos, esta modalidade não deixa de lhes criar dúvidas: todos vão conseguir?, como intervir para ajudar a quem não sabe começar?, não seria mais seguro dizer-lhes o que têm de fazer?, como é possível afirmar provisoriamente conhecimentos que não são totalmente corretos?, etc.

É certo que este modelo de ensino é custoso em tempo e, às vezes, gera o temor de não progredir tanto ou de não poder chegar a seguir os progressos que a instituição escolar exige. Contudo, por outro lado, é um caminho inevitável na construção dos conhecimentos quando pensamos que a análise e a reflexão que mobilizam essas discussões são elementos constitutivos da compreensão dos conceitos. Piaget (1974) mostrou que o êxito na ação é somente um nível da compreensão. O êxito pode envolver somente a utilização dos conhecimentos, é uma condição necessária, mas não suficiente da compreensão. Esta última abrange níveis mais profundos, consiste em extrair razões, relações, implicações que superam amplamente a relação entre objetivos e meios de resolução que envolve o êxito na ação.

Apesar de este trabalho poder ser árduo para o professor, é surpreendente e emocionante ver alunos tão pequenos pensando e refletindo sobre seus trabalhos e os de seus colegas, tratando de se apropriar de um conhecimento matemático, discutindo sobre sua pertinência, seu sentido, sua validez. Deste modo, instala-se também o prazer e a confiança nas próprias possibilidades intelectuais e no poder compartilhá-las com outros.

Pareceu-nos pertinente, pois, determino-nos a analisar esses momentos das aulas de matemática, mostrando-os como espaços indispensáveis dos processos didáticos e, por sua vez, aproximando dos professores alguns elementos de sua organização como ferramentas disponíveis para ajudar seus alunos no progresso dos conhecimentos matemáticos.

NOTAS

1 ERMEL: equipe de didática da matemática, pertencente ao Institut National de Recherche Pédagogique (Instituto Nacional de Pesquisa Pedagógica), França.

2 Nenhuma discussão abrange exaustivamente todos esses aspectos. Como veremos nos exemplos, uma discussão pode assumir alguns deles, de acordo com os objetivos do ensino.

3 Em vários capítulos deste livro, poderão ser encontradas referências ao "sentido" dos conhecimentos e como muitas vezes o ensino habitual não consegue que os alunos vinculem os conteúdos matemáticos com aquelas situações nas quais funcionam como meios de solução.

4 Gilly (1988) reconhece dentro desta linha duas correntes: "A primeira corrente, chamada de psicologia social genética [...], se interessa pelo papel das interações sociais entre pares no desenvolvimento da inteligência em geral, referente à teoria estruturalista piagetiana. A segunda corrente [...] se diferencia da precedente em seu interesse pela construção de competências limitadas a classes de problemas e pela referência à perspectiva procedimental adotada na resolução de problemas".

5 Na vida da sala de aula, é difícil controlar essa situação, uma vez que os alunos reconhecem e confiam naquele que sabe mais e podem chegar a descartar sua própria estratégia mesmo quando esteja certa. Neste sentido, a proposta da segunda professora da epígrafe desta seção é uma alternativa interessante para resolver, em parte, esta limitação.

6 Agradecemos às professoras Antonia Bertolino, Cecilia Briano, Mariana Florio, Cecilia Giudice, Mariángeles Spataro e Gabriela Spósito e às seguintes instituições: Escola nº 69 de Gregório de Laferrere, Província de Buenos Aires; Colégio Numen e Instituto Valle Grande da Cidade de Buenos Aires.

7 Trata-se de uma série de números escritos em forma alinhada, cuja extensão pode ir se prolongando progressivamente de acordo com as necessidades, disposta na sala para todos os alunos, como uma fonte mais de informação (ver o Capítulo 3 deste livro).

8 A vinculação desse tipo de problemas e as operações serão objeto de posteriores trabalhos por parte da professora.

9 Nos registros de classe, será utilizado "P." para "professora" e "A." para "aluno".

10 Esta caracterização do problema corresponde à classificação de problemas aditivos de Gérard Vergnaud (1991). Também poderá ser encontrada uma referência em Broitman (1999).

11 Pode-se conseguir por meio da conta, se as quantidades o permitirem, ou realizando somas parciais.

12 Consideramos importante observar, para compreender os trabalhos das crianças que apresenta-

remos, que não lhes foi ensinado o algoritmo convencional, isto é, que utilizavam procedimentos numéricos próprios baseados na decomposição decimal dos números para resolver as operações.

13 Interessa-nos diferenciar claramente estes momentos de discussão dos momentos de correção coletiva da tarefa. Aqui se trata de aprofundar a análise dos conhecimentos postos em prática nas resoluções.

14 Vergnaud (1979, 1991) denomina este procedimento *busca de um estado inicial hipotético.*

15 Esta classe se desenvolveu no Instituto Valle Grande e corresponde a dados de uma pesquisa didática sobre a divisão desenvolvida por María Emilia Quaranta com bolsa de estudo UBACyT, Faculdade de Filosofia e Letras, Universidade de Buenos Aires.

16 Conforme Documento Curricular nº 4 da área de Matemática, Direção de Currículo, Secretaria de Educação do Governo da Cidade de Buenos Aires.

17 É majoritário, no entanto, naqueles problemas em que o valor de cada parte já é dado. Por exemplo: "A família Lopes está economizando R$15,00 por mês para comprar um televisor que custa R$ 805,00. Durante quantos meses tem de economizar para juntar o dinheiro de que precisa?"

18 Como observamos na nota anterior, não é um procedimento frequente para esta classe de problemas. É necessário observar que Alma não o utiliza inicialmente em sua resolução, mas depois da resolução gráfica em que, muito provavelmente, seja a distribuição das marcas o que lhe sugere esta soma. De fato, quando justifica sua adição repetida, mostra como cada 15 representa uma fila de marcas.

19 Deve-se esclarecer que a multiplicação é uma operação diferente da soma, mas equivalente a uma soma de parcelas iguais. Uma multiplicação não é igual a uma soma repetida, somente são equivalentes quando permitem atingir o mesmo resultado.

20 O fragmento da aula que apresentaremos corresponde a um registro de classe realizado na escola Numen e faz parte dos dados recolhidos em uma pesquisa didática realizada por Susana Wolman. Os alunos trabalham resolvendo operações sem que lhes tivesse sido ensinado previamente o algoritmo convencional da soma. Esta pesquisa começa no mês de agosto, quando as crianças já sabem resolver contas das chamadas "sem dificuldade". São apresentadas para elas situações problemáticas que se resolvem com somas que convencionalmente exigem o agrupamento, mas diante das quais os alunos apresentam procedimentos numéricos não convencionais. Este registro corresponde ao mês de novembro.

21 Gabriel utiliza o último dos procedimentos mencionados. Para aprofundar sobre isto, ver Lerner, Sadovsky e Wolman (1994).

22 Guilherme formula uma pergunta muito utilizada pela professora em aulas anteriores. O objetivo delas é ajudar na consideração do valor posicional. Como veremos a seguir, vários alunos imitam o tipo de pergunta que ela formula com a ideia de ajudar a justificativa dos números considerados.

23 Esta resposta, que alude ao valor multiplicativo do algarismo das dezenas, não é habitualmente dominada pelas crianças da 1ª série; saber que o 36 é formado com três 10 e um 6 não é equivalente a saber que é o 3 de 36 o algarismo que representa três grupos de 10.

24 Quando um aluno faz uma escrita – correta ou não –, a professora a submete à discussão do grupo. É diferente o caso que mencionávamos em exemplos anteriores, em que o professor propõe escritas aritméticas que correspondam ao que as crianças estão pensando e não sabem como escrever.

25 Por exemplo, que a verdade se estabelece a partir de argumentações que fazem derivar umas afirmações de outras consideradas verdadeiras; que uma multiplicidade de exemplos não basta para estabelecer a verdade de um enunciado; que um contraexemplo é suficiente para revisar sua falsidade.

26 Propõem-se a ensinar os alunos as seguintes regras do debate matemático: um enunciado é verdadeiro ou falso; um contraexemplo basta para demonstrar a falsidade de um enunciado; a argumentação se baseia em propriedades e definições sobre as quais existe um acordo; a multiplicidade de exemplos que verificam um enunciado não é suficiente para provar que é verdadeiro; na geometria, a constatação sobre desenhos não é suficiente para provar a verdade de um enunciado.

REFERÊNCIAS

ARSAC, GILBERT; CHAPIRON, GISELE; COLONNA, ALAIN; GERMAIN, GILLES; GUICHARD, YVES; MANTE, MICHEL. *Initiation au raisonnement déductif au collège.* Lyon: Presses Universitaires de Lyon, 1992.

BALACHEFF, NICOLAS. Preuve et démonstration en mathématiques au collège, *Recherches en Di-*

dactique des Mathématiques, vol. 3, n° 3. Grenoble: La Pensée Sauvage, 1982.

BROITMAN, CLAUDIA. *Las operaciones en el primer ciclo. Aportes para el trabajo en el aula,* Buenos Aires: Novedades Educativas, 1999.

BROUSSEAU, GUY. Fondements et méthodes de la didactique des mathématiques, *Recherches en Didactique des Mathématiques, vol.* 7.2. Grenoble: La Pensée Sauvage, 1986.

_____. Los diferentes roles del maestro. In: CECILIA PARRA E IRMA SAIZ (comps.), *Didáctica de matemáticas. Aportes y reflexione.* Buenos Ai-res: Paidós, 1994.

CHARNAY, ROLAND. Aprender (por medio de) la resolución de problemas. In: CECILIA PARRA E IRMA SAIZ (comps.), *Didáctica de matemáticas. Aportes y reflexiones.* Buenos Aires: Paidós, 1994.

ERMEL. *Apprentissages numériques. CE1.* Paris: Hatier, 1993.

_____. *Apprentissages numériques. CE2.* Paris: Hatier, 1995.

GILLY, MICHEL. Interacciones entre pares y construcciones cognitivas: modelos explicativos. In: ANNE-NELLY PERRET-CLERMONT E MICHEL NICOLET (dir.). *Interactuar y conocer. Desafíos y regulaciones sociales en el desarrollo cognitivo.* Buenos Aires: Miño y Dávila, 1988.

LABORDE, COLETTE. Deux usages complémentaires de la dimension sociale dans les situations d'apprentissage en mathématiques. In: CATHERINE GARNIER; NADINE BEDNARZ E IRINA ULANOVSKAYA. *Après Vygotski et Piaget. Perspectives sociale et constructiviste. Écoles russe et occidentale.* Bruxelas: De Boeck, 1991.

LERNER, DELIA. La enseñanza y el aprendizaje escolar. Alegato con-tra una falsa oposición. In: JOSÉ ANTONIO CASTORINA, EMILIA FERREIRO, MARTA KOHL DE OLIVEIRA E DELIA LERNER, *Piaget-Vigotsky: contribuciones para replantear el debate.* Buenos Aires: Paidós, 1996.

LERNER, DELIA; SADOVSKY, PATRICIA; WOLMAN, SUSANA. El sistema de numeración: un problema didáctico. In: CECILIA PARRA E IRMA SAIZ (comps.), *Didáctica de matemáticas. Aportes y reflexiones.* Buenos Ai-res: Paidós, 1994.

PARRA, CECILIA; SAIZ, IRMA (comps.). *Didáctica de matemáticas. Aportes y reflexiones,* Buenos Aires: Paidós, 1994.

PIAGET, JEAN. *Réussir et comprendre.* Paris: Presses Universitaires de France, 1974.

_____. (1976): Le possible, l'impossible et le nécessaire. In: *Archives de Psychologie,* XLIV.

SAIZ, IRMA. ¿Confrontación o corrección?, tralho elaborado para o curso sobre "La resolución de problemas en la escuela primaria", apresentado na Escuela Normal de San Luis del Palmar, Corrientes, mimeo, 1995.

VERGNAUD, GÉRARD. Problemas aditivos y complejidad psicogenética. In: Cesar Coll (comp.): *Psicología genética y aprendizajes escolares.* México: Siglo XXI, 1979.

_____. La théorie des champs conceptuels, *Recherches en Didactique des Mathématiques,* vol. 10, n. 2/3. Grenoble: La Pensée Sauvage, 1986.

_____. *El niño, las matemáticas y la realidad: problemas de la enseñanza de las matemáticas en la escuela primaria.* México: Trillas, 1991.

GOBIERNO DE LA CIUDAD DE BUENOS AIRES, Secretaría de Educación, Subse-cretaría de Educación, Dirección General de Planeamiento, Dirección de Currícula. Actualización curricular: *EGB, Documento de trabajo N° 4: Matemática.*

A direita... de quem? Localização espacial na educação infantil e nas séries iniciais

7

INTRODUÇÃO[1]

Desde muito pequenas, as crianças vão aprendendo a organizar seus deslocamentos em um espaço cada vez mais amplo e elaborando seus diversos conceitos sobre o espaço. Piaget (1973) descreveu com muita precisão como uma criança começa e desenvolve o processo de construção do espaço, um espaço que se amplia cada vez mais, junto com as possibilidades de o sujeito ter acesso a lugares cada vez mais afastados e à sua independência do adulto nessas descobertas. As aprendizagens espaciais que começam desde seus primeiros movimentos e que continuam ao longo de sua infância e da adolescência se baseiam tanto nas atividades que efetivamente acontecem no espaço como nas interações que cada criança realiza com objetos, pessoas ou lugares. A imitação dos comportamentos dos adultos e de outras crianças e os intercâmbios orais sobre as localizações dos objetos, os deslocamentos, as atividades e seus efeitos são fontes de conhecimento para a criança.

Liliane Lurçat (1976) chama de direta e indireta essas duas fontes de conhecimento. Na primeira, os conhecimentos têm origem nas atividades cotidianas, por meio dos deslocamentos e da manipulação de objetos. Na segunda, são transmitidos pelo ambiente por meio da linguagem, principalmente na denominação e na localização dos objetos e dos lugares, bem como nas ordens e nas proibições que se referem a elas. Com frequência, a ação da criança é provocada

por uma ordem do adulto ou é uma ação infantil que provoca a intervenção do adulto na forma de uma proibição ou do incentivo para continuá-la. Embora ambas as fontes, direta e indireta, tenham sua origem e utilização prática, na segunda existe um importante componente verbal.

As crianças, tanto quanto os adultos, precisam manejar relações espaciais em sua vida cotidiana, em sua localização ou na busca de objetos ou, mais em geral, na manipulação de objetos, nos deslocamentos em um bairro ou na cidade, mas também em sua própria casa, na construção ou no uso de diversos objetos, nas informações espaciais que demandam ou recebem e ainda nas instruções para realizar atividades, etc. Localizar-se no espaço significa também ser capaz de utilizar um vocabulário que permita diferenciar e interpretar informações espaciais.

No entanto, a localização no espaço não é evidente. O próprio corpo de um sujeito pode ser utilizado para estruturar o espaço que o rodeia, pode ser delimitada a zona que se encontra à sua direita, a que se encontra à sua esquerda, à frente ou atrás. Por sua vez, "cada objeto do espaço estrutura o espaço que o circunda: aparece como o centro de um plano local no qual as grandes polaridades são as mesmas do esquema corporal: adiante, atrás, direita, esquerda, acima, abaixo. Contudo, os planos que circundam os objetos se superpõem e se inter-relacionam tanto como o plano atribuído ao próprio corpo. Aparecem, assim, grandes conflitos que nascem da interpenetração desses planos" (Lurçat, 1976).

Além do espaço que circunda um sujeito, o mesmo corpo pode ser orientado e falamos assim de sua parte direita e de sua parte esquerda, que se mantêm constantes por meio dos deslocamentos ou dos movimentos do sujeito. Não acontece a mesma coisa com os objetos que foram orientados a partir do corpo: os que, em um dado momento, podem estar à direita de João, quando este se vira, passam a se encontrar à sua esquerda, embora as partes direita e esquerda de seu corpo continuem sendo as mesmas. Da mesma forma, se modifica a localização dos objetos quando são utilizadas as referências de na frente ou atrás a partir do próprio corpo.

A confusão entre orientação no corpo e orientação em relação com o corpo pode aparecer também nos objetos orientados. Por exemplo, depois de comprar ingressos para o teatro, alguém poderia afirmar: "Consegui entradas *na frente*", referindo-se ao setor do teatro mais próximo do palco, e, no entanto, informar: "Vou te esperar *na frente*[2] do teatro". No primeiro caso, está se utilizando a orientação no teatro, e, no segundo, a orientação em relação ao teatro, mencionando um lugar: *na frente* do teatro, que fisicamente poderia estar muito próximo daquilo que, uma vez dentro de teatro, chamaríamos *atrás*.

No início, a criança tem o seu próprio corpo como referencial e descreve a posição dos objetos ou pessoas que estão próximas de si, referindo-se à própria orientação. Quando chega à educação infantil, começa a abandonar este sistema de referências egocêntrico, centrado no seu próprio corpo e em sua própria ação, para incorporar referenciais fixos, objetivos, conseguindo descrever localizações em relação a outras pessoas ou objetos. Aprende, assim, a se localizar como um objeto a mais entre outros, marcando um grande progresso ao longo de quatro ou cinco anos de vida em seu conhecimento do espaço e de sua localização nele. Contudo, este caminho está longe de terminar.

A maioria dos conhecimentos espaciais são tributários da margem de autonomia que o meio oferece às crianças. É conhecida a capacidade de algumas delas, que moram em vilas "labirinticamente" construídas, de se localizar nelas e ainda em outros lugares desconhecidos, enquanto crianças da mesma idade, mas pertencentes a outros meios sociais, dificilmente se deslocam com autonomia em espaços mais limitados do que seu bairro. Isso está de acordo com os resultados de uma pesquisa[3] (posterior aos trabalhos de Piaget) que questionam a evolução das possibilidades espaciais dos alunos na clássica hierarquia topológica, projetiva e métrica e afirmam que as representações das zonas ou dos objetos familiares são organizados segundo regras projetivas ou métricas, enquanto os espaços "pobremente conhecidos" ou contingentes são aprendidos no nível topológico. Nessa mesma ordem de ideias, apresentam a quase impossibilidade de falar de um desenvolvimento unificado e geral para todos os sujeitos; os conhecimentos espontâneos seriam muito diferentes em função do sujeito e de suas experiências. Outros questionamentos se relacionam com a insuficiente consideração, dentro da teoria de Piaget, das características das situações nas quais o sujeito estabelece as interações espaciais. Finalmente, apresentam se, no domínio espacial, o mínimo conhecimento adquirido por todos não será particularmente baixo e se sua aquisição é suficiente para garantir aos sujeitos os meios de uma adaptação autônoma às evoluções de suas condições de vida.

Em relação a este último aspecto, os resultados de várias pesquisas, e inclusive a simples observação das atividades de alguns adultos, indicam as dificuldades que muitos enfrentam quando querem se orientar em um lugar novo, descrever oralmente ou em um croqui o caminho que fez para chegar a um determinado lugar, relacionar um lugar da realidade com sua representação em um plano ou em um mapa quando se encontra virado,[4] ler ou elaborar planos, representar graficamente objetos espaciais, etc. Uma quantidade de adultos não conseguiu, por meio de suas interações extraescolares com o ambiente, desenvolver uma concepção do espaço que lhes permitisse um controle adequado de suas relações espaciais.

Isso indica que a aquisição espontânea desses conhecimentos não é suficiente em muitos casos e que talvez fosse necessário que a instituição escolar assumisse entre suas responsabilidades a de instrumentalizar situações nas quais as crianças e os jovens pudessem articular o desenvolvimento espontâneo das noções espaciais com a aquisição de conhecimentos escolares necessários para a vida em sociedade e para as aprendizagens matemáticas ou profissionais posteriores.

No que diz respeito aos planos curriculares da escola obrigatória, é na educção infantil e na 1ª série que aparecem alguns conteúdos relativos à construção do espaço que permitiriam à criança localizar-se nele e situar os seres e objetos em função de si mesma e em relação com os outros objetos.

Apesar disso, no trabalho diário da escola, o tratamento desses conteúdos se reduz frequentemente a tratar de conseguir maior precisão no vocabulário habitual das crianças desta idade, precisão que se alcançaria quando fosse utilizada em ordens simples que incluam essas relações e quando lhes fosse pedido que as descrevessem ou se localizassem seguindo ordens como: "João está à direita de Maria", incluídas em jogos ou em situações facilmente resolvíveis com baixo custo cognitivo.

Concordamos, no entanto, com Berthelot e Salin (1992), que apresentam uma hipótese relacionada com a necessidade de conceitualizar:

> Apoiamo-nos na hipótese de que a conceituação aparece quando a atividade sensório-motora imediata não permite resolver o problema apresentado e que, segundo o tipo e a importância das limitações impostas para a ação do sujeito, as conceituações correspondentes podem ser mais ou menos elaboradas.

Acrescentam, além disso, que as situações que produziriam essa necessidade são aquelas nas quais o indivíduo está sujeito a restrições e a condições mais fortes do que as ações espaciais, condições que o *obrigam a diferir sua ação e a antecipar seus efeitos*, isto é, aquelas nas quais a problemática prática não é suficiente.

Embora a definição de problemática prática, para estes autores, se insira em uma discussão maior sobre diferentes tipos de problemáticas e de sua articulação, podemos retomar a citação de Bourdieu (1980), que os autores incluem, sobre a prática:

> A prática somente conhece casos particulares e os detalhes do interesse prático ou da curiosidade anedótica [...]. Exclui todo interesse formal. A revisão reflexiva sobre a ação mesma, quando acontece (isto é, quase sempre quando se fracassa nos automatismos), fica subordinada à busca do resultado e à busca (que não percebe necessariamente como tal) da otimização do rendimento do esforço realizado.

Seguindo essa linha de ideias, se poderia afirmar que é necessário proporcionar na escola situações específicas de conhecimentos espaciais que permitam aos alunos "ir mais além" do que as atividades cotidianas e do que os jogos lhes permitem construir.

CARACTERIZAÇÃO DAS SITUAÇÕES APRESENTADAS

Como mencionamos anteriormente, as atividades tradicionais de localização espacial, especialmente na educação infantil e, às vezes, na 1ª série, que têm como objetivo declarado que a criança aprenda a se situar e a situar os objetos no espaço, não propõem, em geral, situações nas quais os alunos sejam os responsáveis por:

- buscar uma solução;
- decidir, explicitamente ou não, "o que usar" para resolvê-las, isto é, determinar quais podem ser os conhecimentos que devem ser postos em prática;
- comprovar a solução encontrada.

Trata-se, por exemplo, de responder com uma ação a ordens dadas pelo professor ou o autor do livro: pintar a bola que está debaixo da mesa ou fazer um círculo no cachorro que está à direita da árvore. Não é habitual nos livros de texto ou nas aulas que, além disso, se peça aos alunos para elaborar ordens deste tipo, isto é, elaborar um vocabulário pertinente e fazê-lo funcionar em situações que assim o requeiram. Essas atividades tampouco estão inseridas em um contexto que dê sentido às questões que são propostas.

Tudo faria supor que se está reduzindo a aprendizagem da localização no espaço à aprendizagem de um vocabulário de uso bastante habitual na vida das crianças e do qual somente seria necessário conseguir determinada precisão nas formulações das relações espaciais. Seria esperado que continuassem produzindo aprendizagens espaciais ou que consolidassem as já aprendidas, de maneira semelhante à que produzem em situações extraescolares, quanto à transmissão de conhecimentos por meio do intercâmbio verbal de relações espaciais, localizações ou posições. No entanto, as situações propostas não levam em conta que, nas situações anteriores à escola ou extraescolares, as ações possuem uma finalidade e as crianças estabelecem relações efetivas com o meio. Trata-se de uma aprendizagem didática da linguagem espacial, isto é, de uma aprendizagem que fica determinada pela intenção do professor, e não pela situação que propõe ao aluno a necessidade deste conhecimento; em nenhum momento, o aluno é colocado em situação de fazê-lo funcionar como uma linguagem informativa, isto é, como recurso para comunicar uma informação a alguém que não a possui ou receber uma informação que lhe permita agir.

Se se pretende, então, levar os conhecimentos espaciais a terem as mesmas funções informativas que têm nas situações de comunicação de referência, será necessário envolver as crianças em situações nas quais estes conhecimentos de orientação e localização sejam conhecimentos pertinentes para resolvê-las.

Para isso, pode-se recorrer às situações de comunicação, introduzidas por Brousseau (1986) dentro de sua teoria das situações didáticas. Uma situação de comunicação é uma situação que põe em jogo dois participantes: A e B[5] (A e B podem ser indivíduos, grupos de indivíduos ou computadores). B deve realizar uma tarefa determinada, mas tem necessidade da informação que A possui para poder realizá-la corretamente. Para permitir a B que consiga realizar sua tarefa, A deve comunicar-lhe a informação. Dado que A e B são companheiros, não competidores, é importante que a comunicação seja boa entre eles, isto é, que A queira ser compreendido por B. Para isso, A deve comunicar-lhe a informação adequada no conteúdo e na forma necessária para que B interprete corretamente o que lhe é transmitido.

Nas sequências que foram elaboradas e são incluídas neste capítulo, busca-se um funcionamento "adidático" dos alunos diante da situação proposta, isto é, um funcionamento independente do professor enquanto este deixa de ser o provedor do conhecimento necessário para a resolução do problema. O desenvolvimento de situações adidáticas[6] e o estabelecimento de relações adidáticas dos alunos com a situação garantiria uma melhor qualidade das aprendizagens ligada ao fato de que os alunos sejam capazes de atribuir um significado próximo ao das práticas de referência dos conhecimentos elaborados.

Embora se trate de situações didáticas, isto é, organizadas pelo professor para fazer os alunos adquirirem um saber específico, inclui-se nelas a redação de uma mensagem e seu envio à outra equipe, o que constitui uma fase a-didática: os alunos devem determinar por si mesmos as relações espaciais em jogo e formulá-las em um vocabulário compreensível pelos receptores da mensagem. O êxito ou não da tarefa por parte dos receptores lhes permitirá conhecer a validade e a pertinência da informação utilizada para elaborar a mensagem.

Dentro da teoria das situações didáticas, este tipo de situações prevê uma fase na qual os dois companheiros A e B confrontam o que B consegue com o que deveria ter conseguido. Podem, então, tratar de compreender por que a produção de B não é a esperada e analisar a mensagem e/ou sua interpretação. As situações de confrontação das produções e de análise que o professor organiza permitem que os alunos reflitam sobre os conhecimentos postos em jogo, suas ambiguidades – se existirem – e, fundamentalmente, busquem de forma coletiva maneiras de comunicação adequadas.

No entanto, dado que se trata de se fazer entender pela equipe receptora, pode acontecer que a equipe emissora A seja compreendida por B, apesar de não empregar um vocabulário adequado ou que sua mensagem contenha termos implícitos. Os alunos podem compreender-se visto que frequentemente compartilham termos implícitos ou concepções errôneas sobre os objetos matemáticos. Esses são alguns dos limites que essas situações podem apresentar, especialmente se são empregadas unicamente como trabalho dos alunos e sem intervenção do professor, mas este último pode, em uma fase de confrontação posterior, ajudar os alunos a analisar as mensagens e suas ambiguidades, se houver.

Nas situações apresentadas a seguir, trata-se, então, de organizar um processo de elaboração coletiva de conceituações que dizem respeito à organização do espaço (no caso da primeira sequência) e da orientação de objetos (no segundo caso) em que a representação do espaço tenha um caráter funcional, isto é, que se ponha a serviço de uma tarefa de comunicação de posições.

SEQUÊNCIA DIDÁTICA: "O SÍTIO"

Ficha didática

Destinado a alunos da educação infantil

Materiais
- Brinquedos ou elementos pequenos que sirvam para armar uma cena, idênticos para cada uma das equipes. Por exemplo: 2 vacas (de cor diferente), 1 cavalo, 5 armações que permitem construir um curral ou usá-las como cercas para separar diversos objetos, 1 pastor, 1 cachorro, 1 ponte, 1 moinho, 2 casinhas e 2 árvores. Esses materiais correspondem a objetos, a animais e a pessoas habituais em um sítio, daí o nome da sequência.
- Um cartão ou uma cartolina (do tamanho de uma folha de ofício) para cada equipe, sobre a qual se vai fazer a armação, e uma mesa para cada equipe.
- Uma esteira, biombo ou outro elemento divisório.

Objetivos
- Determinar relações espaciais entre os objetos que permitam definir univocamente a localização de cada um deles no marco de referência.
- Elaborar uma linguagem apropriada para comunicá-las sem ambiguidade.
- Interpretar as referências dadas para reproduzir uma situação espacial determinada.

Descrição da atividade
Organização da classe

Os alunos trabalham organizados em número par de grupos formados por 2 ou 3 alunos cada um. A metade dos grupos da classe funcionará como grupo emissor e a outra metade como receptor (denominados neste texto, respectivamente, grupos A e B). Os dois grupos que se correspondem deveriam estar a certa distância ou separados por um biombo que impeça ver a atividade do outro grupo.

Ordem

Vocês (dirigindo-se às equipes emissoras A) vão armar o que quiserem sobre a folha com todos estes brinquedos e não vão poder movê-los mais. Vocês (dirigindo-se aos grupos receptores B) têm os mesmos brinquedos do que eles e têm de armar um sítio igual. Para que eles possam fazê-lo, vocês (os do grupo emissor) têm de lhes dizer como armar. Os dois sítios têm de ficar iguais. Nenhum dos grupos pode olhar o que o outro está fazendo. Têm de se organizar para ditar o que quiserem dizer ao outro grupo. Vocês (dirigindo-se à equipe B) vão escutar e vão ir armando como eles disserem. Quando terminarem, vão juntar as duas mesas e vão ver se ficaram iguais.

Desenvolvimento
- Primeira fase: descrição da cena.
  O grupo emissor (A) arma sua cena e se organiza para ditar. Embora nas primeiras realizações possam escolher a criança que vai fazer o ditado, é importante que, nas seguintes, o professor garanta a rotatividade dos alunos para que todos participem. Quando as crianças julgarem haver terminado, o profes-

sor as interroga sobre se consideram que já disseram tudo o que queriam dizer e se julgam que já é suficiente.

- Segunda fase: confrontação das construções.
Retira-se o biombo, aproximam-se as duas construções e se comparam. O professor cuida para que as crianças não modifiquem a construção enquanto expressam as coincidências ou diferenças e guia a discussão perguntando no caso em que as configurações não coincidam, por exemplo: "O que deveriam ter dito para que se entenda?"; "Faltou dizer alguma coisa mais?"; "Basta dizer... (repetindo algum termo utilizado pelas crianças)?"; "Se não basta, como seria melhor dizê-lo?", etc.

- Terceira fase: descrição do outro grupo e comparação das construções.
Invertem-se os papéis, o grupo que, na primeira fase, atuava como receptor (grupo B) é o que arma a cena e a descreve para que as crianças do outro grupo possam reproduzi-la.
Uma vez terminada, aproximam-se as construções e se comparam, apontando as diferenças e as coincidências e as possíveis formulações para a localização não conseguida dos objetos.

- Quarta fase: discussão coletiva e institucionalização de acordos.
O professor organiza uma discussão coletiva sobre as dificuldades encontradas no desenvolvimento da atividade. Retoma as perguntas feitas nas comparações anteriores e apresenta para discussão as principais questões que impediram a reprodução. O objetivo é chegar a acordos sobre a forma mais adequada para realizar a tarefa.
As conclusões das crianças são retomadas pelo professor, formuladas claramente, se for necessário, conferindo-lhes um *status* de conhecimentos disponíveis para o jogo seguinte. Por exemplo: a indicação "ao lado da casa" não é suficiente para localizar um ob-

jeto, é necessário precisar de que lado se localiza.

- Continuação.
Organiza-se novamente o jogo, cada grupo assumindo alternadamente os papéis de emissor e de receptor; os alunos podem pôr em prática os acordos conseguidos.

Análise *a priori* da sequência.

Análise da tarefa no ditado, construção e comparação de construções

Como dissemos na página 145 deste capítulo, trata-se de uma situação de comunicação na qual um dos grupos possui a informação necessária para armar um sítio semelhante ao seu, mas não pode armá-lo por si mesmo, e deve fornecer ao outro grupo as indicações necessárias para que este possa fazê-lo. O grupo receptor, em contrapartida, tem a possibilidade de atuar armando o sítio, mas não dispõe da informação necessária.

Conseguir que as crianças do grupo receptor possam construir um sítio igual ao que os do grupo emissor armaram exige destes a formulação de indicações para armá-lo. As descrições emitidas pelo grupo A devem poder ser interpretadas como ordens de construção pelos integrantes da equipe B. Esta sequência demanda às crianças organizar o espaço da folha com os objetos que se encontram nela, isto é, conseguir transformar uma folha e um conjunto de objetos colocado em cima dela de forma mais ou menos caótica, em um espaço organizado em função das relações de proximidade ou localização dos diversos objetos entre eles e com a folha que serve de marco de referência, onde seja possível determinar quem está atrás de quem ou quem está no centro da folha, etc.

Dado que ambos os grupos possuem os mesmos elementos para a armação, é claro que a informação que podem fornecer sobre a localização na folha de cada um deles é uma informação pertinente. Isso exige deles estabelecer uma ordem dos objetos para seu ditado que lhes permita garantir a localização de todos os objetos sem omissão nem repetição. Como não podem marcá-los nem separá-los – uma vez que isso alteraria a configuração realizada –, devem estabelecer uma ordem mental que lhes permita garantir o controle intelectual da atividade.[7]

Considerado do ponto de vista de uma descrição, o grupo A poderia repetir a localização de um ou de vários objetos. Essa informação, aparentemente redundante, pode não aparecer como tal para o grupo B e, ao contrário, significar uma complexidade adicional, dado que, ao não dispor de tal objeto, deveria transformar-se em uma ordem de verificação daquilo que já foi colocado. Por exemplo, quando se repete a descrição da localização de uma casa, especialmente quando se trata de uma descrição diferente daquela que já foi formulada, é necessário que o grupo B interprete que, dado que esta casa já está colocada, não se trata de uma instrução para colocar uma nova casa que já havia sido descrita.

Não é indispensável no ditado estabelecer uma ordem total, no sentido de que necessariamente cada um dos objetos possa ser definido em função do anteriormente colocado, uma vez que, em forma independente da configuração selecionada pelas crianças e devido às características do material, seguramente poderão ser identificados alguns subconjuntos de elementos próximos, formando configurações locais, relacionados ou não pela função que desempenham e que possam ser descritas sem referência aos demais. Assim, por exemplo, poderia ser identificado um subconjunto de elementos formado pelo curral com as vacas e o cavalo.

Para localizar esses subconjuntos é necessário que, ao descrevê-los, se "prenda" um ou mais elementos na folha. Para isso podem ser selecionados alguns pontos ou regiões "especiais" da folha como o centro, acima à direita, abaixo à esquerda, etc., como pontos de referência externos à configuração armada. Para a descrição do subconjunto seguinte, pode ser selecionado um novo objeto, localizado em relação com a folha ou com alguns dos objetos já colocados. Se os objetos que definem os subconjuntos podem ser corretamente localizados a partir de pontos de referência externos a esses objetos, não é necessário que estejam relacionados com elementos ditados anteriormente.

Todo esse processo deveria ser realizado sem perder o controle sobre os objetos já ditados e os que ainda falta localizar. A consideração de configurações locais facilita em muitos casos que, apesar de realizá-lo entre várias crianças, o ditado possa ser exaustivo e sem repetição, visto que cada um poderia responsabilizar-se por uma dessas configurações sem necessidade de compartilhar a mesma ordem mental entre todos os objetos da cena.

Por outro lado, além da localização dos objetos na folha, se deveria considerar sua posição, dado que as "vacas" podem estar dentro do curral e serem, portanto, facilmente localizáveis, mas com posições diferentes, isto é, orientadas em diversos sentidos, e essa orientação deveria ser incluída na descrição realizada.

O processo previsto para fazer funcionar o conhecimento nessa sequência parte de as crianças poderem enfrentar uma tarefa que as obriga a determinar relações espaciais entre os objetos para estabelecer pontos de referência na folha de papel, a buscar formulações adequadas para transmiti-las e para conseguir que a equipe B possa reproduzir a configuração. Para isso, utilizarão seus conhecimentos anteriores sobre localização espacial, conhecimentos talvez incorretos, incompletos ou não pertinentes na situação.

As relações espaciais que as diversas crianças estabelecem não são necessariamente coincidentes entre elas, como também não o serão as descrições realizadas, permitindo-lhes assim a uns e outros tomar contato com formulações diferentes das próprias. Por outro lado, os questionamentos do grupo B e, posteriormente, a comparação das duas configurações permitem às crianças tomar consciência do efeito de suas formulações e da necessidade de uma maior precisão. Esses dois aspectos se constituem, assim, para eles em recursos de controle.

A primeira realização do jogo será seguramente marcada por imprecisões no ditado, por esquecimento de alguns elementos e por descrições ambíguas, mas também a construção do sítio pelo outro grupo, a partir da descrição, será realizada quase sem discussões e todos – emissores e receptores – terão a convicção de que serão construídos sítios idênticos. Logo na comparação poderão começar a perceber que não foi suficiente o que se disse, nem como se disse. Esta primeira vez permite às crianças tomar consciência da situação que se lhes apresenta. Na segunda realização, as considerações espaciais começam, frequentemente, a se explicitar desde a construção, uma vez que as crianças consideram, ao localizar os objetos, as dificuldades que enfrentarão ao fazer o ditado. A construção estará seguramente influenciada pela necessidade – posterior à construção – de descrevê-la.

A sequência prevê momentos de discussão coletiva sobre as dificuldades encontradas e sobre as possibilidades de melhorar a descrição para permitir a reprodução. As institucionalizações[8] parciais por parte do professor a partir de pequenos "acordos" podem constituir-se em escalões firmes sobre os quais se apoiar para fazer evoluir os conhecimentos. Por outro lado, deveriam permitir que as relações espaciais que se determinem sejam identificadas, nomeadas e caracterizadas.

Desde a primeira ordem, os alunos se encontram inseridos em uma verdadeira problemática, dado que não somente têm de estabelecer relações espaciais que permitam localizar cada um dos objetos, mas também determinar que a organização do espaço em jogo – folha de papel e objetos – possa ser um recurso de solução da tarefa proposta. Trata-se de um funcionamento adidático da situação, como se mencionou anteriormente.

Determinar que a localização dos objetos na folha possa ser o recurso para conseguir que a outra equipe possa cumprir com sua tarefa se justifica pela lógica interna da situação, e não por "adivinhar" o desejo, explícito ou não, do professor.

Se a ordem apresentada fosse: "Digam-lhes onde está cada um dos objetos da cena para que eles possam colocá-los no mesmo lugar que vocês", ficaria na responsabilidade das crianças somente determinar e formular as relações espaciais, mas a ordem já estaria comunicando que a localização espacial de cada objeto pode ser um recurso de solução.

Papel do professor

O professor desempenha nesta sequência um papel fundamental dado que é o responsável pela organização das etapas de descrição e de comparação das configurações, mas, além disso, desempenha um papel especial na discussão que propõe diante das diferenças entre ambas. Nos momentos de validação, deve retomar as dificuldades das crianças, formulá-las em termos que permitam sua discussão e conseguir que cheguem a conclusões que, embora provisórias, permitam fazê-las progredir. Finalmente, nas institucionalizações, estará sob sua responsabilidade também identificar, nomear e caracterizar o conhecimento, conferindo um *status* às formulações das crianças, relacionando suas produções com os conhecimentos culturais e possibilitando sua reutilização em outras situações.

Os materiais

Os objetos foram escolhidos de modo a permitir a construção de uma configuração que tivesse um significado para as crianças, por exemplo, um sítio ou uma praça, segundo os elementos disponíveis. O número de objetos presentes deve ser determinado atendendo a duas condições: por um lado, os elementos devem permitir a construção de uma cena, como já se disse, que dê sentido à tarefa e, por outro lado, devem ser de uma quantidade que obrigue a recorrer a relações espaciais para sua descrição. Se houvesse poucos objetos, por exemplo, 4, a descrição de sua localização poderia ser feita sem recorrer a uma estruturação precisa do espaço e estabelecendo muito poucas relações espaciais entre os objetos e em relação com a folha. Consideramos que um número de aproximadamente 15 objetos pode satisfazer ambas as condições, mas não experimentamos com outras quantidades. Deve-se esclarecer que a presença de vários objetos da mesma natureza, como 3 vacas ou 5 cercas, permite que sejam ditados em uma só frase e se diminua o número de localizações realizadas.

Permite, por exemplo, ditar: "As vacas estão dentro do curral olhando para a casa".

Pelo tipo de objetos envolvidos, a atividade do sítio favorece o aparecimento de algumas noções espaciais como: atrás, na frente, direita, esquerda, ao lado, etc., mas não garante a utilização de outras como acima ou abaixo.

A atividade na educação infantil ou na 1ª série

Para a utilização dessa atividade com crianças da educação infantil ou da 1ª série, é necessário adequar alguns aspectos, enquanto outros se mantêm tal como foram descritos pelos argumentos já mencionados. Por exemplo, o professor pode organizar a atividade com a metade da turma, formando, por exemplo, quatro grupos: dois emissores e dois receptores, dado que as crianças menores necessitam da maior presença do professor.

Antes da aplicação desta sequência, é conveniente que os alunos tenham tido a oportunidade de conhecer o material sem as restrições das ordens da sequência. Pode ser entregue como material de jogo em dias anteriores e organizar posteriormente uma atividade mais simples, por exemplo, de reprodução de uma configuração: um grupo arma o que deseja com os objetos e o outro grupo deve reproduzi-lo exatamente em um lugar pouco afastado do primeiro, para isso pode ir observar o modelo original quando o considerar necessário. Posteriormente, os dois comparam as configurações e observam se existem diferenças entre elas e os motivos dessas diferenças, se for o caso.

Os objetos devem ser escolhidos em um tamanho tal, em relação com a folha na qual se constrói a cena, que exima as crianças de precisões de medidas. Tendo em vista que, ao colocar os objetos, estes cobrem quase totalmente a folha, suas localizações podem ser estabelecidas em função de referências como atrás, entre a árvore e a casa, etc., sem necessidade de uma maior precisão nas distâncias entre os objetos.

Por outro lado, a consideração da localização do grupo responsável por formular a mensagem em relação com esta cena armada e, por sua vez, da localização do grupo que reconstrói o sítio aparecem como uma dificuldade quase insolúvel para crianças tão pequenas. Por isso, os grupos devem localizar-se do mesmo lado das mesas colocadas na mesma direção, os 6 ou 8 alunos formando uma linha, assim como as mesas, como se vê no esquema (Figura 7.1). Esse aspecto será considerado mais adiante neste capítulo quando se analisar o trabalho com a sequência "O escorregador".

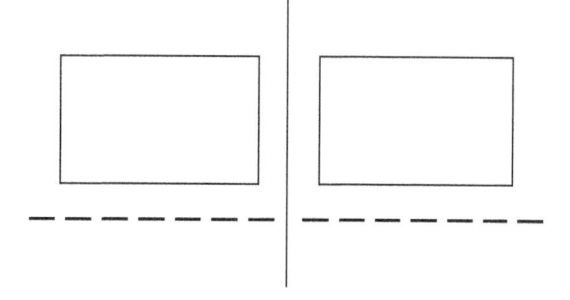

Figura 7.1 Biombo.

Funcionamento da sequência nas classes

A experimentação da sequência com diversos grupos[9] de alunos com 5 anos, a educação infantil, ofereceu-nos variada informação sobre as questões que apresentamos na análise *a priori* da sequência. Pudemos observar uma participação desigual das crianças, com muitas reticências no começo e com entusiasmo no final, em muitos casos. Embora um único aluno fizesse o ditado, seus companheiros acompanhavam atentamente a descrição, indicando inclusive os objetos que ainda faltavam para descrever. Nas comparações e nos comentários sobre a origem das diferenças, vimos que também participavam alunos que não trabalhavam na descrição e que, no entanto, seguiam com muita atenção o desenvolvimento do ditado.

O ditado

Podemos iniciar esta análise referindo-nos às dificuldades dos alunos em estabelecer relações espaciais e encontrar formulações válidas para permitir ao outro grupo reproduzir a configuração.

- A falta de precisão em indicações como "ponha ao lado da árvore", sem especificar a qual dos lados se referem. Essas formulações evoluem em concordância com a possibilidade de controlar a semelhança de ambas as construções, como veremos mais adiante, mas enfrentam a enorme dificuldade do uso da direita e da esquerda.
- O uso por parte de alguns emissores, de referências à direita ou à esquerda da folha ou das próprias crianças, foi questionado porque os receptores não puderam compreendê-las. Diante da intervenção da professora, indicando que tratassem de procurar alguma outra formulação que seus companheiros compreendessem, algumas crianças recorreram a pontos de referência externos à configuração: o quadro-negro e as janelas para indicar respectivamente o lado direito ou o esquerdo da folha. Essas referências foram compreendidas claramente pela equipe receptora, uma vez que permitem a localização dos elementos independentemente da lateralidade do emissor e do receptor.
- Com referência às relações espaciais estabelecidas, encontramos as diversas maneiras de atribuir uma lateralidade aos objetos como apontam os estudos psicológicos analisados (Lurçat, 1976). As crianças determinam as referências de um objeto que se encontra diante deles, realizando uma *translação* das referências próprias do sujeito, uma *simetria* ou uma *rotação* das referências do sujeito. Essas considerações serão analisadas mais adiante, na sequência do escorregador.
- Nas descrições realizadas, encontramos diversos usos do termo "diante de": diante da folha (próximo do sujeito), diante das coisas (zona afastada do sujeito) ou ainda diante das casas (em função das portas dessas casas, sem referência ao sujeito que descreve). Clara-

mente, crianças tão pequenas não podem distinguir nem dominar o uso de significados tão diferentes do mesmo termo. Na atividade, algumas vezes podem solucionar as dificuldades em função do contexto. Por exemplo, "o pastor diante da casa" permite localizar corretamente o pastor, uma vez que supõem que está saindo da casa ou entrando nela, embora essa expressão não defina a orientação de seu corpo.

- Em alguns casos, ao descrever a posição de um ou de vários objetos (casas, vacas, etc.), não esclarecem se se trata de um, dois ou todos. A falta de precisão numérica é superada com facilidade quando é indicada pelo grupo receptor, tanto durante o ditado como na comparação das construções.
- Certamente, alguns grupos emissores consideram suficiente – especialmente na primeira realização da sequência – enunciar um a um os diversos objetos sem precisar sua localização ou ditar as configurações locais sem precisar sua localização na folha. Também pode acontecer, e pudemos observá-lo, que as crianças ditem os conjuntos de objetos semelhantes, independentemente de sua localização. Por exemplo, "Ponha as casas", embora estejam localizadas em diversos lugares. Depois continuam com as vacas, as cercas e assim por diante. Descrições como as anteriores aparecem quase unicamente no primeiro ditado, uma vez que na comparação, ou inclusive às vezes durante o ditado, as crianças do grupo receptor demandam a localização dos diversos objetos ou subconjuntos no primeiro caso ou reclamam que não especificaram quais objetos estavam em uma posição e quais em outra, embora se trate, em ambos os casos, de objetos semelhantes.
- Em pouquíssimas ocasiões, se incluiu na descrição a orientação dos objetos. Embora, ao comparar as duas configurações, alguns alunos comentassem "está olhando para o outro lado",

ou então "o pastor está saindo da casa e aqui está entrando", a orientação dos objetos não foi, em geral, levada em conta em quase nenhuma das realizações.

A recepção da mensagem

Com frequência, a equipe receptora interpreta uma informação maior do que a emitida. Por exemplo, dois grupos recebem a instrução "pôr o banco no meio da folha" sem indicação da direção do banco (que tem a forma retangular) e, no entanto, colocam-no paralelo à margem inferior da folha, coincidindo com a orientação dada na configuração do grupo A. Esse comentário se relaciona com o uso de alguns lugares ou direções privilegiadas, em geral paralelas à margem da folha (Laborde, 1988), tanto na colocação de objetos como na descrição e na interpretação da equipe receptora.

Os subconjuntos de objetos

Como mencionamos na análise *a priori*, a consideração "mental" – não necessariamente explicitada – de subconjuntos que constituem configurações locais de elementos permite que o ditado seja organizado por etapas.

Nas construções das equipes emissoras, se pode identificar com frequência uma zona central da folha rodeada de outras: duas laterais (Figura 7.2) ou três (Figura 7.3).

Esta distribuição espacial permite se referir a um objeto central e àqueles que se encontram próximos dele (pertencentes à zona central) e localizar os demais a partir de referências como "do lado do quadro" ou das janelas ou relacionando-os com o objeto central já colocado. A localização dos objetos na parte central e nas zonas laterais parece corresponder ao uso de lugares ou direções privilegiadas, já citado anteriormente.

Esta organização do espaço, para fazer a construção e que facilita o ditado em etapas ao considerar diversos subconjuntos, contrapõe-se com a atividade habitual na educação infantil, já mencionada, de fazer dividir o espaço em quatro zonas: acima à direita e à esquerda, abaixo à direita e à esquerda.

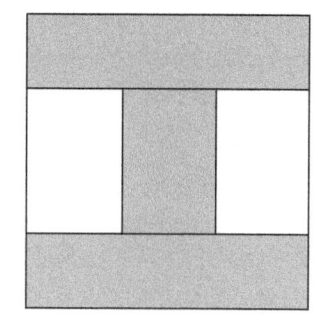

Figura 7.2

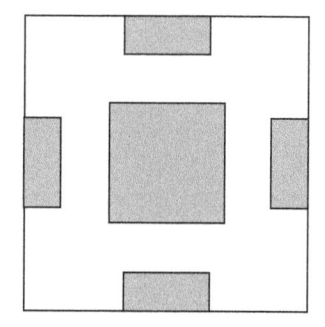

Figura 7.3

A comparação

A sequência pretende conseguir um funcionamento adidático dos alunos diante da situação apresentada, isto é, um funcionamento independente do professor enquanto este deixa de ser o provedor do conhecimento necessário para a resolução do problema e da validação da tarefa realizada. A validação que a sequência propõe está centrada no momento da comparação das duas construções. São as coincidências que podem aparecer nela o que validará as formulações realizadas. Nas primeiras realizações, os alunos não parecem detectar as diferenças de localização, de rotação ou de lateralidade dos diversos elementos da configuração e se conformam com configurações mais ou menos semelhantes. Com grande facilidade, afirmam que se conseguiu a mesma cena apesar das instruções incorretas recebidas.

Para as crianças, o fato de a disposição global da configuração ser aproximadamente correta, é suficiente para aceitar que "ficou igual". Mais ainda, se a posição relativa de alguns objetos entre eles é aproximadamente correta, é aceitável. Por exemplo, em uma construção, as árvores foram localizadas dos lados do banco, quase como no modelo original, embora não estivessem localizadas no mesmo lugar da folha. Na comparação, os alunos afirmam, no entanto, que estavam colocadas corretamente.

Também nos mecanismos de controle feitos pelos alunos se pode observar uma evolução ao longo das diversas realizações da atividade. É no interjogo entre formulações mais precisas e controles mais acertados que se favorece a aprendizagem por parte dos alunos, ajudados pela reflexão que o professor organiza entre os diversos jogos e que propicia a análise das formulações realizadas e o intercâmbio entre os alunos.

Assim, vemos nas descrições como se vão precisando as expressões, ao abandonar algumas como "ao lado de" muito comuns no primeiro ditado, em favor de outras como "à direita" ou "do lado do curral", assim como nas perguntas que alguns alunos do grupo receptor formulam no momento de realizar a construção. Por exemplo, perguntar sobre a localização de um objeto que estava sendo utilizado como referência para outro e que não havia sido ainda localizado.

Conclusão

Esta atividade permite que crianças muito pequenas se envolvam em uma tarefa problemática que põe em questão sua capacidade e seus conhecimentos para localizar objetos; permite-lhes enfrentar modelos de localização diferentes, formulados por seus colegas, que contribuem ou não para localizar com precisão os elementos e, além disso, permite analisar na comparação porque não se conseguiu o que se esperava: um sítio idêntico ao original. A possibilidade de enfrentar com rapidez o produto de sua ação, embora influenciada pela compreensão da equipe receptora, favorece a evolução das formulações que podem ser observadas desde o primeiro ditado e a primeira comparação. A análise, a busca de acordos e a ocasião de voltar a realizar o jogo permitem uma maior evolução.

De qualquer modo, persistem determinados aspectos sobre os quais não acreditamos que seja possível, em linhas gerais, conseguir progressos em crianças tão pequenas (4 ou 5 anos), como os relativos à orientação dos objetos, à consideração da localização dos emissores e dos receptores e aos diversos modelos de localização espacial.

Esta sequência de atividades pode ser realizada também na 2ª e na 3ª séries, dado que são vários os aspectos que apresentam dificuldades, embora para crianças maiores, e o trabalho com uma sequência como esta lhes permitiria continuar progredindo.

O aparecimento de diversos modelos de localização espacial nos levou a indagar sobre a orientação dos objetos e sua utilização para localizar outros no espaço. A sequência denominada "O escorregador", que é apresentada mais adiante, centra a discussão na orientação de um objeto, o escorregador, e no conflito que as referências dadas provocam em relação com o sujeito ou com um objeto.

SOBRE A ORIENTAÇÃO DOS OBJETOS

Na análise da sequência anterior, dizíamos que as crianças, ao fazer a descrição, podem utilizar um mesmo termo espacial – como diante de, atrás, etc. – com diversos significados: adiante na folha (referindo-se ao espaço mais próximo do sujeito que faz a descrição), diante das casas (com relação à zona mais afastada do sujeito, quando as casas se encontram na linha visual do sujeito, entre o sujeito e o objeto que se quer localizar) ou então diante das casas (em função das portas destas casas, sem referência ao sujeito que descreve). Talvez alguns tenham feito a experiência de chegar à sua casa de táxi e fazer o seguinte pedido: "Deixe-me atrás do carro roxo estacionado". Onde você espera que o táxi pare? Antes de chegar ao carro roxo? Ou depois de haver passado pelo carro roxo e estacionado? No primeiro caso, a referência seria entendida em relação com o carro roxo estacionado e "atrás" significaria na zona próxima à sua "parte de trás". Em contrapartida, continuar, passar ao lado do carro e estacionar mais adiante significaria considerar a localização em relação com o chofer do táxi. "Atrás" seria a zona mais afastada do chofer. Os diversos pontos de referência considerados indicam finalmente diferentes lugares para que o táxi deixe o seu passageiro.

A presença de um escorregador na atividade que se propõe aos alunos e a possibilidade de utilizá-lo como referência para localizar alguma coisa apresenta questões espaciais como as seguintes: É possível determinar inequivocadamente a zona "à esquerda" do escorregador? Uma possibilidade é designar a esquerda como a zona próxima à escada do escorregador, coincidindo com a parte esquerda da folha, mas, quando se pensa no movimento que uma criança faz por ele, sua própria lateralidade pode ser estendida ao escorregador e à zona que o circunda e denominar esquerda do escorregador a zona compreendida entre o escorregador e o muro.

E qual seria a região reconhecida como "diante" do escorregador?

Se nos situamos na posição de um observador da imagem anterior, "diante" do escorregador poderia ser a região que se situa em nosso campo visual, entre nosso corpo e o objeto, enquanto atrás poderia ser aquela região "tapada" pelo objeto, interferindo em nossa linha visual, isto é, a região situada entre o escorregador e o muro.

No entanto, nenhuma criança duvida quando sua mãe a previne: "Não pare diante do escorregador, que podem machucar você". E esse "diante" não corresponde ao que acabamos de descrever.

É preciso levar em conta que a atividade que é apresentada às crianças propõe um trabalho de localização espacial em uma representação gráfica de um escorregador em um parque. As considerações que são feitas devem ter em conta este fato, dado que não seria a mesma coisa se a tarefa fosse proposta na realidade de um parque e seu escorregador.

Alguns detalhes

Vamos retomar aqui uma discussão sobre alguns termos relativos à localização espacial, como "diante" e "adiante", "detrás" e "atrás". Para isso partimos das definições de vários dicionários.

Diante. (adv.) **1.** Com prioridade de lugar, na parte anterior ou no lugar atrás do qual uma pessoa ou coisa está, ou na parte anterior ou em um lugar onde está o rosto de uma pessoa ou coisa. **2.** Na frente de. **3.** À vista, em presença de.

Adiante. Até à parte oposta à outra.

Detrás. (adv.) Na parte posterior ou com posterioridade de lugar ou em lugar diante do qual está uma pessoa ou coisa.

Atrás. (adv.) **1.** Na parte que está ou fica às costas de alguém. **2.** Na parte para onde se têm voltadas as costas, às costas. **3.** Denota direção para a parte posterior de quem fala ou da pessoa ou coisa nomeada.

A partir destas definições, se pode concluir que *atrás* localiza mais vagamente, com menos precisão que *detrás*, embora a diferença em geral é pouco perceptível; por outro lado, "atrás" admite graus de comparação (mais, menos, muito) e "detrás" não os admite. *Adiante*, por sua vez, indica movimento e não deve ser confundido com *diante de*, que indica situação. No entanto, essas distinções não são muito precisas no vocabulário cotidiano e menos ainda no das crianças. Na sequência que se propõe, não se previu fazer uma discussão sobre esses aspectos.

Voltando às considerações anteriores sobre a orientação de um objeto no espaço, vemos que não está determinada em forma inequívoca, contrariamente ao que acontece com a orientação no próprio corpo ou no corpo de outro sujeito. Conforme Liliane Lurçat (1976), podemos afirmar que, em relação com um objeto situado diante do observador, existem duas maneiras de orientar o espaço que o circunda: (a) projetando sobre o objeto o próprio esquema corporal, ou (b) levando em conta a orientação do objeto.

Projeção do esquema corporal

Lurçat aponta três maneiras básicas de projetar sobre um objeto o próprio esquema corporal: por translação, por rotação ou por simetria.

Segundo este modelo, orientar um objeto por *translação* significa atribuir ao objeto os referenciais próprios do corpo do observador. Assim, por exemplo, se se tratar de uma árvore, colocada na frente de um sujeito, corresponde atribuir a *direita* e a *esquerda* ao mesmo lado que os do sujeito observador, atribuir *adiante* à região mais afastada do sujeito e *atrás* à região mais próxima ao observador, isto é, a compreendida entre o sujeito e a árvore.

Orientar um objeto por rotação significa atribuir ao objeto os referenciais do próprio corpo depois de fazer uma rotação de 180°. A *direita* e a *esquerda* se invertem, *adiante* passa a designar a região mais próxima ao observador e *atrás* a região mais afastada.

Orientar um objeto por simetria significa atribuir ao objeto os referenciais do esquema corporal a partir de uma simetria relacionada com um plano vertical paralelo à frente do corpo do observador. Assim, *direita* e *esquerda* se encontram do mesmo lado que as do observador; em contrapartida, *adiante* designa a região mais próxima do observador, e *atrás,* a região mais afastada, isto é, próxima da parede.

Além dessas formas básicas, Lurçat observa que podem ser encontradas formas mistas que são atribuídas aos pontos de referência para o eixo adiante-atrás, utilizando um dos modelos e para o eixo direita-esquerda, outro.

Orientação do objeto

Como vimos no modelo anterior, os objetos podem ser orientados pelo sujeito, pro-

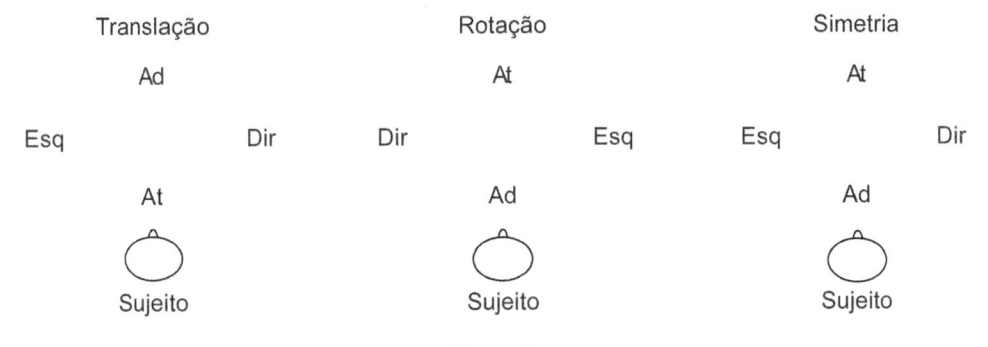

Figura 7.4

jetando sobre ele sua própria lateralidade. Existem, no entanto, objetos que podem ser considerados como orientados ou que podem ser orientados, dependendo da sua função ou forma, independentemente da lateralidade ou da posição do sujeito que designa os pontos de referência. Assim, uma chaleira pode ser orientada definindo um *adiante* em relação com seu bico e um *atrás* em relação à asa. Essa orientação se faz atendendo a pontos de referência próprios do objeto (neste caso, o bico e a asa) que são utilizados para orientar o espaço que o circunda. Um veículo possui um *adiante* (que denominamos parte dianteira) e um *atrás* (parte traseira), uma vez que possui uma *esquerda* (a porta ou roda esquerda) e uma *direita* (a porta ou roda direita) determinadas pelo seu movimento. Um escritório ou uma cozinha podem adquirir uma orientação específica de acordo com seu uso. Assim, adquirem significado expressões como diante da cozinha ou atrás do escritório.

Não acontece a mesma coisa com as referências à direita e à esquerda, mais relacionadas com o sujeito que as designa do que com o objeto em si mesmo. É importante mencionar que, para determinar a polaridade do eixo adiante-atrás, tanto de sujeitos como de objetos, são utilizadas, em geral, referências objetivas – a função, a forma, o movimento –, enquanto para o eixo direita-esquerda as referências são subjetivas. Assim, diante da cozinha corresponde à face em que se encontram as peras, a porta do forno, etc., e por projeção, o espaço próximo; a determinação de "diante do carro" se relaciona com o sentido do movimento. Em contrapartida, para definir a direita e a esquerda de um objeto, é utilizada frequentemente a lateralidade do próprio corpo. Por exemplo, "a direita de uma loja" não é uma expressão precisa, a não ser que utilizemos a própria lateralidade e, nesse caso, é preciso acrescentar a posição do sujeito, "saindo à direita", uma vez que não se trataria do mesmo lado, se o sujeito está entrando na loja da qual se está saindo.

A direita e a esquerda dos objetos poderiam ser definidas em forma semelhante à lateralidade do corpo humano: a parte direita do nosso corpo é a localizada entre a parte dianteira e a traseira, girando no sentido dos ponteiros do relógio. Desta maneira, uma vez identificadas as referências diante e atrás de um objeto, se poderia determinar a direita e a esquerda de acordo com este modelo.

Um escorregador em uma praça, como o que consideraremos na sequência seguinte, pode ser orientado atendendo a esses dois modelos que acabamos de caracterizar: considerando-o como um objeto orientado ou projetando a lateralidade do sujeito que define suas polaridades.

Sobre a direita e a esquerda, se se define "diante de" em relação com o lugar de chegada das crianças ao escorregar por ele e "atrás" em relação com a escada, pode-se definir a "direita" do escorregador de acordo com o modelo anterior, que coincide, por outro lado, com a região localizada à direita de uma criança que brinca no escorregador.

Ocupar-se na escola obrigatória dos objetivos relativos à localização espacial, implicaria tomar consciência dessas dificuldades. O vocabulário correspondente às posições relativas e aos deslocamentos no espaço aplicado a situações familiares é compreendido precocemente, e esse é um dos motivos que pode mascarar a diversidade de modelos a partir dos quais as crianças se orientam elas mesmas e os objetos no espaço.

A sequência seguinte visa a fazer jogar com o vocabulário espacial no papel informativo, confrontando as crianças com situações que as obrigue a precisar as relações espaciais no jogo e, inclusive, a explicitar os referenciais utilizados na comunicação.

SEQUÊNCIA DIDÁTICA: "O ESCORREGADOR"[10]

Ficha didática

Destinada a alunos da 3ª série.

Materiais

A metade dos grupos da turma recebe o desenho seguinte.

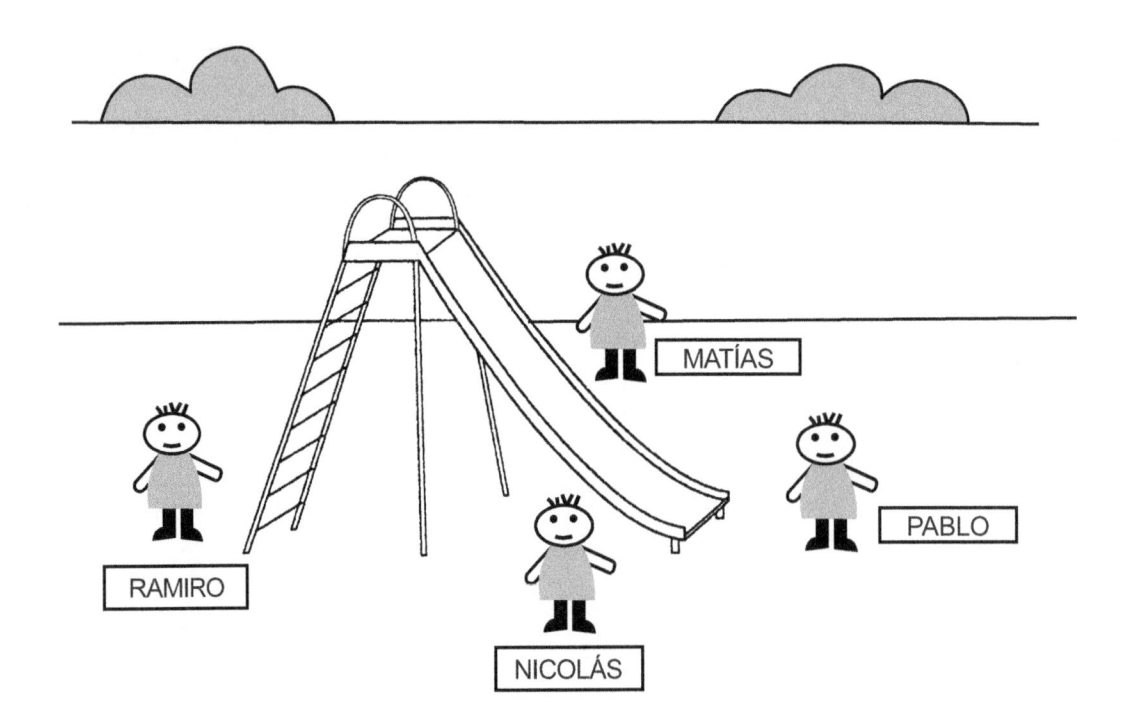

A outra metade recebe um desenho semelhante, mas que não inclui o nome das crianças.

Objetivos

- Determinar relações espaciais entre objetos ou pessoas no ambiente próximo, utilizando pontos de referência.
- Elaborar uma linguagem apropriada para comunicá-las sem ambiguidades. Para isso se aponta para:
  – descobrir a necessidade de explicitar os pontos de referência utilizados;
  – explicitar a posição do observador e/ou modelo de orientação selecionado. A finalidade dessas atividades é que os alunos consigam determinar a informação necessária para identificar as crianças presentes na representação gráfica de uma praça. A cena foi organizada de maneira que a localização espacial das crianças em relação aos outros ou aos objetos presentes na situação seja uma informação pertinente para a tarefa que deve ser realizada.

Descrição da atividade

Organização da turma

Os alunos trabalham organizados em número par de grupos formados por dois ou três alunos cada um.

Ordem

Os alunos pertencentes ao primeiro grupo, aos quais chamamos emissores, receberam o desenho de uma praça, onde há quatro crianças e cada uma delas tem um cartãozinho com o próprio nome.

Os alunos pertencentes ao segundo grupo, aos quais chamamos receptores, têm o mesmo desenho, mas nos cartãezinhos não estão escritos os nomes das crianças.

Os emissores devem conseguir que seus colegas pertencentes aos grupos receptores coloquem no cartãozinho de cada criança o seu nome respectivo. Para isso devem enviar a informação que considerem necessária para consegui-lo. Estas mensagens devem ser escritas e não incluir desenhos nem croquis.

Se as equipes receptoras tiverem alguma dificuldade, podem fazer perguntas por escrito à sua equipe emissora, que as responderá também por escrito.

Uma vez concluída a tarefa, as duas equipes compararão seus desenhos e analisarão os erros e as dificuldades encontradas, se as houver.

Desenvolvimento

- Primeira parte
  - Elaboração da mensagem
    As equipes que receberam o desenho discutem sobre quais informações enviar para possibilitar à equipe receptora que coloquem o nome de cada uma das crianças presentes no desenho e elaboram uma mensaem. Essa mensagem é levada pelo professor ao grupo receptor correspondente.
  - Atribuição dos nomes
    As equipes receptoras, a partir da mensagem recebida, colocam o nome de cada uma das crianças em seu próprio desenho. Se consideram que a informação recebida é incompleta ou confusa, podem fazer perguntas à equipe emissora por escrito, e o professor será o encarregado de estabelecer a correspondência entre as duas equipes.
  - Comparação dos nomes
    As duas equipes correspondentes comparam o nome atribuído a cada criança com seu nome correto, presente na imagem recebida pela equipe emissora. O professor orienta a discussão, se necessário, fazendo perguntas como as seguintes: "Por que não puderam pôr o nome correto?", "O que ou como teriam de haver lhes dito para que pudessem cumprir sua tarefa?", "Basta dizer... (retomando alguma expressão utilizada pelos alunos)?".
- Segunda parte
  - Inversão dos papéis das equipes
    Inverte-se o papel de emissores e receptores, a partir de um desenho semelhante com meninas (em lugar de meninos) localizadas nas mesmas posições. Organiza-se a atividade da mesma maneira que a anterior.

- Terceira parte
  - Análise das mensagens produzidas
    O professor organiza a discussão coletiva sobre as dificuldades encontradas no desenvolvimento da atividade. Retoma as perguntas feitas nas comparações anteriores e apresenta para discussão as principais questões que impediram a determinação dos nomes. O objetivo aqui é levar todas as crianças a participarem das discussões que foram suscitadas em uma ou em outra equipe, identificar as dificuldades e acordar alguns pontos que podem facilitar a tarefa.
    O professor propõe para toda a turma a análise de algumas das mensagens produzidas pelas equipes com o fim de determinar se permitem ou não a atribuição do nome de cada criança. As análises dos alunos e suas formulações são retomadas pelo professor e formuladas claramente, se for necessário, atribuindo-lhes um *status* de conhecimentos disponíveis para a realização seguinte da atividade. Essa discussão deveria colocar em evidência a necessidade de apresentar acordos prévios para conseguir a comunicação.
  - Elaboração de uma mensagem para um receptor estranho ao grupo
    Cada par de alunos elabora uma mensagem a partir do que foi discutido na fase anterior que permita comunicar da melhor maneira possível as informações necessárias para que um aluno estranho a este grupo da escola possa atribuir a cada criança da situação apresentada o seu nome correspondente. Essas mensagens são analisadas e discutidas na turma e se elabora, coletivamente, uma única mensagem que será entregue a um aluno estranho ao grupo, levando em conta as conclusões dessa análise.

Análise *a priori* da sequência

Decisões tomadas

Para organizar a cena, foram tomadas algumas decisões. Por um lado, foram eliminadas todas as características das crianças que pudessem servir para identificá-las além de sua localização em relação ao escorregador ou a outros objetos. Por outro lado, foram incluídas unicamente quatro crianças para centrar a discussão nas polaridades básicas: diante de-atrás, direita-esquerda.

No desenho entregue, incluiu-se um muro de fundo que pode ser utilizado, junto com a escada do escorregador, como referencial objetivo. Desta maneira as discussões podem centrar-se nas posições das crianças localizadas à direita e abaixo, em relação à folha, dado que se trata das duas localizações não identificáveis facilmente a partir destes objetos.

A turma é organizada em pequenos grupos para favorecer o aparecimento das diversas concepções dos alunos sobre a orientação e, por sua vez, facilitar os intercâmbios entre eles, mais difícil de aparecer em grandes grupos. O número par de grupos permite que a cada grupo emissor corresponda um grupo receptor com quem intercambiará as mensagens.

Se o grupo em que se desenvolve a atividade não está acostumado a este tipo de trabalho, será necessário dedicar algum tempo para a apropriação da ordem por parte dos alunos. É frequente que os alunos a interpretem como uma adivinhação na qual se incluem algumas "pistas" e em que, por sua vez, se trata de dificultar o trabalho do receptor, o que não é o caso.

Descrição da tarefa para os alunos

Para que a mensagem elaborada pela equipe emissora permita ao grupo receptor escrever nos cartões o nome correto de cada uma das crianças, é necessário incluir nela a informação necessária para identificá-los. Dado que as características que poderiam distinguir as crianças entre si – como sexo, roupa, altura, cor do cabelo ou forma do penteado – foram eliminadas, sua localização espacial sobre alguns dos objetos ou pessoas presentes no desenho – o escorregador, as outras crianças, o muro, as árvores – ou, inclusive, sobre a folha,

suporte do desenho, permite distingui-los e, às vezes, identificá-los.

Vejamos quais são algumas possibilidades de localização das crianças. Por exemplo, identificar primeiro a que está "diante do escorregador". É possível definir inequivocadamente "diante do escorregador"? Poder-se-ia dizer que Nicolau está diante do escorregador, uma vez que frequentemente denominamos assim a região que se situa entre nosso campo visual, entre nosso próprio corpo e o escorregador, enquanto atrás é aquela região que deixa o escorregador entre o objeto e nós mesmos, isto é, a região situada entre o escorregador e o muro.

No entanto, como dissemos, nenhuma criança duvida quando sua mãe a previne: "Não pare diante do escorregador porque podem machucar você". E esse "diante" não corresponde ao que acabamos de descrever.

Podemos reencontrar, assim, as diversas maneiras de orientar um objeto, considerando-o como orientado ou transladando sobre o objeto a lateralidade do sujeito que mencionamos antes.

O recurso às polaridades da folha – acima, abaixo, direita, esquerda – é outra das possibilidades e permite identificar as posições das quatro crianças. Assim, Matias poderia ficar definido como o que está na parte de cima da folha, Nicolau na parte de baixo, Paulo à direita da folha e Ramiro à esquerda. É claro que, com essas referências, não existe ambiguidade possível na atribuição dos nomes. Contudo, esta determinação das polaridades da folha também se trata de uma orientação por translação para o caso da direita e da esquerda da folha e de uma atribuição especial para acima e abaixo, uma vez que se está considerando a folha como se estivesse colocada na posição vertical.

Se não se recorre à folha como referencial, podem ser utilizados o muro e a escada como referenciais objetivos, isto é, independentes da localização do sujeito que elabora a mensagem. Essas referências permitem localizar Ramiro e Matias, mas não Paulo e Nicolau. Inclusive para Matias não é suficiente indicar que se encontra diante do muro, uma vez que as quatro crianças estão diante do muro.

As outras formas de identificá-lo dependem da localização do sujeito que as utiliza (localização real ou simulada: "colocando-me na escada, à direita...") e nem sempre podem ser compreendidas por um receptor se não são explicitadas previamente.

Em todos os casos, é necessário determinar pontos de referência, tanto no escorregador ou em algumas de suas partes como em outros objetos estranhos ao escorregador, pontos de referência relativos ao sujeito que observa ou também a folha em si, suporte do desenho.

Análise da situação apresentada

A situação "O escorregador" está construída a partir de uma situação de comunicação na qual um grupo que possui uma informação (o nome das crianças) deve comunicá-la à equipe receptora que não a possui. A informação enviada deveria permitir colocar o nome correspondente em cada uma das crianças.

Para os emissores, trata-se de caracterizar cada uma das crianças a fim de permitir sua identificação. Para isso, devem determinar a informação necessária, selecioná-la e comunicá-la (elaborar uma linguagem apropriada) por meio de uma mensagem. A possibilidade de estabelecer relações espaciais das crianças entre elas ou com os objetos presentes aparece como uma característica pertinente da situação.

Para as equipes receptoras, trata-se de uma tarefa de decodificação. O problema para elas é conseguir decodificar a informação transmitida e transformá-la em ações para determinar o nome de cada uma das crianças.

Esta organização da atividade obriga os alunos a determinar primeiro que a localização espacial das crianças pode constituir um recurso pertinente para resolver a tarefa proposta, e depois determinar as relações espaciais em jogo e elaborar um vocabulário adequado para facilitar a recepção de seus colegas.

Por outro lado, "O escorregador" faz o conhecimento envolvido desempenhar um papel bastante próximo do que desempenha nas situações habituais de localização espacial, uma vez que a funcionalidade específica do vocabulário espacial é comunicar informação a alguém que não a possui. Isso permite aos alunos atribuir uma significação próxima à das práticas de referência dos conhecimentos elaborados nesta situação.

Em um segundo momento da sequência, os alunos enfrentam uma situação de validação tanto em relação com o vocabulário utilizado como com a pertinência da informação explicitada. Uma primeira fase da validação da mensagem está dada pela denominação, correta ou não, do nome de cada uma das crianças por parte do grupo receptor que fica evidenciado na comparação dos dois desenhos. Uma segunda fase de validação acontece durante a discussão e os acordos que os alunos conseguem ao analisar as dificuldades apresentadas para elaborar e compreender a mensagem. É depois do segundo intercâmbio de mensagens que os alunos têm a oportunidade de analisar a validade de suas mensagens em uma discussão coletiva monitorada pelo professor.

Ao longo da sequência, particularmente na primeira e na segunda parte, busca-se um funcionamento adidático dos alunos diante da situação proposta, isto é, um funcionamento independente do professor enquanto este deixa de ser o provedor do conhecimento necessário para a resolução do problema.

É necessário esclarecer aqui que, em relação com a validação, podem aparecer diversas situações que é preciso considerar. Se os grupos (emissores e receptores) utilizam modelos de orientação diferentes, a mensagem pode ser correta quanto à informação enviada e ao vocabulário utilizado e, no entanto, os receptores podem não poder cumprir com seu objetivo de identificar as crianças para colocar seus nomes devido, justamente, à utilização de um modelo diferente para interpretar a mensagem.

Outra possibilidade é que ambos os grupos compartilhem um mesmo modelo de orientação e isto provoque – sem necessidade de explicitação alguma – uma localização correta das crianças.

Organização da sequência nas classes

A sequência "O escorregador" foi desenvolvida em dois grupos[11] de terceiro ano pertencentes a duas escolas diferentes.[12] A duração total do desenvolvimento da sequência foi de três módulos de uma hora cada um. As aulas, as intervenções e as discussões entre os alunos e com o professor foram registradas[13] em sua totalidade. Foram recolhidas e analisadas as 26 mensagens elaboradas nas diferentes instâncias da sequência em todas as turmas em forma grupal, coletiva ou por pares de alunos.

As condições de desenvolvimento da sequência foram diferentes em ambas as escolas. Em uma delas, o pouco trabalho anterior em grupos e de situações de comunicação provocou uma maior dificuldade para compreender a ordem e se apropriar do problema. Isso marcou uma diferença com a outra turma, na qual o estilo de trabalho cotidiano, de abundante trabalho em grupos e coletivo e de ati-vidades específicas de análise e de discussão permitiu uma compreensão imediata da ordem.

Uma vez superado esse passo, os alunos de ambos os grupos utilizaram a localização espacial das crianças em suas mensagens, mas nem sempre foi possível para a equipe receptora colocar corretamente os nomes, devido ao uso de modelos de orientação diferentes, tal como havíamos previsto. Alguns grupos apresentaram uma orientação cujo ponto de referência foi o escorregador, determinando um diante de (lugar onde se chega depois de escorregar) e um atrás (próximo da escada), mas variando a atribuição da direita e da esquerda. Alguns imaginam ou fazem o gesto correspondente, localizados na escada, para definir a direita e a esquerda; outros, desde o lugar de chegada as definem no sentido contrário, o que mostra que tanto o objeto em si, o escorregador, como o movimento que se faz nele determinam mais claramente o diante de e o atrás do que a direita e a esquerda, uma vez que em ambos os casos fazem corresponder o mesmo diante de e atrás.

Essa constatação coincide com os resultados de pesquisas como a de Lurçat (1976), em que se menciona que a designação diante de-atrás estaria determinada preferentemente pelo objeto enquanto o par direita-esquerda ficaria determinado pelo sujeito, e conclui: "A orientação do meio ambiente pelo par diante de-atrás domina a orientação subjetiva que caracteriza as referências direita-esquerda. Para diante de-atrás, a criança se desprende de sua própria subjetividade enquanto fica preso a ela para a esquerda e para a direita".[14]

Quanto à projeção do esquema corporal próprio sobre o escorregador, não encontramos em nenhum caso alunos que a realizem por translação de seu esquema, mas sim por rotação ou simetria. Uma das crianças, José, foi ao quadro para indicar aos seus colegas (e para os observadores) como determinou a direita e a esquerda por rotação, para a elaboração de sua primeira mensagem. Colocado de costas para o quadro, sobre um desenho do escorregador e de frente para a classe, definiu com seu corpo um eixo quase vertical que divide o quadro em duas regiões: a direita e a esquerda, ficando assim duas crianças em cada uma das regiões: Matias e Ramiro na região direita e Paulo e Nicolau na esquerda.

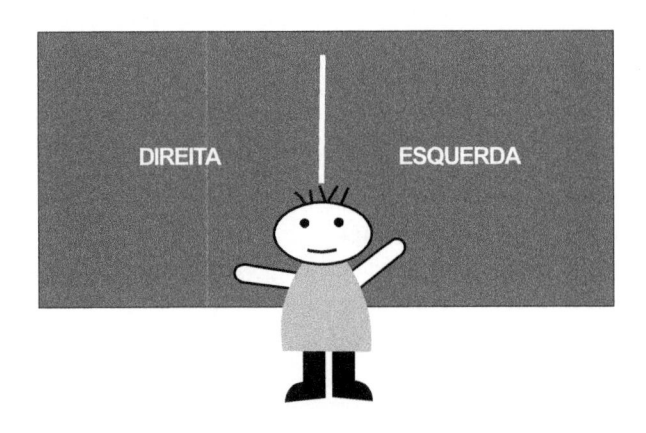

Na elaboração da mensagem seguinte, aperfeiçoou essa atribuição e determinou, além disso, um eixo horizontal, em relação ao qual ficaram Ramiro à direita diante de, Matias à direita atrás, Paulo à esquerda atrás e Nicolau à esquerda diante de.

calizando-se primeiro diante do escorregador e depois na escada. Compreendia claramente a dificuldade de seu sistema de referências, e essa mesma dificuldade o impedia de elaborar uma linguagem que lhe permitisse comunicá-la.

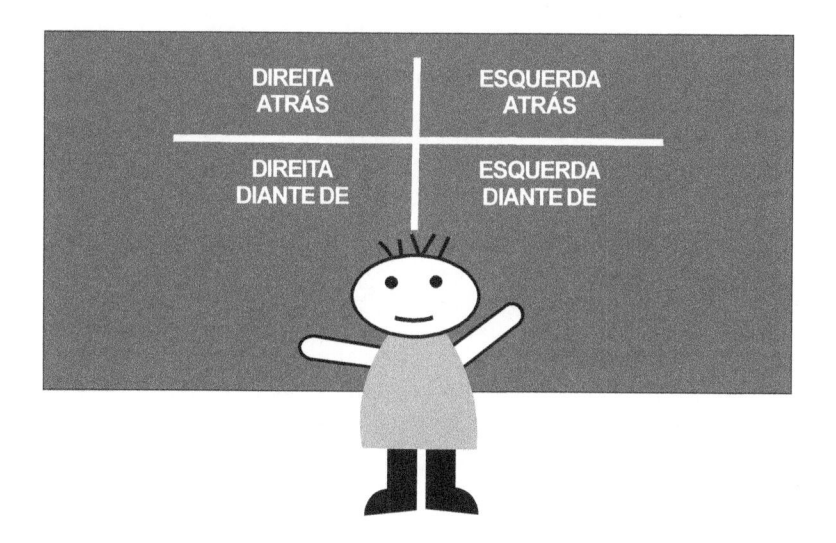

Esse tipo de orientação foi apresentado por José em cada uma de suas intervenções ao longo dos três módulos, mas não foi compreendida por seus colegas, apesar de suas repetidas explicações. No último módulo, quando eram analisadas diversas propostas, declarou que aceitava as dos demais porque permitiam compreender a localização das crianças mais claramente do que a sua.

Outro aluno, Antonio, propôs utilizar unicamente a direita e a esquerda para localizar as quatro crianças. Primeiro, projetadas por translação a partir de seu esquema corporal sobre o escorregador. Assim, Paulo está à direita e Ramiro está à esquerda do escorregador. Posteriormente, fez uma projeção semelhante usando novamente a direita e a esquerda, conforme um eixo perpendicular ao anterior, mudando sua posição "diante do escorregador" (isto é, diante da folha) para "sobre a escada". Assim, Nicolau está à direita e Matias está à esquerda. Ao longo dos três módulos, pudemos observá-lo quando gesticulava com suas mãos, as palmas para cima, lo-

Podemos notar que as atribuições mais frequentes são as produzidas por simetria na projeção do próprio esquema corporal e das determinadas pelo mesmo escorregador, considerando como *diante de* o lugar ao qual se chega depois de escorregar por ele. Nas mensagens por pares elaboradas na terceira parte, aproximadamente 75% das crianças situaram Paulo *diante do escorregador*. Alguns alunos precisam ainda mais esta formulação, buscando outros referenciais objetivos que eliminem a ambiguidade na mensagem, como "diante das partes da baixada do escorregador" ou "na frente da ponta da baixada do escorregador".

Em alguns grupos, foram produzidas formulações que superavam a aparente (não necessariamente explicitada) contradição entre dois modelos diferentes. Em um deles, no fim da aula, um dos observadores pergunta a duas alunas sobre a mensagem elaborada por ambas:

Obs.: *E para você, Sara, quem parecia estar diante do escorregador?*

Sara: *Este* (indica Nicolau).
Obs.: *E quem está atrás?*
Sara: *Este* (indica Matias).
Obs.: *E para você?*
Julieta: *Este* (indica Paulo).
Obs.: *E atrás?*
Julieta: *Este* (indica Ramiro).
Obs.: *Assim, para Sara o que está atrás do escorregador é Matias e para Julieta o que está atrás é Ramiro...*
As duas: *Sim.*
Obs.: *E o que fizeram?*
(Sorriem)
Obs.: *E como mandaram a mensagem?*
Sara: (Rindo) *O que está diante do muro é Matias.*

Interessa-nos resgatar que os alunos tomam consciência da dificuldade para caracterizar a posição das crianças no desenho, particularmente na designação dos pontos de referência do eixo direita-esquerda.

Essas referências, e particularmente a discussão sobre a que ou a quem deram, não foram utilizadas da mesma maneira por todos os alunos. Para alguns, transformou-se em uma discussão muito importante; outros, conscientes da dificuldade que poderia provocar nos receptores, evitaram sua utilização, na maioria das vezes.

A utilização de outros pontos de referência objetivos, externos ao escorregador, como a parede, ou fazendo parte dele como a escada (quando utilizavam "ao lado de" e não à esquerda ou à direita dela), permitiu-lhes começar a questionar os sistemas empregados previamente e a buscar referenciais que eliminassem a ambiguidade da informação enviada. A referência "Ramiro está ao lado (ou atrás) da escada", ao se constituir em uma formulação objetiva e não questionada, permitiu, em muitos grupos, duvidar das denominações realizadas anteriormente.

Essas referências aparecem em todas as mensagens elaboradas na última parte da sequência, sem que isso tenha sido discutido e acordado explicitamente.

O tipo de organização da sequência, com elaboração de mensagens em pequenos grupos, discussões entre os grupos correspondentes e análise coletiva das dificuldades, permite que as formulações mais claras começassem ser difundidas entre os alunos e fossem aceitas mesmo que não tenham sido mencionadas como mais econômicas e não tenham sido feitos os acordos necessários. Por exemplo, um dos grupos utiliza a expressão "perto de" para localizar as crianças na praça, referindo-se à escada, ao muro ou a outras crianças presentes na situação. Embora não exista ambiguidade na comunicação quando se localiza uma delas "perto da" escada ou do muro, localizá-los em função da posição dos já mencionados exige uma ordem cuidadosa nas formulações e no ditado. Em nenhum caso, se pode mencionar alguma das crianças não localizada anteriormente. O grupo receptor de uma mensagem deste tipo, quando elabora a sua, adota também a expressão "perto de" para localizar as crianças da situação, mas presta muita atenção na ordem em que enuncia as posições. Ambos os grupos abandonam essa expressão quando são conhecidas e comentadas outras relações espaciais mais claras e precisas, estabelecidas por seus colegas de aula.

Dado que algumas das formas de orientar um objeto se relacionam com o próprio corpo, a posição dos alunos na classe diante da folha com o desenho é uma variável importante; embora se tenha decidido localizá-los de um só lado da mesa, esta variável não pôde ser controlada totalmente, uma vez que os alunos assumem posições diferentes durante a atividade, colocando-se, às vezes, sobre as bordas laterais da mesa. As referências "à direita de" ou "diante de" passam, assim, a serem diferentes segundo a posição da criança que as formula. Inclusive, a posição escolhida para determinar a direita e a esquerda do escorregador se viu, em algumas ocasiões, influenciada pela posição das crianças à mesa. Assim, em um dos pares, Micaela, sentada à esquerda, simula colocar-se na escada; em contrapartida, João Pedro, sentado à direita, localiza-se na baixada do escorregador para designar a direita e a esquerda do escorregador.

Algumas dessas referências foram eliminadas durante a elaboração da mensagem, outras permaneceram nas discussões posteriores.

CONCLUSÃO

No final dos três módulos, podemos afirmar que a atividade provoca em todos os alunos a elaboração de relações espaciais e a necessidade de precisar as referências que podem ser utilizadas. Os alunos evoluem nas formulações a partir da necessidade de precisão trazida pela compreensão ou não por parte dos receptores da mensagem enviada, pela análise e discussão entre os alunos e com o professor e pela busca de formulações que permitem eliminar a ambiguidade na comunicação.

No entanto, a determinação de acordos prévios entre os grupos e a explicitação dos modelos de orientação diferentes não foram organizadas pelo professor[15] e ficou, em geral, a cargo dos alunos tomar consciência das dificuldades e elaborar formas de comunicação diferentes que lhes permitissem superá-las. Frequentemente, os alunos evitam as contradições ou ambiguidades que aparecem nos pares ou grupos, realizando uma sobre-interpretação da informação presente ("parece que querem dizer...") ou determinando nomes ou lugares em função de outros motivos estranhos ao que a mensagem apresenta. Por exemplo, ao longo da sequência, quase todos os grupos receptores localizaram corretamente a última criança da mensagem devido justamente a que era a última que faltava identificar, sem voltar sobre a compreensão ou coerência da informação enviada para localizá-la. Se as dificuldades, contradições ou ambiguidades que aparecem nas equipes não são retomadas pelo professor e submetidas à discussão, o acordo entre os componentes da equipe é suficiente, em alguns casos, para abandoná-las e seguir em frente.

Isso nos permitiu determinar a necessidade de uma reformulação da sequência no sentido de precisar as intervenções do professor; essas intervenções deveriam permitir a discussão e a determinação de acordos parciais que marcaram o desenvolvimento da sequência, passando a se transformar em conhecimentos acordados por todos e que favorecessem o progresso na aprendizagem. Por exemplo, a utilização da escada como referência objetiva para localizar Ramiro, se é apresentada pelos alunos, deveria ser discutida e acordada previamente; da mesma maneira como os modelos diferentes de orientação do escorregador que aparecem e que podem ser explicitados depois dos primeiros intercâmbios de mensagens. É necessário organizar atividades específicas relativas ao estabelecimento de acordos entre as equipes correspondentes, atividades de elaboração de novas mensagens nas quais se ponham à prova os acordos estabelecidos e atividades de análises posteriores para sua reformulação.

A última parte da sequência, redigir uma mensagem para uma pessoa estranha ao grupo da escola, exige encontrar formulações que explicitem as referências utilizadas na mensagem, dado que não se pode acordar previamente, como podia ser o caso no intercâmbio de mensagens entre os alunos de uma mesma turma.

Concluindo, as dificuldades na elaboração e na utilização de relações espaciais, na explicitação de modelos de orientação e na necessidade de prover maior informação relativa, por exemplo, à posição do observador, continuam presentes em alunos da 3ª série. A situação "O escorregador" permite apresentá-la claramente e conseguir que os alunos não somente elaborem relações espaciais, mas também questionem sua validade para comunicar informações e evoluam em suas conceituações sobre um tema tão complexo, porque, como disse José com ar um pouco desconsolado: "Há muitas direitas!".

NOTAS

1 Este capítulo retoma algumas experiências e reflexões realizadas pela autora no marco da pesquisa "A representação do espaço e o ensino da geometria na escola primária e na pré-escola", dirigida pela Dra. Carmen Sessa e financiada pelo Conicet (Consejo Nacional de Investigaciones Científicas y Técnicas de Argentina).

2 Na páginas 155, é discutida a diferença entre "diante" e "adiante".

3 Trabalho de síntese elaborado por Pêcheux (1990).

4 Esta dificuldade é muito conhecida pelos "acompanhantes" quando, em um caminho percorrido de automóvel, identificaram em um plano ou em um mapa a bifurcação que precisam tomar, mas duvidam se, na realidade, deveriam indicar se viram para a esquerda ou para a direita.

5 É seguida aqui a descrição feita por Laborde (1995).

6 "O termo situação adidática designa toda situação que, por um lado, não pode ser dominada de maneira conveniente sem que sejam colocados em prática os conhecimentos ou o saber que se pretende e que, por outro lado, sanciona as decisões que o aluno toma (boas ou más) sem intervenção do professor no que concerne ao saber que se põe em jogo" (comentário de Berthelot e Salin [1992] sobre a noção devida a Brousseau [1986]). Ver o Capítulo 2, deste livro.

7 A tarefa de contar objetos é analisada amplamente por Bartolomé e Fregona no Capítulo 4 deste livro.

8 "A consideração 'oficial' do objeto de ensino por parte do aluno, e da aprendizagem do aluno por parte do professor, é um fenômeno social muito importante e uma fase essencial do processo didático: este duplo reconhecimento constitui o objeto da institucionalização" (Brousseau, 1994).

9 Os grupos escolares pertencem às escolas Jardim nº 10 "Las ardillitas", Jardim nº 21 "Casita Encantada" e Kinder del Saint Patrick College de Corrientes. Agradecemos às professoras Liliana Lena, Graciela Mauriño e Maria Elena Merlach os interessantes intercâmbios de opiniões e contribuições, bem como o fato de nos permitir as observações das aulas.

10 Esta sequência foi publicada com o nome de Escorregador 2, no artigo "A localização espacial nos primeiros anos da escola", Educação Matemática, vol. 10, nº 2, agosto de 1998, Grupo Editorial Iberoamérica.

11 Agradecemos à professora Miriam Flores sua boa disposição para que suas aulas fossem observadas e por estar sempre disposta a experimentar, analisar ou modificar propostas.

12 Os grupos de alunos pertencem à escola nº 291 e ao Saint Patrick College de Corrientes.

13 Agradecemos às integrantes da Equipe de Matemática da Assessoria Técnico-Pedagógica do Ministério da Educação da Província de Corrientes, C. Camerano e C. Barrionuevo sua participação nestas observações, registros e sua disposição para os vários intercâmbios realizados sobre o tema que nos ocupa.

14 A pesquisa à qual se refere esta conclusão foi realizada com crianças de 4 a 7 anos.

15 O planejamento da sequência não explicitava claramente quais poderiam ser os recursos do professor para realizá-lo.

REFERÊNCIAS

ARTIGUE, M. (1988): Ingeniería Didáctica. In: *Ingeniería didáctica en educación matemática*. Bogotá: Grupo Editorial Iberoamérica, 1995.

BERTHELOT, R.; SALIN, M.-H. *L'enseigneinent de l'espace et de la géométrie dans la scolarité obligatoire,* tese. Universidade de Bordeaux I, 1992.

_____. La enseñanza de la geometría en la escuela primaria, *Grand N,* nº 53. Grenoble: IREM de Grenoble, 1993. (Traduzido para o PTFD por CAPDEVIELLE, VARELA E WILLSON em 1994.)

BOURDIEU, P. *Le sens pratique.* Paris: Éditions de Minuit, 1980.

BROUSSEAU, G. *Fundamientos y métodos de la didáctica de la matemática,* serie B: trabajos de matemática. Córdoba: IMAF, Universidad Nacional de Córdoba, 1986.

_____. Los diferentes roles del maestro. In: C. PARRA E I. SAIZ (comps.), *Didáctica de matemáticas. Aportes y reflexiones.* Buenos Aires: Paidós, 1994.

_____. *Théorie des situations didactiques.* Grenoble: La Pensée Sauvage, 1998.

COLINVAUX, D.; DIBAR URE, C. Trabajando con adultos no alfabetizados. La construcción de la noción de espacio. In: *Psicología genética*. Buenos Aires: Miño y Dávila, 1988.

LABORDE, C. L'enseignement de la géométrie en tant que terrain d'exploration de phénomènes didactiques, *Recherches en Didactique des Mathématiques,* vol. 9, n° 3. Grenoble: La Pensée Sauvage, 1988.

_____. Occore apprendere a leggere i scrivere in matemática?, *II Seminario Internazionale di Didattica della Matematica*. Sulmona, abril de 1995.

LURÇAT, L. *L'enfant et l'espace. Le rôle du corps*. Paris: PUF, 1976.

_____. *Espace vécu et espace connu a l'École Maternelle*. Paris: ESF, 1982.

PÊCHEUX, M.-G. *Le développement des rapports des enfants à l'espace*. Paris: Nathan, 1990.

PIAGET, J.; INHELDER, B. *La représentation de l'espace chez l'enfant*. Paris: PUF, 1973.

PIAGET, J.; B. INHELDER; SZEMINSKA, A. *La géométrie spontanée de l'enfant*. Paris: PUF, 1973.

Geometria nas séries iniciais do ensino fundamental: problemas de seu ensino, problemas para seu ensino

8

Claudia Broitman e *Horacio Itzcovich*

Neste capítulo, no marco da didática da matemática, releva-se um conjunto de problemáticas estudadas por diversos autores em torno do ensino da geometria. Por um lado, são apresentadas algumas características das origens do conhecimento geométrico e de sua posterior evolução histórica como disciplina. Esse olhar permite revisar como "vive" a geometria na escola. Em particular, são analisadas criticamente as supostas vinculações entre a geometria e a vida cotidiana e a necessidade do trabalho empírico para a construção de conhecimentos geométricos. Por outro lado, faz-se uma distinção entre vários tipos de problemas segundo os conhecimentos envolvidos e o processo de aquisição. As características de uns e outros tipos de problemas permitem discutir a necessidade e a possibilidade de intervir pedagogicamente em cada um deles.

Apresenta-se a questão da finalidade do ensino da geometria no ensino fundamental, arriscando como resposta a importância da aquisição de conhecimentos e de práticas geométricas como apropriação de parte de uma cultura. Um problema específico é a exequibilidade da geometria de ser ensinada nas séries iniciais sem que se desnaturalizem os objetos geométricos.

Por último, apresentam-se três sequências didáticas para as séries inicias que permitem uma introdução ao estudo de figuras e sólidos geométricos. A análise didática dos problemas geométricos envolvidos nessas sequências enfatiza o tipo de gestão da classe. As intervenções didáticas e a organização do trabalho apontam para promover o aparecimento, a difusão e a evolução dos conhecimentos geométricos para este nível de ensino.

INTRODUÇÃO

Começaremos expondo algumas linhas gerais sobre o que entendemos por geometria e por fazer geometria na escola. Mencionaremos alguns debates sobre a finalidade de seu ensino retomando e analisando criticamente algumas ideias que circularam nos últimos anos na literatura didática e que têm forte incidência nas práticas docentes atuais. Apresentaremos, mesmo assim, alguns problemas didáticos do ensino da geometria em geral e da 1ª série em particular. Finalmente, faremos uma análise didática de alguns problemas geométricos para as série iniciais.

É importante destacar a área de ausência que existe atualmente na pesquisa sobre o ensino e a aprendizagem da geometria. Diversamente do que acontece com o ensino do campo numérico, contamos somente com alguns estudos sobre os processos construtivos por parte das crianças sobre objetos geométricos e com pouquíssimos trabalhos de pesquisa sobre o ensino da geometria. Apesar de observar a insuficiência de estudos psicológicos e didáticos, é possível hoje oferecer algumas orientações sobre o ensino da geometria, tomando as contribuições de diferentes trabalhos.

Por um lado, consideraremos as pesquisas realizadas a partir da didática da matemática francesa, particularmente o estudo e a análise dos processos e fenômenos do ensino usual abordados por Brousseau (1980-1981) e o desenvolvimento da teoria de situações (1986), que permite considerar algumas características mais transcendentes que os processos de ensino deveriam ter. Essa teoria nos oferece um marco dentro do qual podemos elaborar critérios de seleção, planejamento e análise didática de problemas que permitam gerar processos construtivos por parte dos alunos a partir de um certo tipo de gestão na classe. Sobre o ensino da geometria, mais particularmente, contamos com os estudos de Berthelot e Salin (1993), Laborde (1990), Balacheff (1987), Fregona (1995a) e Gálvez (1994), em quem nos inspiramos para apresentar a diversidade e a complexidade dos problemas didáticos. Também nos serve de marco referencial nossa própria experiência de trabalho com alunos das séries inicias, com professores em cursos de capacitação ou instâncias de atualização em didática da matemática e no trabalho no assessoramento técnico-didático e desenvolvimento curricular realizado nos últimos anos (Sadovsky, Parra, Itzcovich e Broitman, 1998; Broitman e Itzcovich, 2001).

Como concepção de aprendizagem, adotamos as teses piagetianas que explicam a passagem de um estado de menor conhecimento para um de maior conhecimento. Nessa perspectiva, considera-se a necessidade de que os alunos enfrentem situações problemáticas novas, diante das quais ponham em prática os seus "velhos" conhecimentos; e se eles não lhes forem suficientes para chegar a uma solução eficaz, possam construir uma nova resposta em um processo interativo de equilíbrios e desequilíbrios. Trata-se de um complexo processo de reorganização de seus conhecimentos em direção aos saberes próprios da disciplina. A partir dessas ideias, torna-se necessário aceitar e prever o caráter provisório e o longo prazo dos processos de construção de conceitos matemáticos na escola por parte dos alunos.

DESDE A GEOMETRIA QUE ESTUDA O ESPAÇO REAL ATÉ A GEOMETRIA QUE CRIA UM ESPAÇO MATEMATIZADO

É bastante comum, em relação ao ensino da geometria, ler ou escutar algumas reflexões sobre as fortes e aparentemente tão evidentes relações entre a geometria e a realidade. Algumas dessas ideias que circulam e que encabeçam propostas didáticas bibliográficas são: "a geometria está em toda parte", "a geometria está na realidade", "as crianças aprendem geometria sem prestar atenção em interação com o espaço real", etc. Há aqui alguns pressupostos interessantes que merecem ser analisados. Por um lado, há uma "discussão" sobre o objeto de estudo da geometria: a geometria é uma ciência que estuda o espaço físico? Em segundo lugar, por trás das ideias anteriormente mencionadas existe uma certa concepção sobre o processo de aquisição de saberes geométricos: aprende-se geometria através da interação com o espaço físico?

Quando se pensa no ensino da geometria, é necessário fazer uma distinção. Sabemos que a origem de muitos conhecimentos geométricos se encontra em problemas espaciais ligados à medida de espaços físicos. Santaló (1961) afirma que toda a geometria – até *Elementos* de Euclides – era "uma reunião de regras empíricas para medir ou dividir figuras". Gálvez (1994) observa também que a geometria surgiu como uma ciência empírica na qual os esforços de teorização estiveram a serviço do controle das relações do homem com seu espaço circundante.

No entanto, a construção de objetos geométricos e o desenvolvimento da geometria como ramo da matemática "desprenderam-se" destes espaços físicos e se constituiu em estudos de um espaço ideal com "objetos teóricos" que obedecem às regras do trabalho matemático. Possivelmente, algumas figuras geométricas (quadrado, círculo, retângulo) tenham sido criadas em uma tentativa de modelar as formas de objetos físicos. Babini (1967) observa, inclusive, que os nomes que Euclides utiliza para as formas fazem referência a esses objetos. Contudo, essas figuras, uma vez conceituadas, já são em si mesmas "objetos teóricos". E as propriedades que formulam sobre elas já não têm necessariamente referenciais físicos. Além disso, não se verificam nos objetos físicos muitas das propriedades que são verificadas nos objetos geométricos (por exemplo, uma mesa quadrada não tem seus quatro lados iguais indefectivelmente, como o quadrado em si). O processo de criação de objetos geométricos abandona depois seus referenciais físicos originais e cria objetos teóricos "puros" (por exemplo, os dodecágonos côncavos) e relações teóricas "puras" (por exemplo, a soma de ângulos interiores de uma figura).[1]

Gálvez (1994) alude a esse processo mostrando como o espaço físico daquela primeira geometria empírica se torna "espaço puro, formal". Um marco nesta transformação foi dado pelo aparecimento de *Elementos* de Euclides, momento culminante no desenvolvimento da geometria como ramo da matemática que marca o início na separação dos conceitos geométricos do sensível. Babini (1967) se refere a este marco mostrando como Euclides conferiu à geometria "o sentido de segurança e de certeza" dos resultados que vão sendo produzidos além da intuição e da verificação empírica. As verdades geométricas nas quais se chega são "inexatas, abstratas, necessárias e sem referência à realidade" (Gálvez, 1994).

Esta primeira geometria pode ser denominada "geometria empírica", "geometria intuitiva" ou "geometria da observação", enquanto aquela geometria já desprendida do espaço sensível seria a "geometria das matemáticas" ou "geometria da demonstração". As relações entre uma e outra são ainda hoje objeto de reflexão e de pesquisa. No entanto, nem todos os conhecimentos espaciais empíricos se tornaram objetos matemáti-cos puros. Muitos, inclusive alguns de uso social atual, se referem ao estudo do espaço físico, e não necessariamente fazem parte da disciplina matemática, como é o caso da interpretação de mapas e planos. A pertença ou não à disciplina permite uma primeira distinção entre conhecimento geométrico e conhecimento espacial.

Observamos que os conhecimentos geométricos constituem espaços teóricos ideais.

Essa característica exige que a validação dos resultados obtidos somente pode ser racional e argumentativa. Em contrapartida, os conhecimentos espaciais permitem resolver problemas do espaço físico e o modo de determinar a validade dos resultados encontrados não precisa respeitar as regras do trabalho geométrico, mas é, na maioria dos problemas, de natureza empírica. Eis aqui outra distinção entre o estudo do espacial e o estudo da geometria referida agora ao modo de validação de resultados e conhecimentos (Berthelot e Salin, 1993).

Por outro lado, sabemos de algumas diferenças entre os processos construtivos dos conhecimentos geométricos e de alguns conhecimentos espaciais. As crianças utilizam o espaço e constroem conhecimentos práticos que lhes permitem dominar seus deslocamentos e construir sistemas de referências. No uso "real" do espaço (quando uma criança vai de seu quarto ao banheiro, quando chuta uma bola para o gol, etc.), não necessariamente são colocados em prática conhecimentos matemáticos. Esses conhecimentos espaciais são aquisições espontâneas, independentes da passagem das crianças pela escola (Berthelot e Salin, 1993; Broitman, 2000; Castro, 2000; Saiz, 1987). A construção dessas noções espaciais foi estudada por Piaget (Piaget e Inhelder, 1948; Piaget, Inhelder e Szeminska, 1973).

Em contrapartida, os conhecimentos geométricos da matemática, embora possam ter uma construção que permita falar de uma geometria intuitiva, precisarão, para sua aquisição, de um marco institucional com intencionalidade didática. Eis aqui uma nova distinção entre o estudo do espaço e da geometria. Fica pendente ainda conhecer com maior profundidade os processos de construção de conhecimentos geométricos por parte das crianças desde sua própria geometria intuitiva até à geometria que vão aprender na escola. A passagem da intuição para o saber, dos conhecimentos iniciais aos sistemáticos, tem ainda muitas interrogações e observamos aí novamente uma área de ausência de indagações didáticas.

Tentamos relevar algumas distinções entre conhecimentos espaciais e geométricos. No entanto, eles têm alguns traços comuns. Um deles é o poder antecipatório. Por exemplo, o conhecimento sobre a representação plana de um determinado espaço físico permite antecipar qual é o percurso mais conveniente para se deslocar de um lugar para outro sem a necessidade de estar "presente" no espaço físico representado. Um exemplo do poder antecipatório dos conhecimentos geométricos é a utilização de propriedades das figuras para determinar o valor dos ângulos interiores de um triângulo equilátero, sem necessidade de medi-los.

Mencionamos que muitos conhecimentos espaciais são de natureza espontânea. No entanto, existem alguns cuja aquisição não é espontânea, por exemplo, os que se referem à produção e à interpretação de planos. Esses envolvem representações simbólicas convencionais e, portanto, exigem, para sua construção, uma interação sistemática com esses objetos e uma porção de informação que deve ser comunicada. O tipo de atividade intelectual que esse conhecimentos demandam dos alunos é bastante próximo da aquisição de conceitos matemáticos em geral e geométricos em particular. Muitas pesquisas concluem a necessidade e a importância de considerar esses conhecimentos como objetos de ensino na escola (ver o Capítulo 4, deste livro). Consideramos que sua proximidade dos objetos matemáticos e sua proximidade no modo de aquisição justificariam sua inserção escolar na área da matemática.

Talvez seja útil retomar aqui a distinção entre conhecimento e saber:

> Os conhecimentos são os meios, frequentemente implícitos, da ação, do processamento da informação ou do raciocínio, em oposição aos saberes que são os objetos visíveis das transações didáticas (Brousseau, 1994).
>
> O saber é o produto cultural de uma instituição que tem por objeto observar, analisar e organizar os conhecimentos a fim de facilitar sua comunicação (Brousseau e Centeno, 1991).

Esses conceitos são úteis para estudar a problemática do ensino, considerada também como "relevo de conhecimentos para saberes"[2] (Brun, 1994). Os conhecimentos podem ser mais ou menos privados, mais ou menos locais, válidos ou errôneos e podem não ter referência direta na disciplina matemática. O saber, em contrapartida, tem referência na disciplina e na comunidade de matemáticos.[3] Em que contribui essa distinção? Por um lado, permite reconhecer que muitos conhecimentos geométricos das crianças pequenas que circulam na escola não têm ainda o *status* de saberes matemáticos. A vinculação entre os conhecimentos das crianças e o saber é de caráter progressivo. O ensino justamente tem a responsabilidade de fazê-los evoluir com o olhar colocado no saber. Por outro lado, muitos autores concordam em observar que a escola pode considerar objetos de ensino não somente os saberes. Essa distinção permite identificar certos conhecimentos espaciais que, embora não façam parte da matemática, podem ser considerados objetos de ensino (como os já mencionados relativos à representação plana do espaço).

ENTRE O SENSÍVEL E O INTELIGÍVEL: UMA GRANDE VARIEDADE DE PROBLEMAS

A partir da análise precedente, é possível distinguir tipos de problemas segundo os conhecimentos envolvidos e o processo de aquisição deles.

Existem certos problemas que são resolvidos exclusivamente com conhecimentos espaciais, cuja aquisição é aparentemente espontânea e, em princípio, não precisariam ser considerados objetos de ensino na escola. Tal é o caso dos problemas de deslocamento efetivo no espaço físico, problemas ligados às noções espaciais estudadas por Piaget. Outros problemas são aqueles que também envolvem conhecimentos espaciais e dos quais não sabemos ainda como acontece o processo de aquisição. São, de alguma maneira, muito semelhantes aos anteriores, mas uma diferença é o fato de que não são produto do desenvolvimento espontâneo. Um exemplo é a orientação em espaços de "grandes" dimensões. Sabemos que há adultos que têm importantes dificuldades para se orientar nesses espaços; talvez por isso se poderia justificar a necessidade de um ensino sistemático. Brousseau (1983) analisa que, nos problemas espaciais, uma variável didática[4] é o tamanho do espaço – conforme se trate do microespaço, do médio espaço ou do macroespaço.[5] Na comparação entre este tipo de problemas e o anterior, se poderia considerar o tamanho do espaço como variável. A magnitude do espaço físico no qual o sujeito deve se desenvolver modifica substancialmente o problema e os meios de resolução. Daí a diferença entre os problemas de deslocamento no interior de uma moradia (que exigem conhecimentos cuja aquisição é espontânea) e dos problemas de deslocamento em uma cidade (que exigem conhecimentos cuja aquisição envolve níveis mais complexos de conceituação, representação e previsão).[6]

Poderíamos considerar que existe uma terceira classe de problemas semelhantes aos anteriores – que são resolvidos com conhecimentos espaciais cuja aquisição também não é espontânea –, mas nos quais já sabemos que é possível intervir didaticamente para facilitar a sua aquisição. Trata-se dos problemas de produção e de interpretação de representações planas e comunicação da posição de objetos e deslocamentos no espaço (Colinvaux e Dibar Ure, 1989; Gálvez, 1985; conforme também o Capítulo 4 deste livro). Embora sejam problemas vinculados à orientação espacial em grandes dimensões, exigem conhecimentos mais específicos, por exemplo, sobre as figuras (estas podem ser utilizadas para produzir representações planas) ou informações e convenções (para interpretar e produzir representações). Muitos autores (Berthelot e Salin, 1993; Saiz, 1987) concordam em apontar a necessidade de que este tipo de problemas faça parte do currículo escolar. Há experiências didáticas a respeito que mostram a continuidade das dificuldades que os alunos encontram ao trabalhar com representações de espaços físicos quando não abordaram sistematicamente este objeto de estudo. Por outro lado, também é possível observar a evolução de suas representações quando são criadas condições didáticas para que os alunos tenham oportunidades de trabalhar com problemas diversos de produção e interpretação de planos (Broitman, 2000).

Também sabemos daqueles problemas espaciais que são resolvidos com conhecimentos geométricos. Berthelot e Salin os denominam problemas "espaço-geométricos". Alguns exemplos são as aplicações do teorema de Tales[7] para determinar a altura de objetos que não podem ser medidos empiricamente (montanhas, poços, etc.), ou a decisão sobre quais medidas tomar para reproduzir um objeto ou parte dele (uma forma triangular, um vidro em forma de losango, uma arandela a partir de uma porção dela, etc.). Esse tipo de problemas também se inscreve nas relações complexas entre o espaço físico e o espaço matematizado. O ensino – como desenvolveremos mais adiante – justificou com este tipo de problemas a finalidade dos conhecimentos geométricos. É importante observar que a maioria dos exemplos nos quais os conhecimentos geométricos da matemática são úteis para resolver problemas do espaço sensível por seu nível de complexidade conceitual são abordáveis também na 2ª ou na 3ª séries.

Finalmente, temos aqueles problemas que são resolvidos com conhecimentos geométricos que "vivem" na disciplina e que indubitavelmente precisam de um trabalho sistemático para sua apropriação. Trata-se de todos aqueles problemas geométricos "puros", que não têm seu paralelo na realidade, nem na vida social, nem na experiência. Por exemplo, todos os problemas que envolvem propriedades de figuras e sólidos geométricos. Evidentemente, essas classes de problemas não constituem categorias excludentes, nem pretendem ser exaustivas ou definitivas. Trata-se simplesmente de uma análise com o fim de contribuir para o debate e seu necessário aprofundamento.

Um dos objetivos dessa distinção é chamar a atenção para a necessidade de constituir em objetos de estudo nas séries inicias – e por que não na 3ª e 4ª – todos aqueles conhecimentos espaciais cuja aquisição não é espontânea, isto é, tanto aqueles problemas ligados à orientação espacial em grandes dimensões como os problemas da representação plana do espaço sensível. Permite-nos também a não necessidade de abordar didaticamente o ensino de conhecimentos espaciais cuja aquisição é espontânea. E, por último, alerta-nos sobre a impossibilidade de justificar, nas séries iniciais, o ensino da geometria da matemática como meio de resolução de problemas do espaço real. A validade do ensino da geometria deverá ser justificada por outras razões que exporemos mais adiante. Ou, então, poderia acontecer que, em algum momento da evolução da didática da matemática ou de profundas revisões das decisões curriculares fundamentadas na pesquisa, se comece a considerar como objeto de estudo, na 1ª e 2ª séries, os problemas espaciais e, também nas 3ª e 4ª, os problemas geométricos da matemática ou problemas espaço-geométricos. Deixamos em aberto essa interrogação.

ADQUIRIR CONHECIMENTOS E "UM MODO DE PENSAR" GEOMÉTRICOS COMO APROPRIAÇÃO CULTURAL

Muitas propostas didáticas apresentam, a partir de seus fundamentos, a ideia de que ensinar matemática deve servir para a vida cotidiana ou para aprender a se desenvolver melhor o espaço físico. Essas ideias põem em jogo o debate sobre a finalidade do ensino da geometria. Adotam, na nossa perspectiva, uma concepção instrumentalista do ensino da matemática: exige-se dela que seja "útil" ou que "sirva" para alguma coisa externa.

Eis aqui dois problemas: um se refere à finalidade externa e o outro a suas relações com o espaço físico. Sobre o primeiro, pensamos que um objetivo do ensino da matemática pode ser sua utilidade para resolver problemas da vida cotidiana ou o uso social de certos conhecimentos, mas essa finalidade não deveria ser exaustiva nem prioritária. Desenvolveremos essas ideias mais adiante. Sobre a segunda questão, sobre as relações do estudo da geometria da matemática com o espaço físico, há, em diversos âmbitos educativos, uma certa "vontade de estabelecer relações naturais entre o sensível e o inteligível" (Laborde, 1990), entre o perceptivo e o teórico. Mostramos anteriormente a complexa relação entre os conhecimentos espaciais e os geométricos. E, embora tenhamos observado que existem conhecimentos geométricos que permitem resolver problemas espaciais, não há, ao menos até agora, evidências concludentes de que estudar geometria da matemática nos primeiros anos da escola permita um maior domínio do espaço físico real. Neste sentido, Brousseau (1994) observa que "não é certo que a geometria se refira às relações com o espaço".

Talvez muitos conhecimentos geométricos que fazem parte do currículo escolar não "sirvam" para a vida cotidiana e também não favoreçam necessariamente a conceituação sobre o espaço físico. Qual será, então, a finalidade do ensino da "geometria da matemática", geometria quase estranha ao real, ao sensível, ao empírico, ao intuitivo, ao útil?

A motivação principal do ensino da geometria não deveria ser, no nosso ponto de vista, a "utilidade prática", mas o desafio intelectual que ela mesma encerra. "Uma centralização exclusiva na utilidade faz perder de vista a matemática como produto cultural, como prática, como forma de pensamento" (Sadovsky et al., 1999). E em relação à utilidade que se atribui à geometria para o domínio do espaço físico adotamos a reflexão de Laborde: "A geometria das matemáticas não é o estudo do espaço e de nossas relações com o espaço, mas o lugar em que se exercita uma racionalidade levada à sua excelência máxima" (Laborde, 1984, citado em Gálvez, 1994).[8]

Uma das razões principais pelas quais é importante o ensino da geometria é porque a escola é também um lugar de criação e transmissão da cultura. E a geometria faz parte dela.

Quando se faz referência à importância de "transmitir a cultura", corre-se o risco de uma interpretação que considere que essa transmissão deve ser realizada como uma comunicação direta do saber geométrico. Este, sabemos, foi um traço característico do ensino durante muitos anos. Estamos concebendo "transmitir a cultura" com um sentido diferente: os recortes do saber cultural geométrico podem ser adquiridos pelos alunos no marco de um trabalho intelectual matemático de resolução e análise de problemas, de debate e de argumentação sobre estes, que lhes permita, simultaneamente à apropriação de aspectos ou recortes destes "objetos do saber", o acesso a um modo de pensar e de produzir. A aquisição de um tipo de atividade intelectual própria da construção de conhecimentos matemáticos é, no nosso ponto de vista, uma condição indispensável para se ter acesso à cultura matemática. Se isso não é considerado como parte do ensino, corre-se o risco de transmitir unicamente os resultados.

Como observa Artigue (1986):

> o que o ensino da matemática se propõe não é simplesmente a transmissão de conhecimentos matemáticos, mas, mais globalmente, a transmissão de uma cultura. Trata-se de que os alunos entrem no jogo matemático.

A geometria não é somente um conjunto de saberes formalizados ao longo da história, é também um modelo de raciocínio e dedução muito importante para a formação cultural dos sujeitos.

Em síntese, o ensino da geometria no ensino fundamental pode apontar para dois grandes objetivos. Em primeiro lugar, para a construção de conhecimentos cada vez mais próximos de "porções" de saber geométrico elaborados ao longo da história da humanidade. E, em segundo lugar, e talvez seja o mais importante, para a iniciação em um modo de pensar próprio do saber geométrico. Ambos os objetivos estão intimamente imbricados.

Analisemos agora o primeiro objetivo. Em toda a bagagem de conhecimentos geométricos acumulados, quais podem ser considerados, no ensino fundamental, como principal objeto de estudo? Evidentemente o recorte, a seleção e a sequência de saberes matemáticos a ensinar fazem parte do processo de transposição didática (Chevallard, 1997). É possível rastrear diferentes decisões e podemos imaginar outras novas, a partir das quais sejam selecionados conhecimentos ainda nunca postos em jogo neste nível do ensino. O recorte atual envolve o estudo das propriedades das figuras e dos sólidos geométricos. Por que esta geometria?[9] Por que estes objetos – e não outros – desta geometria?

Entre as diversas geometrias existentes, é possível considerar que a geometria euclidiana encerra um nível de complexidade acessível aos alunos deste nível de escolaridade, diferentemente do que acontece com a geometria projetiva ou a geometria fractal. Também é possível pensar que a geometria euclidiana é uma "via régia" para o inicio no estudo de um modo de pensar geométrico, também sobre a base de seus níveis de complexidade. Outra boa razão – ao menos por agora –, para considerar as propriedades das figuras e dos sólidos geométricos como principais objetos de estudo na escola fundamental é que se trata de objetos que "vivem" aí há muitos anos. Isso não significa que a sobrevivência seja razão suficiente para a sua permanência. No entanto, não há – até agora – razões para "rejeitá-los". Seguramente, no futuro, novas pesquisas didáticas levem a um processo de re-seleção de recortes, embora dentro da mesma geometria ou, talvez, considerem-se objetos de ensino saberes geométricos de outras geometrias existentes.

Havendo apenas mencionado algumas justificativas provisórias e insuficientes para considerar a geometria euclidiana como a única geometria que deve ser estudada no ensino fundamental, ou para considerar o estudo das figuras e sólidos como principais objetos de ensino, deixamos de lado, por agora, essa discussão, mencionando a necessidade de aprofundar esse tipo de análise.

Nosso primeiro objetivo mencionado – o estudo das propriedades das figuras e dos sólidos – pode ser abordado desde as primeiras séries. É importante fazer um novo esclarecimento. As propriedades geométricas das figuras e dos sólidos fazem parte, sem dúvida, do conjunto de saberes geométricos. Evidentemente, as crianças – retomamos para isso a distinção entre conhecimento e saber anteriormente mencionada – porão em jogo alguns conhecimentos sobre as figuras que ainda estão muito longe das propriedades enunciadas pelo saber, assim como acontece com outros objetos matemáticos. As características que as crianças poderão utilizar ou formular são aquelas versões provisórias "privadas" das propriedades "públicas" do saber sábio.[10] A passagem de umas para outras será parte de um processo que excede o trabalho nas séries iniciais. Mais adiante, abordaremos a análise de alguns problemas que permitem pôr em prática o estudo dessas características.

Outro problema didático das séries iniciais é o tratamento aparentemente inevitável dos "desenhos" das figuras geométricas e das representações tridimensionais dos sólidos. A distinção entre desenho e figura foi suficientemente estudada (Arsac, 1989; Laborde, 1990; Fregona, 1995a e b). As figuras são objetos teóricos, matemáticos e ideais que somente têm existência no interior da geometria da matemática. Não são objetos tangíveis de existência empírica. Os desenhos, em contrapartida, são representações materiais destes objetos que não "mostram" as propriedades que definem as figuras. As conceituações dos sujeitos sobre os objetos geométricos são as que determinam quais propriedades podem "ser vistas" nos desenhos.

Foi estudado como o ensino da geometria esteve organizado na apresentação ostensiva[11] de desenhos como também algumas consequências desta forma de "dar vida" às figuras nas aulas: os alunos costumam transferir certas propriedades dos desenhos para as figuras (a posição da folha, restrições a figuras que não as possuem, etc.). Um exemplo de como se "amalgamam" propriedades às figuras pode-se analisar quando, diante do pedido de construir um losango, os alunos costumam construir um losango quadrado; ou diante do pedido de construção de um quadrilátero, costumam construir um retângulo. As dificuldades para compreender a generalidade e a particularidade das figuras também é reforçada didaticamente pela apresentação quase exclusiva de "figuras típicas" (Berthelot e Salin, 1994; Fregona, 1995a e b, entre outros).

No entanto, muitas propostas didáticas que tentam sanar esta relação quase "natural" de identificação entre objetos geométricos e desenhos que os representam estão dirigidas às 3ª e 4ª ou nas 5ª e 6ª séries. Não encontramos, até agora, formas de abordar nas séries iniciais o estudo das figuras geométricas sem considerar como ponto de partida os desenhos com os quais as representamos.

A problemática das relações entre desenhos e figuras também se inscreve no marco da relação entre conhecimentos e saberes. Por um lado, há decisões ligadas ao processo de transformação de saberes em conhecimentos que devem ser ensinados: como iniciar os alunos no estudo das figuras, e não exclusivamente dos desenhos com os quais as representamos? Por outro lado, envolve a passagem dos conhecimentos construídos pelas crianças nesses primeiros anos para saberes: como fazer evoluir esses conhecimentos iniciais sobre os desenhos para conhecimentos sobre as figuras mais próximas do saber?[12]

Voltemos ao segundo objetivo proposto: o início em um modo de pensar próprio do saber geométrico. Este "modo de pensar" supõe poder apropriar-se de propriedades dos objetos geométricos para poder antecipar relações não conhecidas ou inferir novas propriedades. Quer dizer, realizar um processo de previsão sobre os resultados que devem ser obtidos sem necessidade de realizar ações empíricas e sem se apoiar exclusivamente na percepção. O modo de pensar geométrico implica demonstrar a validade de uma afirmação através de argumentos, os quais, inclusive em alguns casos, se opõem à percepção ou à medida.[13] Esses aspectos do estudo da geometria se iniciam nos primeiros anos do ensino fundamental, mas são mais característicos das 3ª a 6ª séries. Nos problemas que são analisados a seguir, vai se mostrar este jogo antecipatório.

Destacamos aqui a importância de oferecer condições para que todos os alunos se apropriem deste modo de pensar especial, muito diferente do de outras áreas do conhecimento, às vezes quase oposto à racionalidade quotidiana. Faz parte do conjunto de conhecimentos que a escola tem a obrigação de socializar, uma vez que, se não são aprendidos na escola, dificilmente serão aprendidos.

> Acreditamos que há um modo de estudar geometria que permite que os alunos desenvolvam um modo de pensar, próprio da matemática, que somente existe se a escola o provoca e ao qual acreditamos que todos os alunos têm direito de ter acesso. É a relação com o saber que está em jogo (Sadovsky et al., 1998).

Apontamos, então, um "risco": considerar a matemática "útil" como necessária "para todos" e a matemática como "modo de pensar" como luxo acessível exclusivamente "para uns poucos", permite justificar práticas de ensino discriminatórias. Subjaz ao presente debate didático uma questão ideológica: se fomentar ou não o acesso de todas as crianças ao "modo de pensar" geométrico, sem dúvida "porção" da cultura.

PROBLEMAS QUE PERMITEM INICIAR AS CRIANÇAS NO ESTUDO DE CARACTERÍSTICAS DE FIGURAS E SÓLIDOS GEOMÉTRICOS

A propriedades dos sólidos e figuras geométricas são objetos matemáticos que precisam ser estudados ao longo de vários anos. De um lado, pela diversidade de propriedades que podem ser objeto de trabalho em cada ano ou ciclo; do outro lado, pela complexidade e diversidade de problemas nos quais é possível que essas propriedades se constituam em um meio de resolução. Apresenta-se, a seguir, a análise didática de alguns problemas que favorecem o progresso dos conhecimentos dos alunos sobre esses objetos geométricos nos primeiros anos do ensino fundamental.

O primeiro problema que se apresenta tem a forma de um jogo de adivinhação. Está pensado para que seja incluído no início de um projeto de ensino na 1ª ou na 2ª série[14] que aponte para a conceituação, por parte dos alunos, de um conjunto de propriedades das figuras geométricas.

Jogo de adivinhação de figuras[15]

Objetivo

O objetivo principal da atividade seguinte é que os alunos identifiquem e explicitem algumas características de certas figuras de modo que outro aluno possa reconhecê-las. Esse problema também permite a incorporação de algum vocabulário convencional.

Apresentação do problema

Apresenta-se aos alunos o seguinte conjunto de figuras:

Figura 8.1

O professor pensa em uma delas, mas não diz qual. Os alunos têm de elaborar perguntas que somente admitam como resposta "sim" ou "não". Mediante essas perguntas e as respostas que o professor dá, as crianças deverão descobrir de que figura se trata.

Variáveis didáticas

Uma variável didática desse problema está dada pelas propriedades que se põem em prática no conjunto de figuras. Em nosso caso, o universo selecionado responde às seguintes propriedades: quantidade de lados, lados retos ou curvos, quantidade de vértices, comprimento dos lados, etc. (embora as crianças não recorram aos termos convencionais).[16]

O suporte material é outra variável didática. Teve-se presente, ao formar o conjunto de figuras, que estas não possam ser distinguidas entre si por atributos não geométricos, como cor ou textura (se as figuras fossem de cor diferente ou textura diferente, esses atributos permitiriam aos alunos distingui-las sem necessidade de considerar propriedades geométricas).

A variedade de figuras também é outra variável didática. No conjunto proposto, exige-se dos alunos a caracterização, de tal maneira que não lhes seja suficiente usar um nome ou somente uma propriedade (por exemplo, não basta perguntar "É o quadrado?", ou "Tem quatro lados?" para determinar de que figura se trata). Por isso, são apresentados vários quadrados, vários retângulos, vários triângulos, etc. Para garantir esta variedade é necessária, então, uma certa quantidade de figuras. Um trabalho com poucos elementos no conjunto (quatro ou cinco) provavelmente limitaria as possibilidades de estabelecer características e não exigiria das crianças uma análise mais precisa das propriedades envolvidas.[17] Outra variável são as condições para a formulação das perguntas. A restrição de que só possam ser respondidas com "sim" ou "não" aponta para provocar a explicitação de propriedades na formulação das perguntas e para inibir perguntas menos precisas ("Como é?", "Que forma tem?", etc.).

Desenvolvimento da atividade

O andamento desta atividade demanda a consideração de duas fases bem diferenciadas: uma de elaboração de perguntas para adivinhar de que figura se trata e outra de análise das perguntas que busca uma progressiva descontextualização e explicitação das propriedades das figuras geométricas. Essas duas fases se repetem em cada instância do jogo.

* *Primeira fase. Jogo de perguntas e respostas*

Nesta primeira fase, o professor apresenta o jogo e o material. Explica aos alunos que pensou em uma figura e que eles devem fazer perguntas para adivinhar qual é a figura que ele escolheu. As perguntas somente podem ser respondidas com "sim" ou "não". Procura-se que os alunos formulem características que vão identificando.

As primeiras perguntas que as crianças elaborarem mostrarão os seus conhecimentos iniciais: algumas características das figuras geométricas e um certo vocabulário sobre seus elementos. Por exemplo, a palavra "lados", a identificação de "lados iguais", "lados inclinados", "quatro pontas", etc. Esses conhecimentos postos em prática desde o início do problema se constituirão em pontos de partida para a produção de novos conhecimentos.

Prevê-se uma heterogeneidade na classe em relação às propriedades identificadas que fazem parte das perguntas, o vocabulário utilizado e o processamento da informação (como são elaboradas perguntas e como são consideradas as perguntas e as respostas já dadas). A explicitação e a circulação desses conhecimentos heterogêneos será a finalidade da segunda fase.

* *Segunda fase. Análise das perguntas*

Depois de "jogar" duas ou três vezes, as perguntas mesmas se transformam em objeto de análise. Agora procura-se fazer circular e sistematizar os conhecimentos iniciais cujo aparecimento se promoveu desde o primeiro jogo. Para essa fase, é central considerar a gestão da classe por meio de uma diversidade de intervenções do professor.

Serão necessárias algumas intervenções do professor dirigidas a que os alunos analisem a pertinência e eficácia das perguntas. Sobre a pertinência, se tentará que descartem aquelas perguntas que não possam ser respondidas com "sim" ou "não" e que não consigam reformulá-las. Por exemplo, uma possível intervenção do professor neste sentido poderia ser: "Algumas crianças perguntavam: quantos lados tem a figura? Pode-se fazer essa pergunta? Como fazer para verificar quantos lados tem e que se possa responder 'sim' ou 'não'?".

Em relação à maior ou menor eficácia de certas perguntas, será proposto analisar quais perguntas permitem descartar mais figuras e quais permitem descartar poucas ou somente uma e comparar em que momento do jogo é conveniente formular umas ou outras. Por exemplo, se diante da pergunta "é um círculo" se obtém uma resposta negativa, são descartadas duas figuras. A pergunta "Tem lados curvos?" permite descartar mais figuras.

Algumas intervenções permitem recuperar aquelas caracterizações estabelecidas pelas crianças na primeira fase de trabalho a partir da análise de algumas das perguntas formuladas. Por exemplo: Algumas crianças perguntaram: "Tem os lados inclinados? "Que figuras têm lados inclinados?". Ou, por exemplo: "Estas figuras (mostrando o trapézio isósceles, o paralelogramo e o losango) têm os lados inclinados?". Outro exemplo de intervenções que apontam para que todos os alunos identifiquem aquelas características que algumas crianças consideraram anteriormente poderia ser "Algumas crianças perguntavam se tinham 'lados redondos'. Essa pergunta lhes parece que pode servir para outra vez que brinquemos? Por quê?".

Outras intervenções têm a intenção de que os alunos tomem consciência de que certas características não são suficientes para poder adivinhar e ganhar o jogo, uma vez que há várias figuras com cada característica. Por exemplo: "Se uma criança pergunta se tem quatro lados e lhe respondo que sim, já pode saber que figura é?". Ou, então, "O que conviria perguntar depois?".

A incorporação do vocabulário específico também vai requerer algumas intervenções. Por exemplo: "Para nos pôr de acordo, vamos chamar os lados redondos de 'lados curvos'. Chamaremos as pontas de vértices", etc.

Outras intervenções didáticas no marco do trabalho coletivo que merecem ser destacadas são aquelas que permitem aos alunos tomar consciência daquilo de novo que circulou na classe e que devem reter. O registro dos novos conhecimentos pode adotar a forma de "conclusões", de "sugestões de boas perguntas", ou, então, de "conselhos para jogar melhor". Por exemplo: "Vamos anotar aqui neste cartaz alguns conselhos para jogar melhor"; "Neste cartaz ficarão anotadas algumas perguntas que hoje vimos que eram muito úteis para saber logo de que figura se trata"; "Hoje vimos que eram perguntas muito importantes se as figuras tinham quatro lados ou se tinham três lados. Vamos registrá-las para que nos sirvam para amanhã quando vamos continuar jogando"; "Se já sabemos que tem quatro lados, então se pode averiguar se são iguais", etc. O registro coletivo e individual – nos cadernos – aponta, a partir da perspectiva dos alunos, para dispor de recursos que lhes permitam "jogar melhor". Na perspectiva do ensino, tem por finalidade promover a reutilização daquilo que foi aprendido, isto é, propiciar progressos nos conhecimentos.

Os novos conhecimentos produzidos, institucionalizados[18] e registrados podem ser lembrados em novas jogadas.[19] Um exemplo de intervenção que serve para recordar os progressos produzidos em aulas anteriores é "Vamos recordar, antes de jogar, tudo o que aprendemos ontem; assim, hoje jogaremos melhor. Vou, então, ler os cartazes que estão pendurados; assim, percebemos as coisas que já aprendemos".

Em síntese, a gestão desta segunda fase exige uma variada gama de intervenções que promovem a explicitação de propriedades, a circulação de conhecimentos entre os alunos, o progresso das conceituações feitas pelos alunos durante a primeira fase de jogo, a tomada de consciência do progresso nos conhecimentos, a incorporação de novo vocabulário, etc.

Estas duas fases de trabalho – o jogo de perguntas e respostas e a posterior análise das perguntas – deverão ser exibidas sucessivamente ao longo de várias aulas de maneira que promova a reutilização daquilo que foi aprendido em novas perguntas e provoque a análise de outros aspectos cada vez que se inicia a segunda fase.

Depois de diferentes jogos, é pertinente considerar uma nova variável didática: a quantidade de perguntas. Por exemplo: "Hoje somente poderão fazer cinco perguntas", ou então, "Hoje contaremos quantas perguntas vocês fazem para adivinhar a figura e compararemos com a quantidade de questões que fizeram ontem. Vamos ver se podem adivinhar com menos perguntas". A limitação na quantidade de perguntas que se autoriza exige dos alunos precisar as relações, incorporar vocabulário, identificar aquelas características que permitam "englobar" ou "descartar" uma boa parte do conjunto de figuras, etc.

• *Atividades de reversão*

Posteriormente podem ser propostas atividades individuais que permitam aos alunos reutilizar os conhecimentos aprendidos. Por exemplo: "Um menino tinha estas figuras (apresentando o desenho de um novo conjunto de figuras) e não sabia em qual o seu professor tinha pensado. Que perguntas conviria fazer?" ou "Uma criança desta mesma classe perguntou: Tem lados redondos?, e lhe disseram que não. Depois perguntou: É o círculo?, e também disseram que não. O que você pensa das perguntas que esse menino fez? Parece-lhe que foram todas necessárias? Por quê?". Também se poderia apresentar um conjunto de figuras, duas ou três perguntas respondidas e que os alunos apontem quais são as possíveis figuras ou que elaborem uma nova pergunta.

Evidentemente, serão necessários novos problemas que permitam aos alunos aprender outras propriedades ou reutilizar estas em situações diferentes.

Construir o esqueleto de um sólido

Este problema está pensado para ser incluído no marco de um projeto de ensino para a 2ª ou 3ª série que aponte para a concei-

tuação por parte dos alunos de um conjunto de propriedades dos sólidos geométricos.

Objetivo

O objetivo do problema é que os alunos antecipem quais elementos precisam para realizar a construção de um determinado sólido, identificando quantidade e variedade de arestas e quantidade de vértices.[20]

Materiais

• Um sólido geométrico como modelo.
• Varetas "longas" e "curtas".
• Bolinhas de plástico.
• Papel e lápis.

Apresentação do problema

Os alunos, organizados em pares, devem construir o esqueleto de um sólido. Para isso deverão solicitar varetas (arestas) e bolinhas de plástico (vértices) que deverão utilizar para a construção. O pedido poderá ser feito oralmente ou por escrito (ver a segunda fase) mediante "bônus de pedido". Neste problema, os alunos têm a possibilidade de controlar por seus próprios meios a validade da previsão realizada, quando recebem os materiais solicitados e tentam construir o esqueleto do sólido.

Variáveis didáticas

Uma das variáveis didáticas deste problema é o comprimento das varetas. A diversidade de comprimentos se relaciona para que, para alguns sólidos, sejam necessárias varetas de comprimento igual (por exemplo, para armar o "esqueleto" do cubo); para outros, varetas de comprimento diferente (por exemplo, para armar alguns prismas), e para outros casos é indiferente (por exemplo, para armar uma pirâmide qualquer).

Uma segunda variável didática é o fato de que cada dupla de alunos construa um sólido diferente (primeira fase) ou que todas os duplas construam o mesmo sólido (segunda fase). A diversidade de sólidos que devem ser construídos permite a comparação posterior, enfatizando as diferenças entre os sólidos; em contrapartida, o trabalho de todos os alunos em torno de um mesmo sólido favorecerá a comparação das antecipações realizadas e permitirá aprofundar os elementos de cada sólido em particular.

Outra variável didática é o meio pelo qual se realiza o pedido de materiais: oralmente ou por escrito por meio de um "bônus de pedido" (segunda fase). A exigência de produzir um registro escrito da solicitação demanda aos alunos a previsão de características dos sólidos relativas à quantidade de arestas e vértices e a variedade de arestas necessárias. Se o pedido fosse feito oralmente, os alunos teriam mais oportunidade de "corrigir" ou de "completar" seus pedidos errados à medida que fossem construindo o sólido e possivelmente seria dificultada a análise coletiva sobre os erros. O registro escrito, por um lado, força a tomar decisões conjuntas e a explicitá-las; por outro lado, permite a análise posterior sobre a previsão realizada.

Uma última variável é a distância entre um sólido geométrico e os alunos. Quando o sólido se encontra presente e disponível para os alunos, a identificação de arestas e vértices se apoiará fundamentalmente na conta realizada sobre o sólido. Quando se realiza a mesma atividade com o sólido localizado a uma distância maior dos alunos (por exemplo, na mesa do professor) e com a restrição de que não é possível transportá-lo nem ir até ele, promove-se uma certa dificuldade para fazer a conta no objeto. Será possível identificar seus elementos a partir de uma representação mental do sólido, isto é, será necessário inferir elementos não "visíveis" perceptivamente (por exemplo, em um prisma, ficarão ocultas algumas arestas e vértices), mas "reconstruíveis" a partir do conhecimento sobre esse sólido.

Desenvolvimento da atividade

O andamento desse problema exige considerar diferentes momentos de trabalho que tendem a uma progressiva explicitação e descontextualização das propriedades dos sólidos geométricos em função de suas arestas e vértices.

- *Primeira fase. Construção do esqueleto com o sólido "ao alcance da mão" e sem fazer bônus de pedido*

Os alunos organizados em duplas devem construir o esqueleto de um sólido geométrico presente "ao alcance da mão" e poderão apanhar livremente os materiais dispostos na mesa do professor. Essa construção inicial lhes permitirá realizar ajustes simultaneamente entre os materiais que escolhem e os resultados que conseguem. Nessa fase, não é necessário que todas as duplas trabalhem sobre o mesmo sólido.

- *Segunda fase. Confecção de um bônus de pedido com o sólido presente e ao "alcance da mão"*

Nessa segunda fase, novamente o professor apresenta um sólido, e os alunos desta vez devem fazer um bônus de pedido que apresentarão ao professor, a partir do qual ele lhes entregará os materiais solicitados. Essa fase exige dos alunos considerar a quantidade de arestas e de vértices e a variedade de arestas de que precisarão para a construção e registrar por escrito o pedido. Dada a proximidade do sólido, é possível contar os elementos. É conveniente que todos os alunos trabalhem sobre o mesmo sólido de maneira a permitir depois a comparação dos bônus feitos e os resultados alcançados.

Nessas duas fases, o objetivo é que os alunos compreendam a regra do jogo e se familiarizem com a situação.

- *Terceira fase. Construção de um bônus de pedido com sólido presente que não está "ao alcance da mão"*

Essa fase procura promover um maior trabalho de previsão por parte dos alunos. O sólido se encontra localizado a uma distância maior do que nas fases anteriores. Os alunos não podem se aproximar dele, nem este pode ser transportado até eles. Novamente devem elaborar um bônus de pedido de materiais que exige porem-se de acordo quanto ao pedido que deve ser feito. A distância do sólido diminui a possibilidade de fazer a conta dos elementos no próprio objeto. Essas condições exigem dos alunos lembrar as características "visíveis" e "não visíveis" do sólido em questão.

Uma vez que os alunos recebem o material, devem construir o esqueleto do sólido, verificando a validade da previsão realizada.

Ao propor, nesta fase, que todos os pares trabalhem sobre o mesmo sólido geométrico, facilita-se a comparação e a institucionalização posterior de suas características na fase seguinte.

- *Quarta fase. Análise coletiva dos bônus e das construções*

Nesse momento, se promove um trabalho coletivo de reflexão e sistematização sobre os elementos necessários para armar o sólido. Comparam-se todos os bônus que foram confeccionados para fazer os pedidos, distinguindo aqueles que permitiram realizar a construção – sem que sobrassem nem faltassem materiais – daqueles que não o permitiram. Será feita uma análise sobre as dificuldades que os vários pares encontraram: se sobraram materiais ou se foram insuficientes, se não consideraram corretamente o comprimento das varetas, etc.

O professor promove a análise das razões pelas quais os alunos produziram bônus certos ou errados. Por exemplo: "Por que acreditam que faltaram elementos?"; "Algumas crianças pediram menos. Teriam se esquecido de considerar um lado? Qual?"; "Pediram todas varetas iguais? O que não levaram em conta?"; "O que levaram em conta para fazer o pedido das varetas longas? Elas nunca sobraram?", etc.

Será preciso levar avante essas duas fases de trabalho ao longo de várias aulas, para permitir aos alunos explorar as propriedades de diversos sólidos. Cada vez que se repete a quarta fase com um novo sólido geométrico, o professor poderá propor o registro da variedade e da quantidade de elementos e a comparação com os elementos necessários e suficientes para construir outros sólidos.

Esta quarta fase também permite instalar determinado vocabulário específico que, na perspectiva dos alunos, lhes permitirá "entendermo-nos melhor", "fazer bônus mais claros", etc.

- *Atividades de reversão*

Finalmente, podem-se propor atividades que permitam reutilizar os conhecimentos novos produzidos a partir desses problemas. Por exemplo, a comparação de bônus de pedido de sólidos diferentes. Apresentam-se bônus de pedidos e se solicita que prevejam qual ou quais sólidos será possível construir com cada pedido. Essa variante da atividade permite, por exemplo, considerar as semelhanças e as diferenças entre as varetas de prismas retangulares e de cubos ou de prismas com base triangular e base quadrada.

Do mesmo modo que foi observado para os jogos de adivinhação, é possível propor aos alunos, depois do jogo, atividades individuais escritas de reversão nas quais se simula parte do jogo. Por exemplo: "Se quiséssemos armar o esqueleto de uma pirâmide de base quadrada, quantas varetas longas seriam necessárias? E curtas? Quantas bolinhas de plástico?". Será interessante discutir depois com os alunos se é possível ou não armar a pirâmide com varetas do mesmo tamanho. Ou então: "Uma dupla pediu 4 bolinhas de plástico. Que sólido poderá armar?". Será interessante analisar se existem uma ou mais possibilidades.

Como já se observou, essa atividade se inscreve no marco de um projeto de ensino sobre sólidos geométricos. Será preciso continuar o estudo destes com problemas diferentes que ponham em jogo outros conhecimentos.

Finalmente, queremos ressaltar que, nesse problema, embora o objeto de estudo sejam as propriedades dos sólidos, mobilizam-se também conhecimentos ligados ao trabalho matemático: a atividade antecipatória que os alunos realizam. Faz parte do "jogo" tomar decisões e validar depois se as previsões feitas foram ou não corretas.

Cópia de uma figura[21]

A seguir, é apresentado um novo problema – possível de ser abordado na 3ª série – para que os alunos aprofundem as relações entre os elementos e as figuras.

Objetivo

O objetivo desse problema é que os alunos identifiquem relações entre os elementos de um retângulo e de um quadrado, com a finalidade de poder copiá-lo.

Materiais

- Uma cópia do desenho em folha qua-driculada.
- Folhas quadriculadas.
- Folhas brancas lisas.
- Réguas (graduada e não graduada)
- Esquadro.

Apresentação do problema

O professor entrega a cada aluno uma folha com o desenho da Figura 8.2. As crianças deverão copiá-lo em outra folha de maneira que a cópia possa sobrepor-se ao original.

Também nesse problema os alunos podem validar por si mesmos sua produção sem necessidade da correção por parte do professor. Por meio da superposição contra a luz, se pode perceber se conseguiram ou não reproduzir a figura apresentada. E, se não conseguiram, poderão fazer ajustes ou começar de novo.

Variáveis didáticas

Nesse problema, o desenho está presente. Não se tenta, diversamente do problema anterior, exibir um trabalho centrado na previsão, uma vez que, com o modelo à vista, os alunos poderão fazer um jogo de ensaios e acertos sobre os erros.

Uma variável didática é o desenho que é apresentado. Neste caso, selecionou-se um desenho que põe em jogo características do quadrado, do retângulo, da diagonal, e as relações entre os comprimentos dos lados de ambas as figuras.

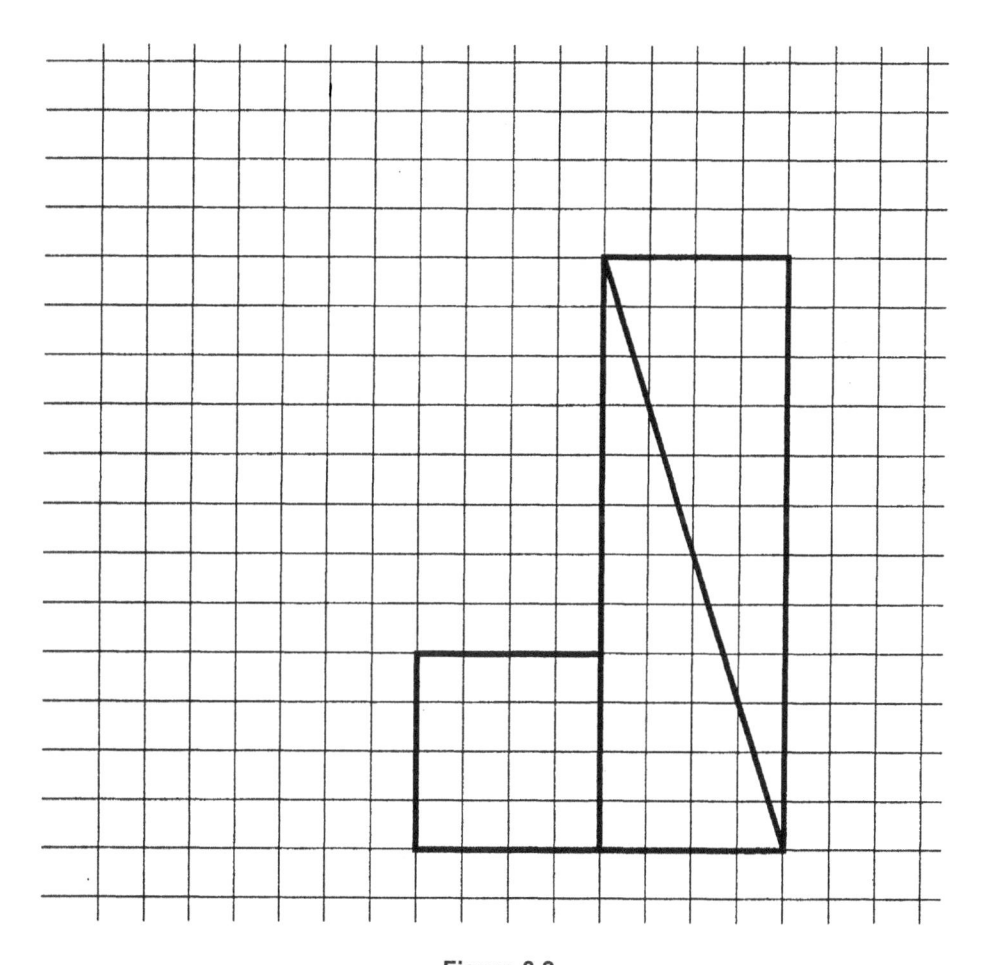

Figura 8.2

Outra variável é o tipo de folha que se utiliza para apresentar o desenho. Nesse caso, o desenho é apresentado em folha quadriculada. Apresentar o desenho em folha lisa criaria a necessidade de tomar medidas com a régua para transportar cada segmento, enquanto com a folha quadriculada é suficiente contar os quadradinhos.

O tipo de folha que se utiliza para copiar o desenho é também uma variável didática. Se os alunos devem copiar a figura em uma folha quadriculada, será suficiente novamente contar os quadradinhos para determinar o comprimento dos lados. Mas, o que é muito mais importante ainda, está resolvido o problema de como traçar perpendiculares para os ângulos dos quadriláteros em questão. Se os alunos devem fazer a cópia em folha lisa, precisarão necessariamente usar a régua para transportar comprimentos e o esquadro para traçar perpendiculares.

Os instrumentos permitidos para fazer a cópia são também outra variável. Nesse problema, os alunos podem utilizar régua não graduada, régua graduada e esquadro. O tipo de instrumentos está em íntima relação com o tipo de folha na qual o desenho é apresentado ou se exige a sua cópia. Como foi analisado anteriormente, se os alunos tivessem de copiar o desenho em folha quadriculada, não precisariam nem de régua graduada, nem de esquadro, com o qual não seriam mobilizados os conhecimentos sobre como construir um ângulo reto. Se se tratasse de uma folha lisa, precisariam da régua graduada para construir lados de medida igual e esquadro para construir ângulos retos.[22] A permissão para o uso de uns e outros instrumentos modifica os conhecimentos que os alunos põem em prática no problema.

Desenvolvimento da atividade

O trabalho em torno deste problema é organizado em vários momentos que podem envolver várias aulas.

- *Primeira fase. Cópia da figura (de folha quadriculada para folha quadriculada), individualmente*

O professor entrega uma cópia do desenho em folha quadriculada para os alunos, que devem copiá-lo também em uma folha quadriculada. Podem usar qualquer instrumento. Para fazer a cópia, os alunos poderão contar os quadradinhos e usar a régua para traçar os lados, ou, então, usar a régua para medir e traçar.

Essa fase não exige que se explicite as propriedades da figura (como acontece nos exemplos anteriores): suas características permanecem implícitas. Por exemplo, os alunos poderão considerar ou não as relações entre os comprimentos dos lados (de igualdade, de triplo, etc.).

- *Segunda fase. Até a análise coletiva da figura*

Na segunda fase, organiza-se o trabalho coletivo com o objetivo de que os alunos explicitem aquelas relações que foram levadas em conta e ainda não haviam sido formuladas durante a cópia. Promove-se uma reflexão em torno dos procedimentos da cópia, das características que foram consideradas e dos procedimentos que foram utilizados. No final desta fase serão promovidas a circulação e o registro de alguns conhecimentos:

- que o quadrado tem seus quatro lados iguais;
- que o retângulo tem dois pares de lados opostos iguais;
- uma primeira abordagem da noção de diagonal.

- *Terceira fase. Cópia da mesma figura (de folha quadriculada para folha lisa), individualmente*

Nessa fase, propõe-se aos alunos o mesmo desenho. Deverão copiá-lo, mas, neste caso, em uma folha lisa. O tipo de folha na qual se deve fazer a cópia exige considerações mais precisas sobre aquelas características da figura que devem ser levadas em consideração para completar a tarefa. A contagem dos quadradinhos, procedimento pertinente para a primeira fase, torna-se insuficiente nesta instância. Desta maneira, exige-se dos alunos o uso da régua como instrumento que permite transportar e controlar a igualdade dos lados entre o original e a cópia e, simultaneamente, a igualdade entre os lados do quadrado e a igualdade dos lados opostos no retângulo.

Nas fases anteriores, o papel quadriculado permitia realizar a tarefa sem considerar a perpendicularidade entre os lados. A nova restrição (copiar em folha lisa) põe os alunos diante do problema de como construir dois lados perpendiculares, embora o problema não seja enunciado assim pelos alunos. O esquadro será o instrumento que permitirá sua resolução.

- *Quarta fase. Análise coletiva do problema*

Depois do trabalho de cópia na folha lisa feito pelos alunos, proporciona-se uma análise coletiva dos novos aspectos que este problema introduz. Para o desenvolvimento desta fase, o professor poderá recorrer a diversas intervenções. Por exemplo: "O original e a cópia ficaram iguais? Como fizeram para que ficassem iguais?". Será indicada, então, a necessidade de utilizar a régua paa garantir a igualdade entre a cópia e o original.

Se surgir comentários dos alunos sobre como a régua lhes permitiu, também controlar a igualdade entre os lados no quadrado e entre os lados opostos no retângulo, o professor poderá tornar explícitas essas relações.

Dessa forma, o professor promoverá a reflexão sobre o novo aspecto que esse problema tenta provocar: a perpendicularidade dos lados contínuos de dois retângulos e quadrados. Para isso, poderá perguntar: "Como fizeram para desenhar o quadrado, sem os quadradinhos? Como sabem que é um quadrado? Para algumas crianças ficou um pouco torcido. O que pode ter acontecido? Como fizeram as 'pontas' das figuras iguais às do original?", etc. Depois da explicitação por parte dos alunos desta característica que devia ser considerada, e do uso do esquadro (ou da ponta da régua usada como esquadro), o professor, com o objetivo de fazer circular este novo conhecimento, poderá concluir, por exemplo: "Hoje aprendemos que os lados do quadrado e do retângulo estão postos formando um 'ele', e que, com o esquadro, podemos fazer bem o seu desenho"; ou então: "Estes lados são perpendiculares e

podem ser traçados com o esquadro", "Os lados assim (mostrando os lados contínuos de um quadrado) se chamam perpendiculares e o esquadro serve para traçá-los", etc. Em síntese, se direcionará para que os alunos identifiquem esta característica da perpendicularidade, para que conheçam seu nome "oficial" e para que conheçam o uso de um instrumento para o seu traçado.

Notamos, mais uma vez, a insuficiência desta única cópia para o estudo destas propriedades. Será preciso trabalhar em outras aulas com a cópia de outros desenhos que joguem com os mesmos elementos relacionados. Mesmo assim, será preciso incorporar outros problemas que apontem na mesma direção.

Sobre essas três atividades

Os problemas analisados têm aspectos comuns que parece interessante destacar. Em primeiro lugar, são situações de ensino que permitem aos alunos a utilização de seus conhecimentos geométricos intuitivos como ponto de partida e que, ao mesmo tempo, provocam desafios que favorecem a produção coletiva de conhecimentos geométricos novos.

A "potência" desses problemas, para a construção de conhecimentos geométricos, não reside exclusivamente na atividade mesma que os alunos realizam enquanto os resolvem, mas também no tipo de interações que permite promover em aula em relação aos objetos geométricos em questão. Foram dados exemplos de intervenções didáticas que serão necessárias para gerar na aula estas interações com os conhecimentos.

Em segundo lugar, os alunos podem dar-se conta da validade do que foi feito sem a necessidade da "correção" do professor. Conseguiram ou não adivinhar a figura, puderam ou não reproduzi-la, conseguiram ou não construir o sólido solicitado. É parte do problema considerar os efeitos das ações realizadas. A validação das situações está prevista nos mesmos problemas.[23]

Contudo, evidentemente, esta validação nesses problemas é empírica. No entanto, o tipo de atividade que exigia a resolução de cada um desses problemas não era empírica. Não se trata de uma atividade perceptiva ou de manipulação. Pelo contrário, embora fortemente apoiados em desenhos de figuras geométricas ou em modelos de sólidos geométricos, exigem dos alunos uma análise das propriedades dos sólidos ou figuras, uma explicitação dessas propriedades ou uma atividade antecipatória.

Finalmente, reconhecemos que essas atividades analisadas têm uma distância tal do modelo dedutivo próprio da geometria euclidiana que poderiam até fazer duvidar de seu caráter estritamente geométrico. Já apontamos os limites das séries iniciais neste sentido. De qualquer modo, avaliamos nesses problemas sua possibilidade de gerar uma iniciação no estudo destes objetos tão complexos e, às vezes, de promover um tipo de atividade intelectual que é, sem dúvida, própria do trabalho matemático.

CONCLUSÃO

Apresentamos ao longo deste capítulo a concepção de que os conhecimentos geométricos das crianças são de caráter necessariamente provisório. É justo observar que nossos conhecimentos didáticos sobre o ensino da geometria também são provisórios. Do nosso atual estado de conhecimentos, somos conscientes de ter apresentado um conjunto de afirmações que podem ser controvertidas. Nossa intenção foi contribuir para o debate necessário e pendente.

NOTAS

1 A propriedade da soma dos ângulos de um triângulo é um objeto teórico que precisa ser demonstrado por meio de argumentações. Foram analisadas criticamente aquelas propostas de ensino que tratam esta propriedade de maneira empírica. Evidentemente, pelos erros do traçado e da medição, é bastante difícil que a soma de ângulos interiores de um triângulo medidos com transferidor seja 180° (Belacheff, 1987).

2 O termo "relevo" é utilizado no original em francês no sentido de "mudança de *status*".

3 Esta distinção não é dicotômica. Os conhecimentos de um grupo na escola poderiam ser considerados saberes para esta "comunidade".

4 Pode-se encontrar uma definição deste conceito elaborado por Brousseau no Capítulo 4 deste livro.

5 Também o macroespaço pode ser distinguido em função da homogeneidade. Não parecem ser do mesmo nível de complexidade a orientação espacial no meio do oceano e em uma cidade. A heterogeneidade do espaço permitiria construir mentalmente pontos de referência – para quem esteja em condições de identificá-los.

6 Serão necessárias pesquisas psicológicas e didáticas que expliquem se é possível intervir didaticamente e como para contribuir na aquisição de conhecimentos ligados à orientação espacial em grandes dimensões.

7 É interessante apontar aqui que, na realidade, o teorema de Tales é um conhecimento que, embora geométrico, tem origem em problemas do espaço físico. Uma vez constituído como objeto teórico permite ser reutilizado, tanto em problemas da geometria matemática como do espaço sensível.

8 Evidentemente, quando Laborde afirma que a geometria da matemática não estuda o espaço, está se referindo ao espaço físico. Como já desenvolvemos anteriormente, a geometria da matemática estuda o espaço matematizado.

9 De fato, tentou-se ensinar noções topológicas na educação infantil e nas séries inciais por conta da "reforma da matemática moderna" e sobre a base da evolução espontânea dos conhecimentos espaciais das crianças estudada por Piaget. Foi suficientemente analisada a confusão entre psicologia e didática e o aplicacionismo direto de resultados de pesquisas psicogenéticas ao ensino (Brun, 1980; Coll, 1983; Castorina et al., 1998, entre outros).

10 Evidentemente, também o saber sábio tem caráter provisório.

11 Berthelot e Salin (1994) caracterizam o ensino ostensivo como aquele em que as figuras são "mostradas". Analisam criticamente o pressuposto psicológico e didático de que os alunos poderão identificar propriedades das figuras através da percepção.

12 Quando as crianças conhecem os desenhos, podem distinguir o desenho de um quadrado

entre outros desenhos de outras figuras. Contudo, o conhecimento das propriedades dos quadrados permitirá aos alunos resolver uma gama mais ampla de problemas que não envolvam exclusivamente o terreno da percepção. Por exemplo, poderão construí-lo, comunicar a outros alunos suas características, formular perguntas para adivinhar de qual figura se trata, etc.

13 Por exemplo, a construção de um triângulo cujos lados meçam 10, 5 e 5 poderia admitir uma "resolução empírica", embora esse triângulo não exista.

14 Este problema também pode se proposto para alunos da 3ª série que não tenham tido a oportunidade de enfrentar anteriormente um problema semelhante. Mesmo assim, "relaxando" as variáveis didáticas, poderia ser proposto a alunos da educação infantil.

15 A ideia de um jogo de adivinhação – embora para outros objetos matemáticos – foi tirada do "jogo do retrato" (1988) publicado em "Un, deux... beaucoup, passionnément!", *Recontres Pédagogiques*, nº 21, e da sequência didática elaborada por Saiz e Fregona (1984): "Quién adivina el número", Laboratório de Psicomatemática, DIE-CINVESTAV.

16 Se a intenção fosse, por exemplo, que os alunos identificassem classes de triângulos em função de seus ângulos, o universo de figuras estaria somente formado por diversos triângulos retângulos, acutângulos e obtusângulos. Embora os alunos não conheçam os termos convencionais, seriam obrigados a nomear, a seu modo, as características deles para diferenciá-los.

17 Evidentemente, a quantidade de figuras depende de como garantir uma variedade. Para identificar propriedades de ângulos ou lados de triângulos, poderiam ser suficientes seis ou sete triângulos.

18 O fato de levar em conta "oficialmente" pelo aluno o objeto de conhecimento e pelo professor a aprendizagem do aluno é um fenômeno social muito importante e uma fase essencial do processo didático: esse duplo reconhecimento é o objeto da institucionalização (Brousseau, 1994).

19 Perrin Glorian (1995) e Margolinas (1993) indicam uma série de intervenções do professor: como sugerir um procedimento, lembrar um conhecimento, tornar públicos os procedimentos, etc.

20 Não existem estudos didáticos que permitam atualmente afirmar que, em relação com o estudo dos sólidos ou das figuras geométricas, um deva vir antes do outro. A tradição de começar por sólidos e continuar com figuras foi o produto de um aplicacionismo de resultados psicológicos ao ensino, problema ao qual se fez referência na nota 9. Sólidos e figuras são objetos diferentes que podem ser estudados na mesma série, independentc da ordem. Evidentemente será possível, naqueles anos nos quais são estudados tanto figuras como sólidos, propor aos alunos problemas que lhes permitam estudar as relações entre ambos os tipos de objetos geométricos.

21 Este problema é uma adaptação dos propostos para as 3ª e 4ª séries em Sadovsky e colaboradores (1998).

22 Este mesmo problema, restringindo a cópia ao uso de régua não graduada e compasso, cria a necessidade de construir mediatrizes para o traçado de perpendiculares. Evidentemente, nessas condições, é um problema para alunos das 3ª e 4ª séries.

23 Apesar de as crianças não precisarem da avaliação do professor, no jogo de adivinhação pode acontecer que alguma criança adivinhe qual é a figura escolhida apesar de não ter utilizado os novos conhecimentos, ou, então, que outra criança utilize esses conhecimentos e não adivinhe a figura em questão. Outros aspectos podem influir para determinar quem é o ganhador (a ordem nos turnos para fazer perguntas, a possibilidade de considerar perguntas dos outros, etc.).

REFERÊNCIAS

ARSAC, G. *La construction du concept de figure chez les Élèves de 12 ans*. Anais da Conferência PME (Psychology of Mathematics Education). Paris, 1989.

ARTIGUE, M. Épistémologie et Didactique, *Recherches en Didactique des Mathématiques, 10* 2/3, 1986. (Tradução para o Programa de Transformación de la Formación Docente, MCyE, 1993.

BABINI, J. *Historia de las ideas modernas en matemática*. Washington: Departamento de Assuntos Científicos, OEA, 1967.

BALACHEFF, N. Devolution d'un probléme et construction d'une conjecture. Le cas de la somme des angles d'un triangle. *Cahier de Didactique des Mathématiques,* 39. Irem de Paris 7, 1987.

BERTHELOT, R.; SALIN, M.-H. *La enseñanza de la geometría en la escuela primaria, Grand N, n° 53. Grenoble, 1993*. Traduzido para o PTFD por B. Capdevielle, L. Varela e P. Willson, 1994.

BROITMAN, C. *Reflexiones en torno a la enseñanza del espacio, De Cero a Cinco.* Buenos Aires: Novedades Educativas, 2000.

BROITMAN, C.; ITZCOVICH, H. *Orientaciones didácticas para la en-señanza de la Geometría en EGB*, Documento n° 3/01. Gabinete Pedagógico Curricular, Matemática, Dirección de Educación General Básica, Provincia de Buenos Aires, 2001.

BROUSSEAU, G. Problémes d'enseignement des décimaux", *Recherches en Didactique des Mathématiques, 1-1 e 2-1.* Grenoble: La Pensée Sauvage, 1980-1981.

_____. *Fondements et méthodes de la didactique des Mathématiques,* Tese de doutorado. Universidade de Bordeaux I, 1986.

_____. *Los diferentes roles del maestro.* In: C. PARRA E I. SAIZ (comps.), *Didáctica de matemáticas.* Buenos Aires: Paidós, 1994.

BROUSSEAU, G.; CENTENO, J. *Rôle de la mémoire didactique de l'enseignant",* Recherches en Didactique des Mathématiques, vol. 11,5, 1989.

BRUN, J. Pedagogía de las matemáticas y psicología: análisis de algunas relaciones, *Revista Infancia y Aprendizaje,* n° 9. Madrid, 1980.

_____. Évolution des rapports entre la psychologie du développement cognitif et la didactique des mathématiques. In: *Vingt ans de Didactique des Mathématiques en France.* Grenoble: La Pensée Sauvage, 1994.

CASTORINA, J. e colaboradores. *Piaget en la educación. Debate en torno de sus aportaciones,* México: Paidós, 1998.

CASTRO, A. Actividades de exploración con cuerpos geométricos. Análisis de una propuesta de trabajo para la sala de cinco. In: MALAJOVICH, A. (comp.): *Recorridos didácticos en la educación inicial.* Buenos Aires: Paidós, 2000.

CHARNAY, R. Aprender por medio de la resolución de problemas. In: C. PARRA E I. SAIZ (comps.), *Didáctica de matemáticas,* Buenos Aires, Paidós: 1994.

CHEVALLARD, Y. *La transposición didáctica. Del saber sabio al sa-ber enseñado,* Buenos Aires: Aique, 1997.

COLINVAUX, D.; DIBAR, C. URE. Trabajando con adultos no alfabetizados. La construcción de la noción de espacio. In: *Problemas en psicología genética.* Buenos Aires: Miño e Dávila, 1989.

COLL, C. Las aportaciones de la psicología a la educación. El caso de la psicología genética y de los aprendizajes escolares. In: C. Coll (comp.). *Psicología genética y aprendizajes escolares.* Madrid: Siglo XXI, 1983.

FREGONA, D. *Les figures planes comme "milieu" dans 1'enseignement de la géométrie: interactions,* contrats et transpositions didactiques, Tese. Universidade de Bordeaux I, 1995a.

FREGONA, D. *Diferentes dominios de declaración sobre las figuras,* relatório da IX CIAEM, Chile, 1995b.

GÁLVEZ, G. *El aprendizaje de la orientación en el espacio urbano. Una proposición para la enseñanza de la geometría en la escuela primaria,* tese de doutorado. CINVESTAV, México, 1985.

_____. *La geometría, la psicogénesis de las nociones espaciales y la enseñanza de la geometría en la escuela elemental.* In: C. Parra e I. Saiz (comps.), *Didáctica de matemáticas.* Buenos Aires, Piados, 1994.

LABORDE, C. *L'enseignement de la géométrie en tant que terrain d'exploration de phénomènes didactiques,* Recherches en Didactique des Mathématiques, vol. 9, 3, 1990.

LERNER, D. La enseñanza y el aprendizaje escolar. In: J. A. CASTORINA, E. FERREIRO, D. LERNER E M. OLIVEIRA: *Piaget-Vigotsky: contribuciones para plantear el debate.* Buenos Aires: Paidós, 1996.

MARGOLINAS, C. *De l'importance du vrai et du faux dans la classe de mathématiques.* Grenoble: La Pensée Sauvage, 1993.

PAROUSSEAU, G.; CENTENO, J. Rôle de la mémoire didactique de 1'enseignant, *Recherches en Didactique des Mathématiques, vol. 11,* 5, 1989.

PERRIN GLORIAN, M. J. Condicionamientos de funcionamiento de los docentes en el colegio secundario: lo que nos enseña el estudio de cursos flojos. Ficha mimeografada entregue no Seminario de Didáctica de la Matemática da autora, Faculdade de Ciencias Exatas, UBA, 1995.

PIAGET, J.; INHELDER, B. *La représéntation de l'espace chez l'enfant.* Paris: Presses Universitaires de France, 1948.

PIAGET, J.; INHELDER, B.; SZEMINSKA, A. *La géométrie spontanée de l'enfant.* Paris: Presses Universitaires de France, 1973.

SADOVSKY, P.; PARRA, C.; ITZCOVICH, H.; BROITMAN, C. *Documento de actualización didáctica N° 5, Matemática, Segundo Ciclo de la EGB.* Governo da Cidade de Buenos Aires, 1998.

_____. *Pre Diseño Curricular, Matemática, Marco General, EGB 1 y EGB 2.* Governo da Cidade de Buenos Aires, 1999.

SAIZ, I. Matemática en preescolar. In: *Nuevas Ideas Matemáticas,* n° 3, Corrientes, *1987.*

_____. El aprendizaje de la geometría en la EGB. *Novedades Educativas,* n° 71. Buenos Aires, 1996.

SANTALÓ, L. *Geometrías no euclidianas.* Buenos Aires: Eudeba, 1961.

VERGNAUD, G. Aprendizajes y didácticas: ¿que hay de nuevo? Buenos Aires: Edicial, 1997.